세상의 반대편으로 가다

잉카 편

일러두기

* 이 책에 나오는 에스파냐어 고유명사는 대부분 국립국어원 어문 규정과 용례를 따랐으나,
  일부는 원지음과 관용을 따랐다.

* 에스파냐어 혹은 고대 언어로 된 고유명사를 강, 산, 족, 해 등의 우리말과 함께 쓰는 경우,
  우리 독자들에게는 낯선 이름임을 감안하여 띄어쓰기하였다. 그 예로, 민족을 뜻하는 접미사
  '족'은 앞말에 붙여 쓰는 것이 원칙이나 고유명사와 구분되지 않고 읽히는 것을 피하기 위해
  '사포텍 족'과 같이 띄어 썼다.

세상의 반대편으로 가다

잉카 편

일흔 넘어 홀로 떠난 중남미 여행

임세권 사진과 글

차례

1

잉카의 관문, 사회적 포용의 도시

리마

대성당에서 만나는 침략자의 관

3월 13일이니 삼월 중순에 들어섰다. 페루의 수도 리마(Lima). 무지하게 더웠던 멕시코보다는 낫지만 여기도 여름 날씨이다. 그래도 더워서 다니기 어려울 정도는 아니니 낯선 거리를 걷는 느낌이 괜찮았다. 저녁 먹으러 나선 구도심의 거리는 꽤나 번화했다. 관광안내서에 나오는 리마의 구도심은 바닷가에 새로 들어선 신도시 미라플로레스 구역에 비해 지저분하고 관광객에게는 위험한 곳으로 표현되어 있었다. 그러나 저녁을 먹으러 나선 구도심은 생각보다 깨끗했고 밝았다.

유럽인들이 건설한 어느 도시나 마찬가지로 도시의 중심은 광장에서 시작된다. 남미 여러 도시의 중심 광장들처럼, 이 광장도 역시 '아르마스 광장(Plaza de Armas)'이라 불린다. 아르마스는 무기 또는 군대라는 뜻이다. 스페인 통치자들이 도시를 건설하면서 군대를 주둔시킨 넓은 장소를 광장으로 만들고 그곳을 중심으로 도시를 건설했다. 그래서 도시의 한복판에 있는 광장에 '아르마스'라는 말이 붙었다.

그런데 잉카 지역을 대표하는 언어인 케추아어 로는 이런 광장을 아우카이파타(haukaypata)라고 부른다. 아우카이파타는 명상을 의미한다는데, 광장을 뜻하는 두 어휘로 정복자들과 원주민들의 장소에 대한 관념이 극명하게 드러난다. 스페인 정복자들에게 광장은 현지인을 통치하기 위한 군대 주둔지였고 원주민들에게는 이 넓은 광장이 명상과 사색의 공간이었던 것이다.

스페인 식민지였던 지역의 어느 도시에서나 광장 둘레에는 대성당과 대통령 관저가 있다. 광장을 만든 것이 스페인 통치자이니 그들의 신을 모신 대성당을 짓고 그들이 원주민을 통치하기 위한 총독의 관저를 지었던 것은 당연하다. 그 총독 관저가 오늘날 대통령 관저로 바뀌었을 뿐이다.

프란시스코 피사로는 20대의 나이에 신대륙 탐험대인 발보아 함대에 들어갔고, 파나마 지협을 가로질러 1513년 유럽인으로서는 처음으로 태평양을 발견한 탐험가였다. 그는 태평양을 따라 남쪽으로 내려가 페루로 들어갔으며 1532년 잉카 제국을 침략하여 황제 아타우알파를 체포했다. 황제는 두 개의 방을 금과 은으로 가득 채워 피사로에게 바쳤으나 이듬해 결국 처형당했다. 2년 뒤 1535년에 피사로는 태평양 연안에 리마를 건설했다.

광장의 분수 너머로 보이는 대성당의 종탑

리마의 중심에는 아르마스 광장이 들어서고 그로부터 남미 대륙의 모든 원주민들이 받들어야 할 성모 마리아를 모신 대성당이 들어섰다. 리마 대성당은 이후 수백 년에 걸쳐 더 크게 확장되고 또 여러 차례의 지진으로 무너져 다시 지어지는 과정을 거쳐 오늘에 이르렀다.

피사로는 1541년 잉카제국 정복 후 잉카의 수도 쿠스코(Cuzco)를 차지하기 위한 내부 분쟁 과정에서 살해되었으며 머리까지 잘린 채 대성당 바닥에 묻혔다. 그의 머리가 들어있던 납으로 된 상자가 발견된 것은 1977년이었으니 죽은 지 436년이 지나서였다. 그리고 1985년 1월 16일 그의 유해는 금빛 관에 담겨 그가 지은 성당 안에 안치되었다.

독립 영웅이 독립시킨 나라는?

광장에는 피사로의 동상이 있었는데 1990년대 말경 리마 지식인들과 시민들이 원주민을 학살한 잉카의 침략자 동상이 리마의 중심 아르마스 광장에 있으면 안 된다고 여론을 일으키자 결국 철거되었다고 한다. 이 이야기는 이제 남미인들의 마음 속에 주체적 세계관이 굳게 자리잡고 있음을 말해준다.

리마 대성당 앞길에서 남쪽으로 라유니온 거리를 따라 다섯 블록을 내려가면 독립 영웅 산 마르틴 장군 동상이 서 있는 산마르틴 광장이 나온다. 산 마르틴은 아르헨티나에서 태어났는데 스페인과 맞서 남미의 각 지역을 독립시키는 데 일생을 바쳤다. 그가 한 나라만이 아닌 남미 여러 나라의 독립 영웅인 것은 당시 남미가 모두 스페인의 영토로 한 나라나 마찬가지였기 때문이다.

산마르틴 광장과 아르마스 광장을 잇는 라유니온 거리는 리마 구도심의 가장 대표적인 번화가로 서울 명동이나 비슷하다. 페루의 침공자가 누워 있는 리마 대성당의 아르마스 광장과 페루를 독립시킨 장군의 동상이 있는 산마르틴 광장이 이 도시의 대표적 거리로 이어져 있다는 것이 무척 흥미로웠다.

생각해보면 두 사람 모두 스페인에서 온 사람들이다. 한 사람은 스페인 왕명으로 페루를 정복하고 총독이 되고 대성당을 지어 토착민들의 정신 세계까지 후려낸 사람이고 또 한 사람은 이 지역을 다시 스페인으로부터 독립시킨 사람이다.

그런데 산 마르틴이 독립시킨 존재는 무엇인가? 이 땅에 수천 년 살아온 원주민의 세상인가? 아니면 피사로 이후 이 땅에 들어와 살던 유럽인들의 세상인가? 물론 그가 독립시킨 나라는 원주민의 나라라기보다는 이곳에 먼저 들어온 유럽인들의 나라라고 보아야 한다. 역사는 참으로 복잡한 모순 덩어리이다. 그래도 산 마르틴 동상이 아르마스 광장의 중심에 서 있다면 좋았겠다는 생각이 들었다.

대성당은 이제 미사를 올리는 성당이 아니라 박물관이 되었다. 중앙 제단의 양 측면과 뒷면까지 상세히 볼 수 있고 내부 측면의 열네 개 예배당과 여러 성인의 유품들도 볼거리가 되지만 나에게는 지하에서 발견된 두개골들이 훨씬 더 흥미로웠다. 유럽에서도 마찬가지지만 이곳에도 성당은 무덤으로서의 기능이 대단히 크다. 피사로의 무덤도 있지만 이름 없는 수많은 유골들과 사제의 복장을 한 시신들이 매장 당시 그대로의 모습으로 관람객들을 맞이한다.

죽어서 성당에 들어앉을 수 있는 자는 그가 살았던 그 시대에 대단한 권력자의 한 사람이라고 볼 수 있다. 피사로는 400년이 훨씬 넘어서야 겨우 그 자리를 차지했지만 역시 그가 살았던 시대의 대표적인 권력자였다.

지금 누구인지 알 수 없는 수많은 두개골들 역시 과거의 힘 있는 자들이었거나 이 성당을 중심으로 활동했던 승려들이었을 것이다. 한 때 누렸을 영광

산마르틴 광장의
산마르틴 장군 기마상

리마 대성당의 중앙계단

대성당 지하에 매장된 인골들과 두개골들

도 명예도 권력도 이제는 이름표 없는 한낱 뼛조각으로 수많은 사람들 앞에 전시된 진열품 신세가 되었다. 그래서 그들의 뼈를 앞에 대할 때면 뭔가 말할 수 없이 복잡한 과거사들로 머리가 어지러워진다.

현대 속의 고대, 우아카 우아야마르카 피라미드

리마는 피사로가 건설한 구도시와 해안에 새로 건설된 산이시드로, 미라플로레스 등 신도시로 크게 나뉜다. 현재 신흥 고급 주택가나 상권의 대부분은 해안 지역에 집중되어 있다. 산이시드로 지역의 한가운데에는 거대 피라미드 유적이 있다. 흙벽돌로 축조된 계단식 피라미드인 이 유적은 1942년 발굴이 시작되어 아직도 진행 중이다.

피라미드 기저부와 중턱의 계단 위에는 발굴 구덩이들이 파여 있고 최상부에는 1958년에 발견된 장례의식의 일부인 미라들이 발굴 당시의 상태로 복원되어 있다. 피라미드의 주된 용도는 제단이었지만 여러 세기에 걸쳐 분묘로 사용되었다고 한다. 발굴 결과 200년에서 1530년대까지의 연대가 밝혀졌다.

고층 아파트군을 배경으로 하여 눈앞에 우뚝 선 피라미드는 우선 황토로 이루어진 거대 축조물이라는 것에서 놀라웠다. 흙덩어리로 피라미드를 쌓다니. 그러나 리마가 바닷가에 위치하고 있지만 세계 3대 사막 도시의 하나이고 건조한 지역이라는 것을 감안하면 충분히 가능하지 않았을까? 그 건조한 사막성 기후가 48개의 미라들을 온전히 보존하고 있었고, 미라들은 대체로 1300년경으로 편년되고 있는 것을 받아들이면 발견될 때까지 700년 가량의 오랜 세월을 지켜왔다.

미라들은 대부분 피부가 남아 있고 많은 갈래머리 등 당시의 헤어스타일까지 그대로 보여주고 있다. 미라들과 함께 도자기나 농경 도구들, 또는 악기와 직물 등이 풍부하게 출토되어 기록이 없는 시대의 생활의 역사를 생생하게 남겨 놓았다. 중국 우루무치의 신장위구르 자치구 박물관의 미라실이나 투루판의 고분 전시관에서 뜨거운 모래밭 속에 감추어진 고대 미라와 문화 유물을 본 적이 있다. 그때의 감동이 멀리 태평양 건너 리마의 아파트 단지 안에서 다시 살아나다니.

망각은 죄지은 자에게 면죄부를 준다

내가 리마에서 꼭 보고자 해서 수첩에 적어놓은 곳은 '기억, 관용 및 사회적
포용의 장소(Lugar de la Memoria, la Tolerancia y la Inclusion Social)'라는 박물관
한 곳 뿐이다. 이 긴 이름의 박물관은 20세기에서 21세기 초엽에 이르기까지
페루의 독재 치하에서 고문당하고 살해당한 사람들의 유물과 기록을 전시한
곳이다. 약칭으로 LUM이라고 하는데 박물관 이름의 맨 앞부분 '기억의 장소

우아카 우아야마르카
피라미드의 일부.
밑바닥에 아직도 발굴
중인 발굴 구덩이가
있고 뒤로 고층
아파트가 보인다.

신도시 고층 아파트
단지를 배경으로
피라미드가 있다.
미라들이 마치 살아있는
듯 앉아 있다.

(Lugar de la Memoria)'에서 따와 만든 이름이다.

리마 미라플로레스 구역 북쪽 해안 절벽 위에 지어진, 마치 전쟁 때의 지하 벙커 같은 모양의 이 박물관에서는 독재 치하의 많은 증언들을 들을 수 있고 기록을 열람할 수 있다. 특히 생존자나 피해자의 가족들이 대형 모니터에서 증언을 하는 모습은 매우 인상적이었다.

나는 그곳에서 이런 현대사의 질곡을 기록하고 보존하고 또 일반에 공개하는 것이 왜 중요한가를 절실하게 깨달을 수 있었다. 그 이유는 그곳에 전시된 끔찍한 사진이나 밀매장한 어린이의 유품 등 독재 권력의 만행을 생생하게 보여주는 유물들 자체는 아니었다. 아니었다. 박물관 여기저기 진열장 앞에서 말없이 그 진열품들을 바라보고 있는 젊은 학생들 때문이었다.

그렇다. 거기 있었던 십 대나 이십 대는 그 역사를 겪지 않았을 것이지만 그것은 먼 과거가 아니라 자기들의 부모들이 몸서리치도록 겪었던 참혹한 역사이기 때문이다. 이 학생들의 시대가 오면 이러한 어두운 역사는 되풀이되지 않을 것임을 그곳에서 확신할 수 있었다.

그 자료들을 겉핥기로 훑어보는 동안, 나는 줄곧 내가 초등학교 입학했던 1950년대 초부터 대학 선생을 시작하던 1980년대에 이르는 길었던 우리의 전후 역사를 떠올리고 있었다. 서대문 형무소의 전시관을 학생들과 함께 찾았던 나는 그곳에 일제 식민지 치하의 기록밖에 없었음을 보고 탄식하지 않을 수 없었다. 관람을 끝내고 나와서는 이승만 박정희 시대, 특히 박정희 독재 치하에서 억울한 누명을 쓰고 사형대에서 숨져간 사람들의 이야기를 길게 해주어야만 했다.

이제 우리도 이승만에서 전두환 시기에 이르기까지 어두웠던 역사와 광주 민주항쟁의 세계사적 민주 투쟁사를 제대로 전시하고 미래 세대에 보여주는 그런 박물관을 가질 때가 되었다. 아니 이미 늦었지 않은가? 지금도 독재 세력의 잔재들이 살아남아 한국 정치와 사회 경제의 복판에서 큰소리치는 것을 보면 억장이 무너지곤 한다.

전시장 벽에 붙은 한 장의 포스터가 눈길을 끌었다. 페루 현대사에서 부패 세력의 상징처럼 알려진 대통령 후지모리의 지명 수배 포스터다. 후지모리는 망명 생활을 전전하다가 칠레에서 체포되어 25년 형을 받고 현재 복역 중이다. 이 포스터의 밑에는 인상적인 글귀가 적혀 있다.

"면죄는 망각 속에서 유지된다."

LUM 즉 기억의 장소 앞에는 광활한 태평양이 펼쳐져 있다. 박물관을 나오니 해가 수평선 밑으로 내려앉고 있었다. 하늘에 낀 엷은 구름을 통해서 붉은 기운이 부드럽게 하늘을 물들였다. 반쯤 물속으로 들어간 해 옆으로 희미하게 산 그림자의 실루엣이 드러났다. 그것은 마치 해와 한 덩어리로 묶여서 함께 태평양 속으로 침몰하는 듯 보였다. 그 땅에 묻혀 있을 페루의 어두운 과거도 함께 물속으로 가라앉고 있었다.

기억, 관용 및 포용의 장소는 그렇게 해가 잠겨 들어간 태평양 바닷가 언덕에 아직도 우뚝 서 있다. 저 붉은 해가 다시 안데스 산맥에서 떠오르면 페루에서는 이제 밝고 활기찬 민주의 역사만 전개되리라 믿는다.

페루의 밝은 미래를 기원한다.

헤드폰을 쓰고 독재정권 피해자의 증언을 듣는 젊은 학생. 그 뒤는 커다란 모니터 속에서 증언을 하는 피해자.

LUM 앞의 바다로 가라앉는 해는 하루의 일과를 마치고 바닷속으로 들어가는 것이 아니라
어두운 과거의 역사를 몽땅 껴안고 깊은 태평양 속으로 잠기는 것 같았다.

2

도시 속의 오아시스
우아카치나

숲을 꿈꾸는 바닷가 모래 언덕

우아카치나(Huacachina)는 리마에서 비교적 가까운 휴양지이다. 나는 내 버킷 리스트의 하나인 나스카 라인을 보러 가기 전에 이곳에서 한 이틀 쉬기 위해 들렀다. 리마에서 우아카치나까지 가는 버스는 없고 버스 종점은 우아카치나라는 오아시스가 붙어 있는 이카(Ica)라는 카라는 도시다. 버스는 이카까지 가는 네 시간 내내 오른쪽으로 태평양을 끼고 달렸다. 그러나 바다는 바닷가의 모래 언덕으로 인해 자주 보이지는 않았다. 그래서 보이는 것은 주로 모래 사막이다. 작은 도시와 마을들이 차창 밖으로 보이는데 사막의 황량함으로 인해 이곳이 바닷가라는 것을 느낄 수 없었다.

바다는 어쩌다 한 번씩 얼굴을 내밀었는데 나는 바다보다도 모래 언덕에 심긴 작은 나무 묘목들에 더 관심이 갔다. 풀 한 포기 없는 바닷가 모래 언덕과 마을 주변의 평지에는 조금씩 땅을 나누어 작은 묘목을 심었다. 앞으로 얼마나 긴 세월이 필요할지는 알 수 없으나 사람들은 이 모래 언덕이 숲으로 변한 모습을 기대하고 있을 것이다. 아무 데나 눈을 돌려도 푸른 산을 볼 수 있는 우리는 풀한 포기 없는 모래밭의 모습을 아름다운 풍경으로 즐기고 있으나 모래밭에 사는 사람들에게 그 모래밭은 평생 악전고투를 해야 하는 거친 땅에 다름 아닐 것이다.

오래전에 미국 캘리포니아 모노카운티의 사막 한가운데 있는 레드록 암각화 유적을 찾은 적이 있다. 그곳에서 내가 감동을 받은 것은 암각화가 아니라 모래밭에 심어 놓은 키 작은 관목의 묘목이었다. 묘목들은 동물들의 먹이가 되는 것을 막기 위해서 조그만 철망으로 씌워져 있었는데 이런 사막에 풀 한 포기라도 소중하게 심고 관리하는 사람들의 마음이 나를 감동시켰던 것이다. 그와 같은 마음들이 여기 페루 바닷가를 달리는 버스 차창 밖으로 스치듯 지나가고 있었다. 그것은 생존을 위한 안간힘 같이 느껴졌다.

도시 속의 오아시스

이카 터미널에서 택시로 15분 거리의 우아카치나 오아시스는 이카 시의 일부이다. 오아시스에 도착하면 사방이 모래 산이라 집도 절도 없는 사막 한복판에 있는 것 같은 착각이 드는데 오아시스를 둘러싼 모래 산 위로 올라서면 버스에서 내린 이카 시가 한눈에 펼쳐진다.

오아시스는 중국 둔황 밍사산 아래 웨야취안보다 좀 더 작았다. 웨야취안처럼 역사나 문화가 잘 보존되어 있는 건 아니었지만, 이곳에는 전설이 남아 있었다. 이곳은 본래 작은 웅덩이였는데 예쁜 공주가 이 웅덩이에서 목욕을 즐겼다. 이곳의 물과 진흙이 건강에 좋기 때문이었다. 어느 날 공주가 목욕을 하려고 이곳에 와서 옷을 벗었는데 가지고 있던 거울을 보니 어떤 남자가 그녀에게 다가오는 것이 보였다. 공주는 놀라 옷을 제대로 추스르지도 못한 채 도망가고 말았다. 그 후 남겨놓은 거울은 호수가 되었고 공주가 도망가면서 풀밭에 끌려가던 망토의 주름이 모래 언덕이 되었다. 그리고 공주는 지금도 이 호수에서 인어처럼 살고 있다고 한다. 이런 전설마저 없었다면 아름다운 오아시스는 그저 무색무취하고 흔한 유원지에 지나지 않았을지 모른다.

오아시스 물가에서 모래 언덕을 올려다보니 황금색으로 빛나는 모래톱이 우아한 곡선을 그리며 햇볕에 빛나고 있었다. 모래 능선이 하늘과 만나는 날카로운 선 위에 젊은이들이 샌드보드를 들고 정상으로 오르는 모습이 환상적이라 할 만큼 아름다웠다.

고요한 한낮 오아시스를 즐기다

호수 주변에는 이름 모를 꽃들과 키 큰 코코넛 나무들의 숲이 조성되어 뒤의 희게 빛나는 모래 언덕과 강렬한 대비를 이루고 있다. 물 위에는 놀랍게도 안동의 반변천에서 흔히 보던 쇠물닭들이 새빨간 이마를 자랑하듯 내밀고 떠다니고 있었다. 안동에서 거의 지구 반대편에 해당되는 이 페루 남쪽의 사막에서 쇠물닭을 만나다니. 또 낙동강변에서 흔하게 보던 자귀나무와 생김새는 비슷하지만, 큼직하고 붉은 꽃이 달린 나무도 있었다. 열대 지방에서 많이 볼 수 있는 불꽃나무이다.

한낮의 오아시스는 너무나 조용했다. 사막을 이리저리 휘젓는 사막 전용 관광용 차량인 버기카의 소리도 거의 들리지 않았고 코코넛 나무나 키 작은

해 진 뒤의 오아시스 풍경. 멀리 오아시스와 연결된 이카 시의 불빛이 보인다.

이 호수는 이 지역의 공주가 가지고 있던 거울이 변해서 만들어진 것이라 하며
공주는 지금도 호수 속에서 살고 있다는 전설이 있다.

관목들 그리고 물 가에 빽빽하게 자란 갈대숲 사이로 작은 새들이 지저귀며 날아다니고, 새끼들을 데리고 자맥질을 즐기는 오리들의 물장구 소리가 이곳에 생명이 있음을 알려줄 정도였다.

호숫가를 천천히 걷다 보면 이런 호수의 고요를 즐기는 사람들이 생각보다 많이 있었는데 그중에는 아름다운 호수의 풍경을 그리는 화가들이 여기저기 섞여 있었다. 오아시스의 아름다운 풍경은 그렇게 한낮의 평온함 속에서 유지되다가 다시 저녁이 되면 버기카들도 돌아오고 사람들도 호숫가로 쏟아져 나와 웃음소리와 술잔 부딪는 소리들로 오아시스는 다시 활기를 찾았다.

모래 위에 지는 해

해질 무렵 올라간 모래 언덕은 두 가지 서로 다른 경관을 보여주었다. 하나는 끝없이 펼쳐진 모래 언덕에 그려내는 황금빛 곡선들의 풍경이고 또 하나는 모래를 뒤집어쓴 황량한 도시의 풍경이다.

처음 모래 언덕을 올랐을 때 먼지를 뒤집어쓰고 있는 도시 풍경을 눈앞에 마주한 감정은 실망스러움과 착잡함이 뒤섞인 것이었다. 서서히 해가 기울면서 도시는 점차 회색으로 변해갔다. 도시의 한 복판에는 가파른 경사의 모래 산이 우뚝 솟아 있었다. 그 산봉은 마치 도시 중심을 뚫고 솟아 오른 듯, 크고 작은 건물들 사이에서 도시의 주인처럼 보였다. 도시는 그 모래 산봉을 중심으로 사방으로 확대되고 있었다. 도시의 남쪽 자락이 내가 서 있는 사막의 언덕 쪽으로 기어올라 조금씩 사막의 안쪽으로 먹어 들어왔다. 그것은 몸집을 불려 가며 주변의 모래밭으로 퍼져나가는 연체 동물 같았다.

도시의 반대쪽으로 눈을 돌리면 이곳은 가도 가도 끝없는 사막이다. 그렇지만 실제는 도시 바로 옆에 붙어 있는 곳이어서 사막을 즐기려는 사람들이 쉽게 찾고 또 모험을 즐길 수 있는 즐거운 놀이터이기도 하다. 마치 놀이공원에서 롤러코스터를 타듯 버기카를 즐기고 해 질 녘 모래 언덕 뒤로 떨어지는 붉은 해를 감상할 수도 있고 오아시스에 띄운 보트 위에서 하늘을 볼 수도 있는 그런 곳이다.

그러나 정말 인적 없는 사막에서 자동차 매연도 없고 인공적인 불빛도 없

뜨거운 사막의 정열을 보여주는 불꽃나무 꽃

안동에서도 자주 보던 쇠물닭. 안동에서 보던 것 보다는 약간 큰 듯한데 갈리눌라 갈레아타(gallinula galeata)라고 한다.

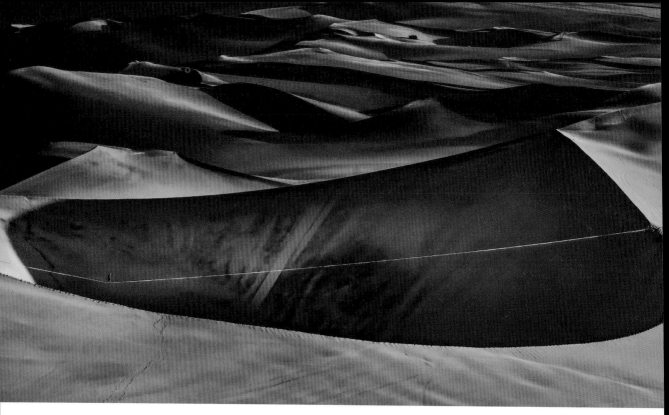

넓은 모래 웅덩이 위에서 외줄 타기를 즐기는 청년 하나가 줄 위를 걸어간다.

하루의 고단함을 이끌고 서쪽 모래밭 뒤로 붉은 해가 내려간다.

는 자연 그대로의 사막에서 쏟아지는 별을 보고 싶은 여행자에게는 실망스럽
기 짝이 없는 곳이기도 하다. 서쪽 모래 둔덕 너머로 해가 기울어 가는데 멀
리 모래밭이 푹 꺼진 곳에서는 외줄타기를 즐기는 젊은이가 아직도 줄 위에
서 있었다. 그리고 보니 이 사막 속의 메마른 도시를 살아가는 사람들의 삶도
내 눈에는 마치 외줄타기를 하는 것처럼 위태롭게 보였다.

　비포장 도로 위에 먼지를 날리며 집으로 돌아오는 차량들도 보이고 그리
고 붉은 해가 모래밭 뒤로 몸을 감춘다. 사막 한가운데의 도시와 또 오아시스
와 끝없이 펼쳐진 모래밭에 어둠이 내려오고 있었다.

3

지하 수로로 이어 온 고대 문화

나스카

이카에서 나스카(Nazca)로

이카에서 나스카로 가는 길은 모두 사막이다. 차창 밖으로는 삭막한 모래산들이 멀리 가까이 흘러간다. 그러나 사막이라고 해서 모두 모래와 바위만 있는 것은 아니다.

오아시스가 아니어도 모래 산과 모래 산의 사이에는 낮은 계곡이 있고 계곡에는 강이 흐른다. 강 유역에는 온갖 채소와 과일이 난다. 차를 타고 가다 보면 이런 계곡은 산과 산 사이에 감추어져 있다가 슬며시 모습을 드러낸다.

그래서 사막의 푸른 계곡은 낯선 여행자에게 신비함 그 자체이다. 이카를 벗어나면서 이따금씩 만나는 계곡에서는 포도밭이 보였다. 이곳이 페루에서 유명한 포도주 산지라는 것을 나는 여행에서 돌아와서 어느 텔레비전 다큐멘터리를 보고서야 알게 되었다. 이카를 벗어나면서 넓게 전개되는 평원의 끝에서 벽처럼 겹겹이 막힌 산고개에 올라서면 제법 넓은 초록의 세계가 펼쳐진다. 리오그란데, 곧 그란데 강이다. 리오가 강이라는 뜻이니, '그란데 강'이라고 해야 맞겠지만, 많이 알려진 대로 '리오그란데 강'이 우리말에서의 정식

리오그란데 강물이 옥수수 밭과 포도 농장을 일구어 푸른 들판을 만들었다.

나스카 초입의 팔파를 지나는 길에 걸린 현수막. "나스카에 오신 것을 환영합니다."

팔파와 나스카 사이의 도로 양쪽으로 펼쳐진
나스카 평원. 나스카의 땅그림이 있는 곳이다.

명칭이다. 강가의 넓은 퇴적 평야가 사막의 숨통처럼 시원하게 느껴졌다.

차가 리오그란데 강을 건너고 팔파(Palpa)를 지난다. 팔파는 이카와 나스카를 잇는 길에서 가장 큰 도시이다. 도시라 하기에는 한국의 읍 소재지 정도에 불과한 팔파가 유명해진 것은 최근 땅그림이 발견되면서부터이다. 팔파의 시내로 들어가는 입구에는 "나스카에 오신 것을 환영합니다"라는 현수막이 도로 위에 걸려 있어서 여기서부터 나스카가 시작됨을 알려주고 있었다.

'땅그림'이라는 말은 영어로 지오글립스(geoglyphs)라고 한 것을 번역한 것이다. 이것을 우리말로 지상화라고 표현한 글을 본 적은 있으나 너무 어렵다. 바위에 새기거나 그린 것을 암각화, 곧 바위그림(petroglyphs, rock art)이라고 하니 땅에 새겨 표현한 것을 땅그림이라고 못할 것은 없겠다.

팔파를 지나면서부터 도로 좌우로 넓게 펼쳐진 모래밭이 눈에 들어왔다. 이곳이 나스카 땅그림이 집중 분포된 나스카 평원이다. 그러나 차창에서 땅그림의 흔적을 찾을 수는 없었다. 그림들은 도로에서 육안으로 보기에는 너무 컸기 때문이다.

빨래터의 수다로 읽는 나스카 고대 문화

먼지 바람이 불어대는 나스카 시내는 황량했다. 거리의 상가에서도 그리 생기를 느낄 수는 없었다. 버스 터미널 부근만 여행객들과 택시 기사들 그리고 작은 호텔에서 나온 사람들이 손님을 끄느라 좀 복잡했고 그곳만 벗어나면 거리는 한산했다. 도시의 끝에서 끝까지 걸어도 30분이 안 걸릴 정도이다. 바둑판처럼 짜인 도로에서는 어느 쪽을 보아도 그 끝은 붉은 모래산으로 막혀 있었다. 이곳이 사막 한복판의 분지임을 쉽게 알 수 있다. 모래 벌판에 새워진 이 도시는 안데스의 눈이 녹은 물로 살아간다. 그 물은 지하수가 되어, 고대부터 농경수와 식수로 두루 이용되어 왔으니, 나스카 사람들에게는 생명의 물이다. 지하로 연결된 관개수로를 칸타욕 아케둑트(Cantalloc Aqueduct)라고 한다.

시가지 동쪽의 어느 뒷골목에서 시끄러운 아낙들의 수다 소리가 들렸는데 가까이 가보니 지하로 움푹 꺼진 빨래터였다. 하천석을 돌려 쌓아 만든 큰 우물처럼 생긴 빨래터는 깊이가 약 2미터가량 되어 보였고 밑바닥 한쪽으로 우

빨래터가 된 시내 뒷골목의 고대 수로 유적 칸타욕 아케둑트

물이 있었다. 이 우물이 바로 지하 관개수로 즉 칸타욕 아케둑트가 지상으로 연결된 것이다.

수천 년 전부터 이용된 칸타욕 아케둑트는 지금까지도 나스카 사람들의 생활 속에 깊이 이어지고 있었다. 빨래터는 우리 옛 마을의 여느 빨래터처럼 마을 아낙들의 수다로 시끌벅적하다. 아기들이 엄마 옆에서 물장난을 치고 강아지 한 마리가 빨래터 위에 올라앉아 그녀들의 수다에 귀를 기울인다. 나스카는 삭막한 듯 보이지만 빨래터 아낙들의 수다로 사람 사는 냄새가 나고, 따뜻한 인심이 살아있는 곳이라고 느껴졌다.

벽화 속의 할머니, 마리아 라이헤 노이만 여사

시가지를 천천히 걷다가 어느 네거리의 벽에 그려진 나이 든 할머니의 얼굴을 발견했다. 얼굴 옆에는 "나스카 평원의 여인, 마리아 라이헤 노이만"이라고 쓰여 있었다. 마리아 라이헤 그로세-노이만(Maria Reiche Grosse-Neumann, 1903~1998)은 독일에서 태어났으나 가정교사 일을 하기 위해 간 페루에서 땅그림 연구에 평생을 바치고 명예로운 페루인이 되었다.

그는 미국의 폴 코속(Paul Kosok)이라는 역사학자의 조수가 되어 소위 나스카 라인이라고 부르는 땅그림에 대해 연구에 뛰어들었다. 이후 그는 나스카 땅그림의 괄목할만한 조사와 연구 성과를 내고 '선의 여인(Lady of the Lines)'이라는 별명을 얻기도 했다. 여기서 '선'이란 땅그림을 구성하는 선을 이르는 것이다.

그는 나스카 땅그림을 연구하는 것은 물론 보호에도 앞장섰고 훼손을 막기 위해 땅그림이 있는 곳에 집을 얻어 살기까지 했다. 1955년 페루 정부는 아마존 강물을 끌어와 나스카 평원에서 관개사업을 하려는 계획을 세웠다. 라이헤는 이에 맞서 나스카 땅그림을 지켜내는 데 성공했고 드디어 1994년 세계문화유산으로 등재시켰다.

이제 마리아 라이헤라는 이름은 나스카의 공항을 비롯하여 50개가 넘는 학교와 기관의 이름으로 남아 있다. 길거리 한 모퉁이 시멘트 벽에 그려진 마리아 라이헤의 초상은 그가 진짜 페루인으로 자리 잡았음을 보여주고 있었다. 지금 그가 살던 집은 그의 연구 결과를 전시한 박물관으로 바뀌었다. 이번 여행에서 그곳을 가보지 못한 것이 못내 아쉽다.

트로피가 된 사람의 머리

시가지의 동쪽 끝에는 안토니니 교육박물관이라는 이름이 붙은 박물관이 있다. 이름에서 알 수 있듯이 이 박물관은 이탈리아 연구팀의 조사 결과를 가지고 만든 것임을 알 수 있다. 박물관은 겉보기에 매우 허술했으나 내용은 놀랄만큼 풍부했다.

라이헤 박사가 나스카의 길가 담벼락 속에서 무표정하게 바라본다. 이 늙은 얼굴의 초상화는
노인이 되어 죽을 때까지 페루인으로 살다 간 라이헤가 페루인의 진정한 친구였음을 말해준다.

항상 웃고 있는 간판 속의 남자 옆에서
울상을 짓고 파리만 날리는 옷장수 아저씨

나스카의 땅그림은 물론 암각화에 대한 여러 정보도 볼 수 있었지만 내 눈에 가장 크게 들어온 것은 트로피 헤드(trophy head)라고 부르는 사람의 머리였다. 트로피란 전리품이라는 뜻이다. 이 머리들은 전리품으로 획득한 전쟁포로들의 것인가? 그러나 이 명칭은 서양에서 온 사람들이 자신들의 추측으로 만든 말로, 신빙성은 없다.

머리는 피부가 붙어 있는 것도 있고 두개골만 남은 것도 있었다. 진열장 안의 머리 모양은 멀쩡하게 보였는데 두개골을 잘라 뇌를 빼내고 속에 헝겊 등을 채워 넣어 얼굴 형태를 유지시킨 것이라고 한다. 이마 쪽의 뼈에 구멍을 내서 끈을 길게 묶었는데 이것은 손에 들기 좋도록 했거나 아니면 어떤 벽이나 장대 같은 물체에 매달기 위한 것일 수 있다. 끈은 직물과 머리카락을 이용하여 짠 것이다. 이로 보아 이 머리들은 어떤 제의적 행위에 사용된 것이었음을 짐작할 수 있다.

목은 잘리고 몸에서 완전히 분리되어 오직 머리로만 남은 사람. 나스카의 대표적인 고고학 유적지인 카우아치(Cahuachi) 유적에서 출토된 이 머리들은 머리 하나를 담을 만한 크기의 단지 속에 들어 있었다. 그리고 머리가 없는 시신들이 다른 무덤 속에서 나왔다. 이들은 머리 따로 몸 따로 묻힌 것이다. 카우아치에서는 잘린 머리, 또는 잘린 머리를 들고 가는 사람들이 그려진 도

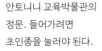

안토니니 교육박물관의
정문. 들어가려면
초인종을 눌러야 된다.

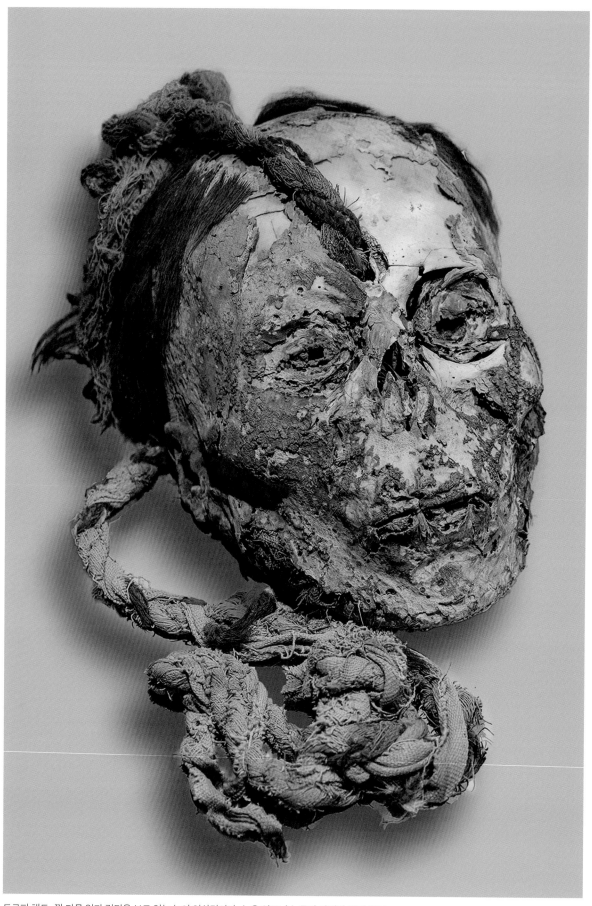

트로피 헤드. 꽉 다문 입과 정면을 보고 있는 눈이 인상적이다. 눈은 없으나 눈동자 자리가 뚫려 있어
마치 산 사람의 눈 같은 느낌을 준다.

사람의 머리를 붙인 독수리. 머리는 목이 하늘을 향한 채 거꾸로 붙어 있는데 그것은 눈과 입이 거꾸로 된 것으로도 알 수 있다. 혹시 바로 앞에서 본 목이 잘린 머리가 아닐까?

기들이 많이 출토되었다.

박물관의 유물 중에는 겉과 속에 모두 그림을 그려 넣은 도기들도 흥미로 웠는데 썩지 않고 원형 그대로 출토된 직물들도 관심을 끌었다. 사막 기후에 서만 볼 수 있는 유물이다. 직물 중에는 가로 세로가 3미터는 족히 될 듯한 대형 직물과 거기 수놓은 사람 머리가 붙은 독수리 그림이 눈에 들어왔다.

사람의 머리는 거꾸로 선 채 독수리의 목에 붙어 있었고 잘려진 짧은 목 은 하늘을 향하고 있었다. 이것은 트로피 헤드와 관련 있는 것으로 보였다. 트로피 헤드를 본 이후 모든 유물이 그와 관련 있는 듯이 보이기 시작했다.

4

신에게 바친 사람의 마음

나스카의 땅그림

공항 이름으로 남은 나스카의 여인, 마리아 라이헤 노이만

소위 나스카 라인이라고 부르는 나스카의 땅그림은 내가 젊었을 때부터 가보고 싶었던 곳이다. 나는 울주의 천전리와 반구대 암각화가 발견된 후 초기부터 암각화 조사를 해오면서 나스카 유적에 관심을 두기 시작했다. 나스카의 땅그림들은 책에서 작은 사진들만 보았을 뿐이지만 항상 언젠가 가보고 싶은 목록의 한쪽에서 나를 기다리고 있었던 것 같다. 그러나 그때는 그냥 보고 싶었을 뿐 실제로 가 볼 수 있다고 생각한 적은 없었다. 해외 여행을 할 수 있게 된 이후에도 나에게 남미라는 곳은 그냥 언젠가 한번 가봐야겠다고 생각했던 곳에 지나지 않았다. 2019년 3월 17일 아침, 나는 오래전부터 머릿속에 남아 있던 여행 리스트 속의, 그 나스카의 땅그림을 눈앞에 두고 있었다. 나이는 벌써 일흔을 넘어갔지만 수십 년 동안 생각해 온 그곳에 내가 서 있다는 것만으로도 가슴이 벅찼다.

마리아 라이헤 노이만 공항. 평생을 나스카 땅그림을 조사하고 연구한 것은 물론 땅그림이 사람들의 개발에 사라지지 않도록 인생을 걸고 싸워 온 학

마리아 라이헤 노이만 공항에 서있는 페루아나스 항공의 6인승 세스나 기 앞에서 기념사진을 찍었다.
이 비행기로 한 시간에 걸쳐 나스카와 팔파 땅그림을 볼 수 있었다.

나스카 평원의 나선형 그림과 판아메리카나 하이웨이.
위쪽 마을이 마리아 라이헤가 살던 카세라파스카나 마을이다.

자이자 운동가의 이름이 이곳 공항에 붙어 있었다. 이 공항은 경비행기를 이용하여 나스카 유적을 보려는 관광객을 대상으로 운영되고 있다.

땅그림은 길이가 수백 미터에서 수 킬로미터에 이르는 크기라서 비행기가 없던 시절에는 오로지 새들만이 전체 그림을 볼 수 있었다. 20세기 초 이 그림들을 발견하고 세상에 알린 것도 공군 조종사들이었고, 본격적으로 조사 연구한 최초의 학자 마리아 라이헤가 처음 이 거대한 그림들을 본 것도 비행기 위에서였다.

나스카 평원은 외계인의 착륙장이었나?

페루아나스 항공사의 6인승 세스나 기는 여기저기 찌그러진 흔적들이 보였고 내부도 몽골 사막에서 타던 소형 지프차만큼이나 험했다. 몸체와 꼬리에는 나스카의 그림들이 그려져 있었다. 멕시코에서 온 청년 셋이 나와 한 팀으로 탔다. 조종사와 가이드까지 정원 여섯이 꽉 찬 셈이다. 헤드폰을 쓰고 알아들을 수 없는 주의사항을 짤막하게 듣고 비행기는 이륙했다.

비행기에서 내려다 본 나스카 평원은 광활했다. 나스카 시에 붙어서 나스카 강이 흐르고 있었다. 나스카 강은 서쪽으로 사막을 통과하여 팔파에서 내려오는 그란데 강에 합류되어 태평양으로 들어간다. 나스카 강의 북쪽은 사막을 가로질러 산악지대로 연결된다. 나스카 강과 산악지대의 사이는 넓은 모래 사막 지대인 나스카 평원이다. 이 평원이 나스카 땅그림의 집중 분포 지역이다. 나스카 평원은 여느 사막과 달리 뒤의 산지에서 흘러 나스카 강으로 흘러드는 수많은 물줄기의 자국들이 가득하다. 물줄기의 흔적들은 마치 실핏줄처럼 보이는데 그 실핏줄을 통하여 먼 옛날 이 평원에 물이 공급되었을 것이다.

물줄기들 사이사이에 넓은 폭의 길고 긴 선들이 뻗어 있다. 우주인들의 착륙 장소일 것이라는 설까지 있을 정도로 사람의 짓으로는 도저히 생각할 수 없을 정도의 규모로 보인다. 비행기에서 이 선들을 내려다보면서 정말 이것은 외계인들의 착륙지일 것이라는 생각을 품지 않을 수 없었다. 나스카 평원으로 들어온 지 얼마 안 되어 외계인 설을 증거 하듯이 하나의 인물상이 나타났다. 이 인물은 산의 경사면에 서 있는 듯 묘사되어 있다. 인물상은 둥근 헬멧

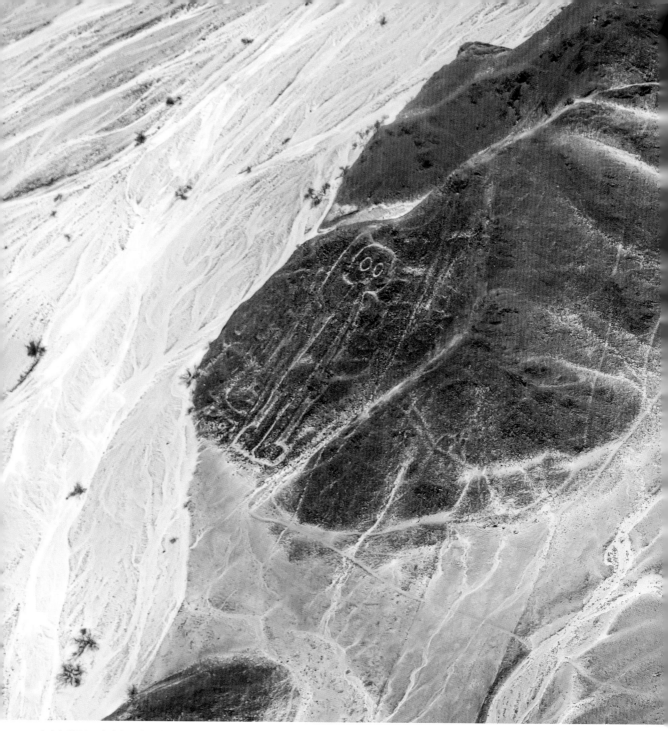

사진의 왼쪽 끝, 산지가 끝나는 지점의 산비탈에 서 있는 인물상.
우주인일 것이라는 상상력을 작동시키는 이 사람의 키는 40미터이다.

을 쓴 것 같은 머리에 안경을 쓴 듯한 동그란 두 개의 원으로 표현된 눈을 가졌다. 또 상체와 하체가 하나로 연결되어 있고 오른팔을 머리 위로 올리고 있다. 이는 어떻게 보면 우주비행사의 옷차림과 비슷하기도 하다. 이로 인해 흥밋거리를 좋아하는 사람들이 이 인물을 우주인이라 말하기도 한다.

그러나 생각해보면 먼 외계에서 지구까지 오는 기술을 가진 외계인들이 비행체를 이착륙시키는데 이렇게 긴 활주로가 필요했다는 것은 난센스에 불과하다. 외계인을 무시해도 너무한 것이 아닌가? 이 그림은 나스카 평원에 수없이 펼쳐진 그림들과는 많이 다르다. 편평한 평지에 있는 것이 아니라 산 비탈에 있고 주로 직선으로 이루어진 동물 그림과 달리 비교적 소규모의 인물상이라는 점을 다른 요소로 꼽을 수 있다. 이러한 형태의 인물상은 비행의 후반에 찾아 본 팔파의 그림들과 유사하다.

천상의 신들을 위한 대지의 신전

이 그림들이 언제 제작되었는지는 분명하지 않다. 제작 연대를 찾아보면 자료마다 많은 차이가 있어 알기 어렵지만 나스카 문화가 지속된 시기로 보아야 하지 않을까 싶다. 나스카 문화의 연대는 대체로 4기로 나누어 말하는데 기간 전체를 보면 대략 기원 전 100년에서 기원 후 750년까지 지속되었다고 한다. 따라서 이 그림들도 좀 긴 기간이기는 하지만 그 기간에 제작되었을 것으로 추정할 수 있을 것이다.

선 그림들의 전체 합계는 1300킬로미터에 달하고 그림이 있는 면적은 450제곱킬로미터에 달한다고 하니 분포 면적이나 그림을 만들고 있는 선의 길이도 엄청나다. 직선들 중 긴 것은 산을 넘고 강을 건넌다. 긴 것은 10킬로미터에 달하는 것도 있다고 한다. 그렇게 길면서도 직선은 그 곧기가 대단히 엄격하다. 이는 제작자들이 뛰어난 측량술을 가지고 있음을 보여주는 것이다. 그림의 종류는 상당한 길이의 교차된 직선들과 나선형으로 보이는 도형들, 그리고 여기저기 독립적으로 떨어져 분포된 동물 그림들로 나누어 볼 수 있다. 이 세 가지 종류의 도형들은 서로 시기를 달리하는 것 같은데 그것은 서로 겹쳐진 상태를 보면 알 수 있다.

처음 항공 측량을 하고 연구를 본격적으로 시작한 마리아 라이헤는 이 직선들이 천문 관측과 관련 있다는 주장을 폈다. 코속은 동지에 해가 지는 지점을 향하고 있는 선을 발견했고 라이헤는 하지에 해가 지는 지점으로 향하는 선을 발견했다. 이들은 이 선을 제작한 사람들이 태양력과 관련하여 천문을 관측하는 작업을 했다고 주장했다. 이들은 이 선들 외에 여러 동물들의 형상을 묘사한 도형들도 별자리와 관련된다는 설을 발표한 바 있는데 지금은 많은 지지를 받지 못한다고 한다.

그런데 선을 만드는 방법은 의외로 간단하다고 한다. 지표면에서 산화철로 인해 붉은색을 띤 자갈을 제거하고 땅 거죽을 15센티미터가량 걷어내면 밝은 색의 황토가 드러나는데 이것이 바로 나스카 라인 즉 땅그림의 선을 만드는 방법이다. 또 땅 거죽 아래의 흙에는 석회 성분이 많이 섞여 있는데 석회는 공기 중의 습기와 결합하여 그림을 고착시키는 효과가 있다. 이렇게 제작된 도형들은 비가 안 오고 바람도 없는 사막 기후로 인해 수천 년을 버티고 지금 우리 앞에 있는 것이다.

이 선들에 대한 해석은 다양하지만 대체로 물과 관련 있다는 설이 많다. 특히 나스카 평원의 관개 사업과 관련 있다는 주장이나 농업에서의 풍작을 기원하는 것에 목적이 있다는 주장 등 농업과 관련되는 설도 많다. 좀 더 유력한 설은 종교적 측면에서 신의 숭배와 관련 짓는 것이다. 이 지역에서도 태양을 신으로 받드는 전통이 많이 있다. 길고 긴 직선들은 종교적 장소로 인도하는 신성한 길이라고 하는 주장이 있다. 또 거대한 직선들을 다양하게 표현하는 것은 오직 하늘에 있는 신만 볼 수 있게 하기 위한 것이라는 것이다.

비행기 위에서 내려다보면서 이 그림들은 신들만이 볼 수 있도록 했다는 것에 공감하지 않을 수 없었다. 특히 능선의 편평한 정상부에 능선을 따라 폭이 넓고 긴 선들을 보면 이런 주장이 더욱 설득력 있게 들린다. 이 그림들이 나스카의 평원을 캔버스 삼아 신에게 바친 것이라 하면 이 평원 전체는 나스카 사람들이 신에게 제사를 올리는 신전이라고 할 수 있을 것이다.

일반적으로 나스카를 찾는 사람들이 관심을 많이 보이는 것은 동물 그림들이다. 대부분의 자료에서 그림들은 대체로 칠십여 개를 넘는다고 하나 실제로는 수백 개에 이를 것으로 보고 있다. 드론을 이용한 2020년까지의 조사 결과 팔십 개에서 백 개 정도의 도형들이 새로 발견되었다는 사실은 이를 뒷받

길이 46미터의 거미 그림이 다양한 폭의 직선들과 겹쳐 있다.
라이헤는 이 거미 그림을 오리온 별자리를 동물로 비유하여 표현한 것이라 주장했다.

나스카 강이 사막의 복판을 흘러간다. 이 강은 나스카 시 서쪽에서 두 줄기로 갈라져 시내를 동서로 관통한다.

나스카 평원이 서쪽 끝에서 단층을 이루며 저지대로 연결된다. 경계선에는 많은 골짜기가 형성되고
나스카 평원과 같은 수평을 이루는 능선상에 나스카 라인이 보인다. 왼쪽의 강은 리오인게니오 강이다.
멀리 오른쪽 위로 나스카 전망대가 보인다.

고래 그림. 완벽한 한붓그림의 기법으로
보이지는 않으나 고래의 우측 아래에 있는
쇠스랑 같은 그림과의 연결 부분등은
한붓그림 기법이 적용되었다.
(길이 52미터)

완벽한 좌우대칭으로 묘사된 콘돌 그림.
독일에서 많이 볼 수 있는 독수리 문장을
연상하게 한다.
(길이 134미터)

침해 준다. 소형 드론의 등장은 나스카 땅그림의 조사에 새로운 전환점을 만들게 되었다.

지금까지 알려진 동물들은 물고기, 상어, 고래 등 어류, 원숭이, 개, 고양이, 야마 등 육지동물, 벌새, 콘도르, 플라멩코, 앵무새 등 조류, 이구아나, 도마뱀 등 파충류 그리고 거미 같은 벌레도 있다. 또 나무나 꽃같은 식물도 있고 드물지만 사람도 있다. 동물 중에서는 새 종류가 특별히 많은 것을 볼 수 있는데 혹시 이것은 새가 가진 종교적 특성 때문이 아닌지 모르겠다. 새는 지구 상에서 가장 많이 숭배되는 동물이며 사람의 영혼을 천상의 세계로 옮겨 주는 신성한 동물로 전해진다.

나스카 평원에서 가장 긴 동물은 부리 긴 새로서 길이가 370미터에 이른다. 이 새는 부리로 보이는 엄청나게 긴 네 선으로 이루어진 도형이 뻗어 있고 그 아래쪽에 새의 몸체로 보이는 것이 붙어 있는데 정확한 형태는 확인하기 어렵다. 또 콘도르 비슷한 몸체를 가진 새가 겹쳐 있는 듯 보인다.

한붓그림의 수수께끼

귀국 후 나스카 그림 사진들을 다시 보면서 흥미로운 점 하나가 눈에 들어왔다. 그것은 그림의 대부분이 한붓그림의 방식을 택하고 있다는 것이다. 한붓그림이란 처음 붓이나 연필을 대고 선을 긋기 시작해서 끝낼 때까지 떼지 않고 그린 그림을 말한다. 물론 그림은 선으로 그린 선화이다. 서양에서는 이를 오일러 트레일(Eulerian trail) 또는 오일러 경로(Eulerian path)라고 한다. 스위스의 수학자 레온하르트 오일러(Leonhard Euler)가 처음 제시한 것이라고 해서 붙여진 이름이다. 우리가 별 그림을 그릴 때 흔히 사용하는 다섯 개의 꼭지점을 가진 별 그림은 한붓그림의 대표적인 예라 할 수 있다.

원숭이의 크기는 길이가 약 100미터에 이른다. 이렇게 큰 선 그림을 한붓그림의 방법으로 정확하게 그린다는 것은 매우 정교한 설계도면과 측량 기술 등이 동원되지 않으면 안 되었을 것이다. 원숭이 그림에서는 원숭이 앞쪽으로 밭고랑 같은 일정한 간격의 많은 평행선들이 그림과 연결되어 있으며 그 사이에 여러 차례 꺾인 선이 원숭이와 평행선 그림을 이어주고 있다.

왼쪽은 길이 285미터의 플라밍고이고 중앙에 대각선으로 길게 그린 그림이 370미터의 부리 긴 새이다.

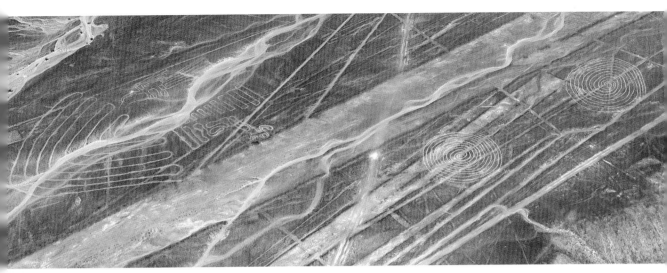

추상적 도형들 중 조개 모양(왼쪽)과 나선형. 이 도형들도 모두 하나의 선으로 이루어져 있다.

흥미로운 것은 그림의 시작이 원숭이나 평행선 그림 같은 뚜렷한 형태를 갖춘 곳에서 시작하지 않고 두 그림 사이의 어중간한 지점에서 시작하고 끝난다는 것이다. 이는 두 그림의 독립성을 완전하게 지키면서 또 둘을 연결시키기 위하여 채택된 방법이 아닐까 생각된다. 그림의 선들이 훼손되어 확인하기 어렵지만 나스카 평원에 있는 대부분의 그림들이 한붓그림으로 제작되었을 것으로 추정된다.

나스카 사람들은 왜 이런 어려운 방법으로 땅그림을 제작하였을까? 나는 앞에서 나스카의 땅그림이 하늘에서 신만이 알아볼 수 있도록 그려 신에게 바친 그림이라는 설에 동의한 바 있다. 그렇다면 한붓그림은 신에게 바치는 신성한 작업과 관련있지 않을까? 또 두 그림을 하나로 연결시키고 있는 것은 두 세계를 하나로 묶는 작업으로 보이는데 이러한 작업의 의미도 당연히 신의 세계와 사람의 세계의 연결이라는 관점에서 볼 수 있을 것 같다.

그림을 구성하는 모든 선의 시작부터 끝까지 붓이 단 한 번밖에 지나가지 않는다는 한붓그림의 원리는 우리가 세상에 태어나서 죽을 때까지 같은 시점을 다시 지날 수 없다는 인생의 원리와 통한다. 사람이 태어나서 죽어 신에게 돌아갈 때까지의 과정은 한붓그림의 과정과 같다. 그렇게 생각해보니 이 그림들이 신에게 바쳐졌다는 것이 더 설득력 있게 다가온다. 나스카의 그림이 가진 한붓그림의 의미를 알아보려고 이리저리 검색을 해 봤으나 아쉽게도 찾을 수 없었다.

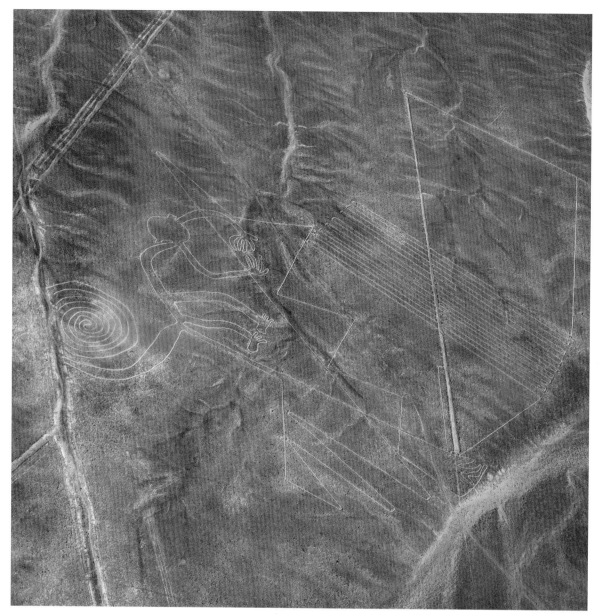

가까이 본 원숭이 그림. 그림들은 대개 하나의 선으로 연결되어 있다. (길이 93미터, 폭 58미터)

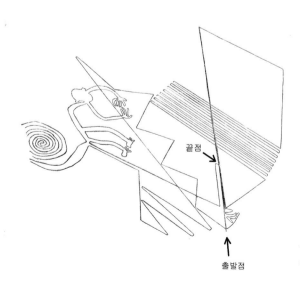

끝점

출발점

항공 촬영 사진에서 선만 추출하여 만든 원숭이 그림의 도면.
한붓그림의 출발점과 끝점을 확인할 수 있다.

팔파 언덕의 땅그림들

나스카의 땅그림은 지금까지 나스카를 대표하던 나스카 평원의 그림과 최근 많은 그림들이 추가 발견된 팔파 지역의 그림으로 대별된다. 나스카 평원의 대표적 그림만을 대상으로 하는 항공 투어는 30분 비행을 하며 팔파 지역까지 포함하는 투어는 1시간을 비행한다. 소형 세스나 기에서의 한 시간은 생각보다 훨씬 힘들었다.

　한쪽으로 기울어진 비행기가 바로 다른 쪽으로 기체를 기울이고 하는 것을 몇 번 반복하면 사람들은 멀미를 하기 시작한다. 귀에서는 가이드가 내지르는 고함 소리가 헤드폰을 통해 울려대고 그에 따라 땅 위의 그림을 찾아 고개를 이리저리 돌리는 동안 머리는 빙빙 돌고 땅그림이고 뭐고 몸을 의자에 고정시키는 것도 힘들 지경이다. 비행이 10분을 지나면서 고막이 터져라 내지르는 가이드의 고함소리를 포기하고 헤드폰을 벗어야 했다. 그렇게 30분을 나스카 평원을 돌고 북쪽으로 작은 산맥을 넘으면 팔파 지역이다. 갑자기 지평선이 사라지고 나지막한 산들이 다닥다닥 붙어 있는 산지가 눈 아래 펼쳐졌다. 그 산 줄기의 경사면에 여기저기 그림들이 흩어져 있었고 이러한 분포는 나스카와 매우 다른 모습으로 다가왔다. 팔파의 그림들 덕에 멀미가 멈추었다.

　그림들은 나스카와는 매우 다른 특징들을 보여준다. 우선 이곳의 그림들은 산 비탈에 있기 때문에 언덕 아래에서 좀 거리를 두고 보면 전체 그림의 모습을 볼 수 있다. 산 능선 몇 군데에 전망대가 세워져 있었다. 그림의 형태들은 누가 봐도 알 수 있는 사람의 형상이 있고 여러 줄의 평행선을 직선과 곡선으로 연결하여 만든 특이한 기하학적 형상들이 있다. 또 산의 능선 위에 활주로 모양의 넓적한 직선들을 길게 표현한 것들도 있었다. 이러한 그림들의 형상은 나스카 평원에서 보았던 것과 같은 직선 그림들도 있었으나 대부분 나스카에서는 볼 수 없는 특이한 것들이었다. 이렇게 능선 위가 칼로 잘라낸 것처럼 편평한 산들을 이곳에서는 메사라고 하는데 메사는 스페인어로 책상이라는 뜻이다. 아마도 정상 부분이 책상처럼 편평하게 다듬어진 지형적 특성 때문인 듯했다. 팔파의 산 비탈에는 팔파 특유의 도형 뿐 아니라 나스카 평원에서 봤던 직선들도 수없이 많이 겹쳐 있었다. 이러한 직선들은 팔파 지역에 있

좁은 골짜기의 좌우 그리고 정면의 세 사면에 그림들이 보인다. 오른쪽은 나무형태, 왼쪽은 곰처럼 보이는 동물, 그리고 맞은편에도 그림이 보인다. 왼쪽 능선 위에 조그맣게 전망대가 보인다.

어도 나스카 라인이라고 부른다.

이 그림들이 널리 알려지게 된 것은 드론이 대중적으로 사용되기 시작하면서라고 한다. 그림의 상당수는 내가 이곳에 오기 1년 전인 2018년에 발견되었다고 하니 내가 내려다 본 팔파의 땅그림들은 금방 솥에서 꺼낸 아주 따끈따끈한 것들이었다. 이 그림들은 마을 가까이 있지만 실제 그림의 존재를 인식하지 못한 상태에서 언덕을 오르내려도 그림이 눈에 들어오지 않는다. 또 그림의 존재를 알았다고 해도 그것이 얼마나 중요한 것인지 알지 못하는 상태에서 일반에 알려지기는 쉽지 않다. 그것은 한국이나 동북아시아 암각화 조사를 하면서도 자주 경험했던 것이다.

로열패밀리와 태양신상

지금까지 알려진 팔파 지역의 땅그림은 대체로 600개를 넘는다고 한다. 그러나 그중에서 가장 널리 알려진 것은 산 경사면에 묘사된 인물상들이다. 로열패밀리(Royal Family)로 알려진 이 얼굴들은 여덟 개로 알려지기도 했으나 자세히 보면 열 개 정도의 얼굴이 식별된다.

그림들은 기원전 800년에서 기원 전후 또는 100년 사이에 존재한 카라카스 문화의 소산이라고 알려져 있다. 이 얼굴들은 사각형 얼굴에 머리 위로 수직선으로 머리카락을 표현한 것과 동그란 얼굴에 반원형으로 단발 모양의 머리카락을 표현한 것 등 두 형태로 나뉜다. 몸체는 머리보다 좀 작은 사각형을 머리 아래에 두고 그 아래 두 다리를 가늘고 짧게 묘사했다. 몸체나 머리카락이 없이 작은 얼굴만 표현한 것도 보인다. 또 다른 그룹의 인물상 중에는 얼굴

능선상의 활주로형 도형과 경사면에 직선과 나선형으로 만들어진 땅그림들

61

윤곽 없이 두 개의 동심원으로 표현된 눈과 얼굴 하단의 일부 그리고 얼굴 주위를 태양광선 모양의 방사선으로 묘사한 얼굴이 보인다. 이 얼굴은 크기도 다른 얼굴과 달리 몇 배나 커서 태양신상으로 보였다.

팔파의 그림들 중 나스카에서 볼 수 없는 또 다른 특별한 것들이 있다. 마치 현대 기계의 부속처럼 보이는 원형이나 방사형 도형 그리고 각을 죽인 네모꼴의 나선형을 포함한 매우 현대적인 추상적 도형들, 산상에 만들어진 폭이 넓은 활주로형 도형, 나스카의 벌새와 비슷하지만 곡선으로 마무리한 벌새 그림, 구불구불한 곡선들을 이용한 물고기 그림들이 눈에 들어왔다.

하늘 높이 올라가서야 볼 수 있는 상상할 수 없는 크기의 나스카의 그림들은 하늘 위에 있는 신들에게 보이기 위한 것이라고 한다. 그러면 마을에서도 문을 열고 볼 수 있는 팔파의 그림들은 사람들에게 보이기 위한 것인가? 사람이 아닌 신들에게 보이기 위한 것이라면 그 신은 사람들과 함께 살아가는 신들이 아닐까?

땅그림들을 어떻게 지킬 것인가?

나스카의 땅그림들이 2000년 이상의 세월을 버티어 온 것은 연평균 4밀리미터에 불과한 강우량과 바람 없는 사막 기후, 바다에서 올라오는 적당한 습기 등 바로 하늘이 준 자연조건이었다. 거기에 이 평원은 신성한 지역이었다. 땅그림이 제작된 이후 이곳은 아무나 들어갈 수 없는 성역이었을 가능성이 크다. 당연히 깊이 15~20센티미터에 지나지 않는 땅그림은 훼손될 일이 없었다.

그러나 지금 이 사막의 모래밭도 사람들의 발길에서 무관할 수 없게 되었다. 수많은 사람들이 이곳을 찾는다. 그것도 발로 걸어서 오는 것이 아니라 무지막지한 대형 트럭을 몰고 평원을 내달리는 사람들이 늘어갔다. 하늘에서 보는 나스카의 땅그림들은 어느 것이 그림의 선인지 어느 것이 트럭의 바퀴 자국인지 분간할 수 없는 곳이 많았다. 폭우나 지진 같은 자연재해는 사람의 힘으로 어떻게 할 수 없는 것이지만 자연재해로 훼손된 땅그림은 그리 많지 않다고 한다. 정말 무서운 것은 사람들의 고의적 훼손이다. 도로의 건설이나 트럭들의 침범으로 인한 훼손은 말할 것도 없고 심지어는 환경보호단체인 그린피

열 개의 얼굴로 구성된 인물상들. 마치 가족의 기념사진을 보는 듯하다. 로열패밀리라고 알려져 있다.

또 하나의 인물상 그룹. 왼쪽에서 두 번째는 태양신으로 추정된다.

마치 기계의 부속처럼 보이는 방사선 모양 도형. 직선으로 만들어진 도형이 가는 선의 방사선 모양 도형
위로 지나가고 있다. 방사선 도형이 직선 도형들보다 오래된 것을 보여준다.

메사라고 부르는 산의 능선 위에 만들어진
활주로 형태의 땅그림

도마뱀, 나무, 큰 손 그림 옆으로 판 아메리카나 하이웨이가 도마뱀의 꼬리를 자르고 지나간다.
길 옆의 타워형 건물은 땅그림을 보는 전망대이다.
(도마뱀 그림 길이 180미터, 나무 그림 길이 88미터, 큰 손 그림 길이 50미터)

스가 재생가능 에너지의 홍보용 대형 포지판을 나스카 평원에 설치하여 벌새 그림이 있는 지면에 손상을 입히기도 했다. 환경보호단체가 환경을 파괴한 어처구니없는 일이었다.

나스카인들은 최근 태평양의 해수면 온도 상승으로 인한 엘니뇨 피해를 막기 위해 전전긍긍한다고 한다. 이러한 기온의 변화를 비롯한 자연재해의 대부분은 사람의 잘못이 원인이다. 수천 년 버텨온 땅그림들이 훼손되어 하늘의 신들이 자신들에게 바친 이 그림들을 못 보는 일이 없었으면 좋겠다.

5

나스카 인들의 신전

카우아치

나스카 문화의 생명줄 아케둑토와 우아랑고 나무

나스카 시의 서쪽으로 땅그림이 집중 분포된 평원을 감돌아나가는 나스카 강은 나스카 문화를 낳은 탯줄이자 나스카 사람들의 생명줄이다. 강은 서쪽으로 흘러 그란데 강을 만나 합류한 후 다시 남으로 방향을 돌려 태평양으로 들어간다. 강은 사막을 파 들어가 계곡을 이루고 계곡에는 푸른 나무들이 우거진 숲이 있어 사막은 생명을 유지할 수 있다. 나스카 시를 벗어나 카우아치 유적으로 들어가는 길에는 선인장 농장을 지나고 고고학 기념물로 지정된 오콩가야 아케둑토도 지나간다.

아케둑토는 수로라는 뜻이지만 멀리 안데스 산에서 흘러나온 물이 사막의 땅 속으로 흘러든 것을 샘을 파서 땅 위로 끌어올려 수로를 만들어 농업에 활용한 고대 수로 유적이다. 이는 물이 나오는 샘을 효과적으로 활용하도록 돌로 계단식 석축을 쌓아 작은 못을 만들고 거기에서 수로를 파서 농지로 물을 공급한 것이다.

오콩가야 마을의 아케둑토는 계단식 석축의 맨 밑 돌 틈에서 맑은 물이 흘러 나온다. 물에서는 송사리 떼가 노는 것도 볼 수 있다. 샘의 옆에는 커다란 나무들이 있는데 이곳 사막의 강가에서 흔히 볼 수 있는 우아랑고 나무이다. 우아랑고 나무는 땅 속에 뿌리를 깊이 내리는 속성 때문에 사막에서도 지상 10미터 높이까지 성장한다. 또한 번식력도 매우 강해서 강가 저지대에는 숲을 이루고 있다. 사막 지대에서 살아가는 이 지역 주민들에게는 목숨과도 같은 나무다.

나스카 문화가 발달한 배경에는 우아랑고 나무의 역할도 컸다는 것이 중론이다. 이 나무의 단단한 목질은 건축 자재는 물론 가구의 제조나 마룻바닥을 만드는 쪽모이 세공에 많이 사용되었다고 한다. 나무껍질은 가죽을 무두질하는 데도 사용되고 나무에서 나오는 진액은 물감의 원료로도 사용되었다. 노란색의 꽃은 꿀벌을 끌어들여 꿀 생산을 많이 할 수 있었고 콩과에 속하는 열매는 좋은 식재료가 되기도 했다. 그뿐만 아니라 우아랑고는 연료로서의 비중이 매우 컸고 숯을 만드는데 좋은 재료이기도 했다. 나스카인들의 생활은 우아랑고 없이는 불가능했을 정도로 우아랑고의 비중은 컸다. 그러나 이로 인해 우아랑고의 무분별한 남벌이 일어나게 되었다.

오콩가야 마을의 아케둑토 수로 유적

결과적으로 사막의 바람이나 이따금씩 엘니뇨 현상으로 인한 홍수 등에 나스카가 오랜 기간에 이룩한 문화는 무방비로 노출되었고 농업의 쇠퇴를 가져왔다고 한다. 급기야 600년경 나스카 문화는 멸망에 이르렀다는 것이다. 최근 페루에서는 남부 해안에 우아랑고 숲을 다시 살리려는 노력을 하고 있다고 한다. 그리고 보니 리마에서 이카로 내려오는 해안가에서 본 묘목들은 우아랑고 나무일 것이라는 생각이 들었다.

나스카의 성지 카우아치

카우아치는 나스카 서쪽으로 20킬로미터 정도 떨어진 나스카 강가에 있는 성지 유적이다. 언덕 위에는 온통 흙으로 만들어진 피라미드들이 능선을 이루며 하늘과 맞닿아 부드러운 스카이라인을 만들고 있다. 피라미드를 자세히 보면 큰 봉분처럼 솟아오른 봉우리의 경사진 지표면을 계단식으로 다듬고 흙벽

나스카 강의 남쪽 모래 언덕에 조성된 카우아치 피라미드 유적. 유적의 뒤쪽으로 넓은 평원이 펼쳐져 있으며 피라미드를 비롯한 많은 건축 유적들이 있다.

카우아치 유적의 중앙 대 피라미드

유적의 앞에는 우아랑고 나무가 울창한 나스카 강이 흐르고 그 뒤로 땅그림이 있는
나스카 평원이 시작되는 능선이 보인다.

돌로 마무리한 것이다. 곁에서 보면 흙벽돌 피라미드로 보인다.

이 유적은 유적 앞에 서서 올려다보면 그리 큰 규모로 보이지 않지만 언덕 뒤쪽으로 넓은 지역으로 수많은 유적들이 연결되어 있다. 그러나 언덕 위쪽으로는 출입을 막아 놓아 높은 곳에서 유적을 내려다보는 것은 포기해야 했다.

유적의 앞으로는 나스카 강이 흐르고 강변 저지대의 푸른 우아랑고 숲이 길게 떠를 이루고 있다. 강 건너에는 나스카 고원이 펼쳐지는데 그곳이 바로 나스카의 땅그림이 집중 분포된 곳이다. 지형적으로 이곳은 나스카의 땅그림을 그린 사람들이 신성하게 여겼던 곳임을 쉽게 알 수 있다.

오랫동안 이곳은 나스카의 수도로 인정되어 왔는데 최근의 발굴 결과 많은 인구가 오랜 기간 거주한 곳이 아니라는 견해가 우세하다. 유적 안에는 신전으로 사용된 건축물과 무덤 등이 많은 부분을 차지하고 있으며 종교적 의례를 위해 임시로 거주한 집들도 있다고 한다. 또 스페인이 침공한 이후에도 중요한 종교적 순례지로서 많은 사람들이 찾았다는 이야기도 전한다.

유적 내에서는 많은 도자기가 출토되어 나스카 양식의 채색 도자기 문화의 화려함을 보여주기도 한다. 또 나스카 시내의 안토니 교육 박물관에서 보았던 트로피 헤드 즉 목이 잘린 머리들도 대부분 이곳 카우아치에서 나온 것들이었다. 트로피 헤드와 함께 환각성 음료를 마신 흔적도 나왔다고 하니 환각제의 복용과 사람을 죽이고 머리를 자르는 등의 행위가 관련 있지 않을까 하는 생각도 든다.

카우아치의 도자기들은 한 개의 완전한 그릇이 한 장소에서 깨진 조각으로 출토된 것들이 많다. 이는 그릇을 특정한 장소에서 땅에 던져 깨트린 것으로 볼 수 있는데 의례의 과정 중에 행해진 것으로 볼 수 있을 것이다. 이러한 사례는 한국의 삼국시대에도 있었으며 조선시대를 거쳐 최근까지 지속된 장례 풍속이었다. 한국에서의 이러한 풍속은 잡귀를 물리친다거나 이승과 저승을 단절시킨다는 뜻을 가졌다고 하는데 카우아치에서는 무슨 의미를 가졌는지 알 수 없다. 그러나 이러한 그릇 깨기 의식이 지구 상의 상당히 넓은 지역에서 광범위하게 행해졌다는 것은 매우 흥미롭다.

모래 봉분 위에서 인사하는 해골들

카우아치 피라미드에서 나스카 강을 따라 서쪽으로 내려가면 길 가에 하얀 인골들이 흩어진 것이 보인다. 카우아치 고분군이다. 모래밭 여기저기에 백색의 두개골을 비롯한 인골들과 고대 토기들 그리고 시신에 입혀졌을 것으로 보이는 낡은 면직물들이 흩어져 있다.

이 유적은 이미 20세기 전반에 발견되었고 수많은 도굴꾼들에 의해 파헤쳐졌다고 한다. 지금 눈앞에 보이는 유골들과 유물들은 땅 속에 있어야 할 것들이 도굴꾼에 의해 세상 밖으로 나와 모래바닥 위로 뒹굴고 있는 것이다. 나스카 지역에는 이런 곳이 셀 수 없을 정도로 많다고 한다. 이곳은 카우아치 유적 바로 옆에 있어 관광객들의 발길을 끌고 있을 뿐이다.

이곳 전체를 다녀보지 못했지만 수없이 많은 무덤들이 이처럼 속과 겉이 뒤섞인 채 모래밭 위에 흩어져 있을 것을 생각하니 참담한 생각이 들었다. 그래도 어찌 되었건, 나 같은 이방인에게 사막은 아름답다. 어린 왕자가 아니라도 해 질 무렵 끝없이 펼쳐진 황금빛 모래 능선들을 바라본 사람이라면 어찌 그 아름다움을 느끼지 않을 수 있겠는가? 아득히 펼쳐진 모래언덕 뒤로 해가 떨어지고 모래의 표면 위로 황금빛 모래들이 바람에 날려 비단 보자기를 덮어씌운 듯 언덕을 덮어 왔다. 그 바람에 날리는 모래들이 마치 노을에 물든 안개처럼 느껴졌다.

찾아오는 관광객들에 인사하는 듯 보이는 백골들

붉은 석양 아래 샌드보드를 즐기는 젊은이들은 지는 해가 아쉽다.

아이에게 모래바람은 또 하나의 즐거움일 뿐이다.

6

잉카 제국의 수도

쿠스코

쿠스코 행 야간 버스

가능한 한 여행 중에 밤 버스를 타지 않는 것을 원칙으로 삼았다. 밤에 장거리 버스를 타는 것은 하룻밤 호텔비를 절약한다거나 하루 낮 시간을 아끼는 효과가 있다. 그러나 밤에 버스에서 잠을 잔다는 것은 엄청 피곤한 일이다. 자는 둥 마는 둥 하다가 새벽에 내려 호텔에 체크인을 해도 그날 계획한 일정을 수행해야 하니 쉬는 것도 마음대로 안 된다. 더구나 버스 창으로 보는 아름다운 풍경을 볼 수 없는 것은 가장 큰 손실이다. 창 밖으로 지나가는 풍경을 보면 출발한 지역에서 도착하는 지역까지 지리 환경이나 사람 사는 모습이 어떻게 달라지는지 마치 대하소설의 요약본을 보는 것 같다.

그런데 나스카에서 쿠스코로 가는 버스는 밤에 출발하는 것 밖에는 없었다. 출발부터 캄캄하니 가능하면 잠을 청하는 것이 상책이다. 페루 서남부 사막 지대인 나스카에서 쿠스코로 가는 길은 안데스 산맥을 넘어야 한다. 자연 길은 꼬불꼬불 구곡 양장 같은 길일 수밖에 없다. 나스카를 벗어나 서쪽으로 얼마 가지 않아 길은 산길로 접어든다.

남미의 장거리 버스 좌석은 여객기 비즈니스석만큼 편안했지만 꼬불꼬불

버스 창 밖으로 본 쿠스코 시

81

쿠스코의 아르마스 광장. 왼쪽에 보이는 것이 쿠스코 대성당이고 오른쪽은 예수회 교회이다.

한 커브길을 오르내리는 데는 별다른 수가 없었다. 세계에서 가장 아름다운 길이라고 알려진 그 길을 캄캄한 어둠 속에서 지나왔다. 차창 밖이 어렴풋이 밝아왔다. 그리고 아직 어두운 산 능선 위로 붉은 해가 떠올랐다. 머리가 무겁고 숨이 차다고 느꼈다. 생각해보니 적어도 해발 4천 미터는 훨씬 넘을 험준한 안데스 산길 655킬로미터를 쉬지 않고 달렸으니 숨이 차지 않을 수 없다. 버스에 앉아 있으면서도 약간의 어지러움증을 수반한 고산증이 느껴졌다. 어지러움 증세가 사라질 무렵 창 밖으로 수없이 많은 붉은 지붕들이 보였다.

고산 증세에 숨찬 잉카의 수도

쿠스코는 생각보다 큰 도시였다. 스페인이 들어오기 전까지 이곳은 잉카 제국의 수도였고 지금도 페루에서 두 번째로 큰 도시라 하니 그저 고대 역사 속의 작은 도시일 것이라는 나의 생각이 버스 속에서 깨져 버렸다.

　예약된 호텔은 아르마스 광장 북쪽의 좁은 골목 안에 있었다. 광장 안에는 낮 시간에 자동차가 들어갈 수 없어서 호텔의 반대쪽 광장 입구에서 내렸다. 쿠스코의 대성당 앞을 지나 200여 미터를 걸어 골목 입구에서 다시 골목 안 길을 100미터 들어가서야 호텔을 찾았다. 대성당 앞길은 평지의 광장을 가로

오안타이탐보 마을의 유적이 있는 산 밑 풀밭에 야마가 관광객을 맞이한다.

삭사이와만 석벽의 앞으로 현지 주민 한 사람이 걸어온다. 마치 잉카 시대의 어느 시점을 정지시켜 보는 듯한 느낌이 든다.

지르는 것이니 그리 힘든 줄 몰랐으나 호텔이 있는 골목길은 완만하게 경사진 비탈길이었다. 그 100미터를 오르는데 몇 번을 쉬었는지 모른다. 아르마스 광장의 해발 높이가 약 3500미터 정도이니 숨이 찬 것도 무리가 아니다.

호텔 앞에는 작은 라면집이 있었다. 아침을 못 먹었으니 우선 눈에 뜨인 라면집으로 들어갔다. 주인은 한국사람에게 라면 끓이고 김치 담는 것을 배웠다는데 어쨌든 식은 밥 한 공기와 라면 한 그릇으로 아침을 때웠다. 그렇게 맛없는 라면은 생전 처음 맛본 것 같다. 그래도 저녁에는 여행 떠난 지 27일 만에 한국 음식점에서 삼겹살을 구워 제대로 된 요리를 먹을 수 있었다.

쿠스코에 도착한 날은 시내에서만 보냈다. 첫날은 아르마스 광장 주변에 있는 대성당을 비롯한 몇 군데의 성당과 박물관, 그리고 쿠스코의 옛 냄새가 나는 골목길을 돌아다녔다. 쿠스코를 상징하는 12각형 성벽석이 있는 대성당의 옆골목을 따라 언덕 위쪽으로 올라가서 시가지를 내려다보며 한 바퀴 돌

삭사이와만 유적의 돌벽. 잉카인들의 석축 기술은 놀랍도록 정교하다.

아 내려오는 길은 특별히 운치가 있다. 아르마스 광장을 둘러싼 다양한 골목 길들, 골목 안에 자리한 수도원이나 또 다른 성당들이 스페인 이전 잉카 건축들의 자취를 간직하면서 이 도시의 역사적 층위를 보여준다. 그래서 쿠스코의 골목을 걷는 것은 쿠스코 사람들이 겪은 천년 이상의 시간과 함께 하는 각별함이 있다.

둘째 날은 쿠스코에서 가까운 지역의 역사유적들이 분포된 '신성한 계곡'이라는 지역을 여행사 투어로 돌아보았다. 신성한 계곡이라고 이름 붙은 지역에는 우루밤바 강을 따라 오얀타이탐보, 삭사이와만, 살리나스데마라스, 피삭 옛 마을 등이 포함되어 있고 유적들은 모두 잉카의 문화적 특성을 다양하게 보여주고 있었다. 관광회사의 투어를 신청해서 오면 이 넓은 지역을 한 곳에 서서 그냥 바라보기만 하다가 또 다음 장소로 가게 된다. 그러나 짧은 시간에 신성한 계곡을 훑어보려면 이 수밖에 없으니 별 도리가 없다.

오얀타이탐보는 읍 소재지 정도의 큰 마을이다. 이 마을에서 마추픽추 (Machu Picchu)로 가는 기차가 출발한다. 마을의 뒷산으로 오르면 산 경사면을 계단식으로 깎아 경지를 만든 것이 보이고 맨 위쪽으로 여섯 기둥의 벽이라고 이름 붙은 거대한 돌벽이 있다. 이 벽은 판석형의 넓적한 돌기둥 여섯 개를 세우고 기둥과 기둥 사이의 틈을 돌을 얇게 쪼개서 빈틈없이 메꿨다. 돌벽의 표면에는 기하학적인 무늬가 새겨진 것도 보인다. 이는 종교적 의식을 거행하던 유적으로 보이는데 어마어마한 돌을 옮기고 다듬고 한 기술은 무어라 설명할 길이 없다. 여기서 오얀타이탐보 마을을 내려다 보고 또 맞은편 산을 보면 여기저기 무수한 석조 유적들이 흩어져 있는 것을 볼 수 있다.

쿠스코 시에 인접해 있는 삭사이와만 유적은 잉카인들의 전통적인 석축 기법을 볼 수 있는 요새지이며 종교적 의식을 위한 장소였다고 알려져 있다. 긴 석축으로 이루어진 석벽의 남쪽으로 넓은 광장이 있는데 이 석벽들은 지그재그 형태로 길게 이어지기도 하고 산의 경사면을 따라 위아래로 계단형을 만들며 상당히 넓은 지역에 퍼져 있다.

유적은 잘 정비되어 있으며 유적의 위쪽으로 잉카의 후손들이 사는 마을이 있다. 유적의 입구 쪽 광장은 기념품을 파는 장터가 되었으나 그곳을 지나면 유적 전체는 잘 정비된 편이었다. 광장의 풀밭에서 볼 수 있는 풀 뜯는 돼지는 오히려 이곳이 오랜 옛날부터 이곳 사람들의 삶의 터전이었음을 확인시켜 준다.

마라스라는 산 계곡 깊숙이 자리 잡은 염전은 바닷가의 염전만 보아온 우리에게 매우 흥미로운 풍경을 보여준다. 라오스에 갔을 때 지하수를 끌어올려 도자기 가마 같은 구조를 갖춘 커다란 솥에서 물을 끓여 소금을 만드는 것을 본 일이 있다. 그러나 이곳처럼 산 위에서 졸졸 흐르는 지하수로 이렇게 넓은 산비탈 염전을 만들었다니. 그것은 정말 경이로운 광경이었다.

모라이 지역의 산 위에는 동심원의 형태를 이룬 계단식 경작지들이 있다. 이 경작지들은 지형의 높이에 따라 어떤 곡물이 잘 자라는지 시험하는 일종의 작물재배연구소 같은 성격을 가진다고 하는데 내 눈으로는 그렇게까지 해석할 수 있을까 하는 의문이 들었다.

잉카 황제 파차쿠티가 1440년 잉카 이전부터 있던 풍요로운 경작 지대 피삭 마을을 정복하고 산 능선 위에 건설한 이 마을은 왕실의 은신처로 사용되었다고 한다. 성채, 전망대 및 종교 유적 등이 포함된 산 위의 마을은 잉카를 무너뜨린 프란시스코 피사로에 의해 1530년대 초에 몰락했다. 그리고 1570년대가 되어 스페인 사람들에 의해 산 아래 현재의 마을 자리에 새로운 마을이 건설되었다고 한다.

오후의 해가 산 위의 마을 뒤로 기울어져 가는 시간, 산 밑에서 본 마을은 때마침 하늘을 가리며 일어난 뭉게구름을 배경으로 아름다운 실루엣으로 변

삭사이와만 유적에서 기념품을 파는 상인이 전통의상을 입고 피리를 불면서 손님을 끈다.

이 산골짜기에서 소금물이 나오는 곳은 이곳으로 한정돼 있는 것 같다.

완만하고 부드러운 곡선의 땅은 풍요롭고 아름답다. 이곳에 사는 사람도 그럴 것이다.

피삭 마을 여행길에서 만난 이 곳의 유적을 찾은 페루의 노인 부부

전통 의상을 입고 활짝 웃는 모라이 마을의 여성

모라이 마을 젊은 여성의 뒷 모습. 빨강 초록 검정의 조화가 잉카 후손들이 물려받은 태생적 미감을 보여준다.

손님에게 차를 준비하는 여성의 아름다운 전통 의상이 그녀의 마음까지 전달하는 듯하다.

모라이 마을의 동심원 계단식 경작지. 경작지의 높이에 따라 어떤 식물이 잘 자라는지
시험해보는 농장이라고 하는데 고개를 갸웃거리면서 내려왔다.

완고한 성채 같은 산 위의 피삭 마을

해 내 앞에 나타났다. 산으로 오르는 흙길을 걸어 마을에 이르렀을 때 눈앞을
막고 있는 완고한 돌벽들은 거대한 도시 유적에서 보는 잉카의 위대성 같은
것과 달리 무언가 우리와 통할 수 있는 친근함이 느껴졌다.

7

마추픽추 가는 길

잉카 트레일 1

잉카 옛길을 걷다

잉카 트레일을 걷는 것은 이 여행을 계획할 때부터 나를 설레게 했던 것이었다. 해발 3000미터에서 4000미터를 오르내리는 트레킹 코스는 이번 여행의 핵심 주제의 하나이기도 했지만 한편으로 나의 체력을 생각하면 걱정거리이기도 했다. 그래도 간헐적으로 시큰거리는 무릎과 그리 자신할 수 없는 허리의 상태를 생각하면 하루라도 먼저 출발하는 것이 낫겠다는 생각이 들었다. 여행 계획을 하나하나 세워가던 2018년 9월, 나는 잉카 트레일을 계획 속에 구체적으로 집어넣기 위해 웹사이트를 통해 트레킹 예약을 했다.

    잉카 트레일은 쿠스코에서 마추픽추까지 3박 4일을 걸어야 하는 42킬로미터의 산길로, 쉽지 않은 코스다. 산이 높기도 하지만 트레킹에 참가하는 데 여러 가지 조건이 붙어있기 때문이다. 그곳을 오르는 데는 반드시 전문 여행

출발 지점에서
트레커들이 앞으로 오를
산길을 보고 있다.

피스카쿠초 마을에서 버스를 기다리는 남자들. 이 건물은 스페인 풍이지만 벽으로 사용된 커다란 돌은 잉카 유적에서 옮겨온 것이다.

사의 프로그램에 참여해야 하고 그리고 가장 신뢰가 가는 여행사를 골라야 한다. 그래서 고른 것이 붉은 군대로 알려진 야마패스(Llama Path)였다.

잉카 트레일 트레킹을 이렇게 일찍 신청해야 하는 것은 페루 정부에서 트레커의 수를 엄격히 제한하기 때문이다. 따라서 트레커들의 신청을 받는 관광 회사도 몇 곳으로 한정되어 있다. 트레커는 하루에 500명으로 제한하는데 이중 진짜 트레커는 200명뿐이다. 나머지 300명은 가이드와 포터들로 채워진다. 어떻게 보면 배보다 배꼽이 더 큰 듯한데 출발을 하고 나서야 왜 그런지를 알 수 있었다. 그들은 트레커들의 짐을 운반해주고 또 텐트를 비롯해 캠프에 필요한 장비의 운반과 설치, 트레커에게 차를 끓여주거나 텐트를 치고 걷는 일 등 여러 서비스를 담당한다.

또한 매년 2월은 트레킹 코스의 청소를 위해 입산을 금지한다. 내가 트레킹을 하려는 날짜는 3월 21일이니 신청을 일찍 서두르지 않으면 계획대로 할 수가 없다. 트레킹의 출발지점은 쿠스코에서 서북쪽으로 82킬로미터 떨어진 피스카쿠초 마을이다. 이곳에서 입산증을 발급받고 우루밤바 강을 건너는 다리 위에 올라서면 그때부터 트레킹이 시작된다.

쿠스코에서 버스와 기차를 이용하는 관광 프로그램을 선택하면 하루에 다녀올 수도 있다. 그런데 내가 마추픽추 가는 길을 3박 4일이나 걸어서 가는 이 잉카 트레일로 정한 것은 트레일 중간중간 많은 잉카의 유적들을 만날 수 있기 때문이다. 마추픽추에 대해 아는 것이 별로 없는 상태이기는 하지만 마추픽추 하나만 보고 불가사의 어쩌고 하는 이야기에 끌려들어 가서는 아마도 많은 잘못된 지식을 가질 것이 뻔했기 때문이다.

이번에 함께 하는 트레킹 회원은 미국에서 온 젊은 여성 셋, 캐나다의 중년 부부, 콜롬비아에서 두 아들과 함께 온 부부 그리고 나까지 모두 열 명이다. 거기에 가이드 둘, 포터가 열, 요리사 하나가 포함된다. 총 인원 스물셋이니 적지 않은 규모라 하겠다.

첫째 날, 꽃길 속에 보는 잉카

3월 21일 잉카 트레일 첫째 날이다. 새벽 4시에 버스를 타고 중간에서 아침을 먹은 후 출발 지점인 피스카쿠초 마을에 도착한 것은 8시경이나 되어서였다. 포터들과 짐을 정리하고 입산 수속을 하는데 한 시간가량이 흘렀다. 출발지점의 잉카 트레일 안내 간판 있는 곳에서 우루밤바 강 건너를 보면 구불구불한 산길 뒤로 구름을 깔고 앉은 눈 덮인 산봉우리가 보인다. 우루밤바 강은 폭은 좁지만 경사가 급한 탓인지 붉은 흙탕물이 거세게 몰아쳐 흘러 내려간다.

강을 따라가면 선인장꽃을 비롯해서 아름다운 꽃들이 길 양쪽으로 피어 있고 빨간 샐비어꽃들 사이로 벌새들이 날아다닌다. 길이 강가를 벗어나 능선 위로 오르면 우루밤바로 흘러드는 쿠시차카 강이 저 밑으로 흐르고, 강가에 여기저기 잉카 옛터의 돌담들이 서 있다. 우리는 시간을 거슬러 고대 잉카 제국을 향해서 천천히 발걸음을 옮기며 주변 경관을 즐겼다.

거센 물결을 몰아치며 흘러가는 우루밤바 강

꽃이 피기 시작하는 선인장 뒤로 산봉우리들이 구름 속으로 들어가 있다.

파타얄타 유적이 눈 아래 보인다. 유적 앞으로 쿠시차카 강이
유적을 빙 돌아 맞은편 산 밑의 우루밤바 강으로 흘러들어 간다.

파타얄타 유적의 강변에 위치한 풀피투유크(Pulpituyuq).
마치 외적의 침입을 막기 위한 요새처럼 보이는데 종교적
제사 유적이라는 설도 있다.

산기슭에 돌벽으로 남은 잉카의 역사

그렇게 얼마를 올랐을까 깎아지른 듯한 급경사의 산 능선 밑으로 쿠시차카 강이 에스자를 그리며 흘러 내려가고 그 강 건너에 널찍한 푸른 들판의 충적 대지가 펼쳐져 있었다. 그리고 푸른 들판 저 뒤 산 밑으로 수많은 건물지가 보였다. 번성했던 잉카의 역사는 돌벽만 남은 건물들의 흔적으로 눈앞에 드러났다.

파타약타 유적이었다. 파타약타는 유적의 뒷산 이름이다. 유적이 자리 잡은 곳은 지나는 길에 슬쩍 본 것만으로도 비옥한 땅임을 쉽게 알 수 있었다. 많은 인구와 상당한 농업 생산력을 지니고 있었을 것이다. 이곳에 사람이 거주하기 시작한 것은 적어도 2000년 전부터였다고 하니 잉카 문명은 그 이전의 문화와 경제력을 바탕으로 이 고대 도시를 만들었다고 할 수 있겠다.

파타약타 유적은 잉카 제국 마지막 시기의 황제 만코 잉카 유판키에 의해 파괴되었다. 그는 스페인 침략자들에 저항하여 싸움을 벌이면서 잉카의 주요 도로 주변에 있는 마을들을 불태웠다고 한다.

파타약타 유적에서 조금 더 위로 올라가면 계곡 건너로 또 하나의 건물 군이 보인다. 파타약타 유적과는 산 위와 아래에서 서로 대화하듯 마주 보고 있다. 위에서 언급한 윌카라카이 유적이다. 산 아래의 파타약타 유적과 사

윌카라카이 유적의 일부

이웃집에 마실을 가시는가?
산마을 할머니가 맨발로 산길을 나섰다.

점심 식사 중인 산골 아주머니. 뒤의 달력은 작년 6월에 멈추어 있다.
세월 가는 것은 산골에서의 삶에 그리 중요하지 않은 것 같다.

이하고 있는 좁은 계곡은 신성성을 부여받은 계곡이라 한다. '윌카'라는 말은 자손이라는 뜻이 있다고 하는 것으로 미루어 조상 숭배와 관련되는 종교 유적이 아닌가 생각되었다. 한편으로 이곳은 잉카 시대 군 주둔지였다고 하고, 파타약타 유적은 바로 이 군대의 거주지였다고도 알려져 있다.

산 중턱에는 등산객들이 점심을 먹고 휴식을 취할 수 있는 작은 마을이 있다. 이곳에서 등산객들을 상대하는 잉카의 후예들이 삶을 이어간다. 산속에서 만나는 원주민들의 얼굴은 도시의 찌든 삶을 살다가 찾아온 사람들에게 신선하면서도 편안하게 다가온다.

첫 번째 캠프장은 해발 3400미터의 와이야밤바라는 곳이다. 캠프장에는 수도나 화장실 같은 설비들이 잘 갖추어져 있었다. 출발 지점에서 이곳 와이야밤바까지는 일정표에 적힌 것처럼 여섯 시간 남짓 걸렸다. 길은 완만하고 점심시간과 중간 휴식 시간도 충분했고 유적을 돌아보는 것도 충분한 것은 아니지만 어느 정도 가능했다. 멀리 눈 쌓인 산봉우리가 구름 위로 솟아 있는 것을 보면서 걷는 즐거움을 언제 또 누릴 수 있을까?

캠프장에 도착하니 이미 숙박용 텐트가 설치되어 있었을 뿐 아니라 회원 전체가 한꺼번에 들어갈 수 있는 식당용 텐트도 설치되어 음식이 준비되고 있었다. 식당 텐트 앞에는 작은 플라스틱 그릇에 손 씻을 물이 한 사람 당 하나씩 놓여 있었고 그 옆에는 포터가 수건을 준비해서 들고 있었다. 평생 이렇

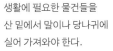

생활에 필요한 물건들을 산 밑에서 말이나 당나귀에 실어 가져와야 한다.

게 호사스러운 캠프는 처음 경험해 보았다. 식당 테이블에 차려진 음식은 이곳이 호텔 레스토랑이 아닌가 생각될 정도로 훌륭했다. 숙박용 텐트 앞에는 발을 씻도록 따뜻한 물그릇까지 놓여 있었다. 산 속 캠프장에서 이렇게 호사스러운 대접을 받다니.

안데스가 찾아준 도봉산의 추억

둘째 날인 3월 22일. 포터가 텐트 문 앞에 갖다 놓은 코카 차를 마시는 것으로 하루가 시작된다. 텐트 밖으로 나와 푸른빛을 띤 건너편 산과 황금빛의 햇살을 받은 구름을 본다. 아니 본다기보다는 감상한다는 편이 더 어울리지 않을까? 깊은 산속에서 텐트를 치고 잠을 자본 적이 언제였는지 까마득하다. 중학교 시절 처음 등산부에 들어가 도봉산에서 캠핑을 하던 추억이 가물가물하다가 갑자기 현실이 되어 내 앞에 맞닥뜨렸다고나 할까. 페루의 안데스 깊은 산중, 푸른 하늘에 뜬 아침놀을 보면서 머릿속 깊은 저장소에 갇혀 있던 어린 시절의 기억 한 줄기가 되살아났다.

첫 번째 캠프장 와이야밤바는 해발 3400미터의 고지대인데 캠프장을 떠나 이어지는 풍경은 마치 열대 우림의 느낌이 난다. 계곡을 흐르는 급류와 빽

텐트를 젖히고 내다본
앞산과 아침놀

빽하게 우거진 나무 숲은 길 위에 햇볕 한 조각을 허락하지 않는다. 저 먼 곳의 풍경을 가로막고 있는 나무들은 짙푸른 이끼로 덮여 마치 처녀림을 헤치고 가는 듯한 착각을 불러일으킨다. 아니 이곳은 지구라는 생명체의 기관지 속처럼 느껴졌다. 그러나 우거진 숲에 비해서 산소의 양은 많이 부족해서 천천히 오르고 있었음에도 숨은 매우 가빴다.

이러한 길을 오르다가 붉은 줄무늬의 보자기에 싸인 커다란 짐을 둘러멘 중년 여성이 나를 앞질러 갔다. 이산 중에도 마을이 있다는 것을 알려주는 듯했다. 나는 출발한 지 얼마 지나지 않아 팀원들에 뒤쳐져 단독 등반객이 되었다. 다른 팀원들과 달리 카메라 백팩을 메고 어깨에도 무거운 카메라 한 대가 걸려 있어서 빨리 걸을 수 없는 데다가 아름다운 야생화들과 처음 만나는 풍경들을 만날 때마다 카메라를 겨누어야 했기 때문이다.

얼마나 올랐을까? 숲길을 빠져나오니 길 옆의 나무숲이 사라졌다. 시야가 확 트이는 듯했지만 길 가는 내내 숲 대신 구름이 시야를 가렸다. 저 멀리 산이 문득문득 나타나고는 했으나 장쾌한 안데스 연봉은 우리 앞에 시원하게 나타나지 않았다. 이따금씩 구름이 갈라지면 산 아래 아득히 마을이 보이거나 먼 산들이 안갯속에서 겹겹이 층을 이루면서 나타나곤 했다.

일행에서 멀리 뒤쳐진 나는 앞서가는 일행에게 미안한 생각이 들긴 했으나 나름 혼자 만의 산길이 즐겁기도 했다. 젊은 세컨드 가이드가 나의 안전을

무거운 등짐을 지고
산 위 마을로 오르는
여인

구름이 갈라지면 산 아래 계곡의 마을이 보이곤 한다.

위해 내 뒤를 따라왔다. 그 친구는 오늘은 온전히 나의 개인 가이드 역할을 해주는 셈이다. 내 뒤를 따르고 있지만 내가 걷는 길을 방해하는 일은 없었다. 시야에 보이지 않다가 내가 힘들어하면 갑자기 앞에 나타나서 "힘들 때는 멈추고 사진을 찍으세요"라고 했다. 그러면 "사진 찍는 것이 걷기보다 더 힘들어" 하면서 잠시 다리를 쉰다.

죽은 여인의 고개

지루한 고갯길을 얼마나 걸었을까? 안갯속에 한 떼의 트레커들이 휴식을 취하고 있는데 고개는 거기서 내리막길로 바뀌었다. '죽은 여인의 고개'라고 불리는, 해발 4215미터의 고갯마루였다. 이 고개의 능선을 멀리서 볼 때 여성의 나신이 누워 있는 것처럼 보인다고 해서 붙은 이름이라고 했다.

안갯속에서 그 아름다운 곡선을 확인하지는 못했다. 그런데 왜 하필이면 죽은 여인인가? 아름다운 여인의 곡선을 보고 죽은 여인을 상상한다는 것은 어떤 심리 상태에서 가능한지, 그것이 한 지역에 사는 주민들의 집단적 의식 상태에서 나온 것이라고 한다면 그것은 어떻게 이해해야 하는지 상상하기 어려웠다. 아마도 어떤 여인에 관한 전설이 있었을 것 같은데 알 수 없었다.

산속 깊이 숨겨 놓은 잉카의 회계 기록 창고

잉카 트레일에서 가장 높은 이 고개를 넘으면 좀 편안한 길이 기다리지 않을까 생각했지만 안데스는 그리 녹록지 않았다. 제법 경사가 급한 내리막길을 한참 내려가니 길은 다시 내리막길만큼 급한 경사로 오르막길이 시작되었다. 저 멀리엔 내려온 길과 계곡 아래 파카이마유(Pakaymayu) 캠프장이 보이고 그 위로 산꼭대기에서부터 아래로 길게 떨어지는 폭포수가 하얀 띠처럼 보였다. 4000미터를 오르내리는 고산 지대라 나무가 없어 야생화들만이 안갯속에 드러났다.

파카이마유 캠프장이 내려다보이는 고갯길 중턱에 돌로 쌓은 초소처럼 보이는 유적이 있었다. 탐보 룬쿠라카이라는 건물터이다. 탐보는 이런 류의 건물을 가리키는 말이고 룬크라카이는 지금 오르고 있는 산 이름이다. 이 높은 산고개의 이름은 룬크라카이 패스라고 하며 고개 정상은 해발 3950미터이다.

해발 4215미터의
'죽은 여인의 고개'
정상부

캠프장 파카이마유

구름과 동행하는 룬크라카이 패스

이 높은 곳, 급하게 경사진 산 중턱에 지어진 건물은 벽체만 남아 있었다. 장방형과 원형의 두 건물을 아래 위로 세웠는데 장방형 건물의 산을 내려다보는 쪽 벽체에는 작은 구멍이 있어서 산 밑을 감시할 수 있게 되어 있었다. 이 건물은 잉카제국의 중요한 군사 시설로 보급 물자를 운송하는 사람들의 숙소 역할도 했고 당시의 키푸를 기반으로 한 회계 기록을 보관하는 장소로도 사용했다고 한다. 우리나라의 역원과 비슷한 것으로 생각된다.

키푸는 안데스 지역에서 많이 사용하던 끈에 매듭을 만들어 기록하는 방법이다. 회계 기록을 이런 깊은 산중의 군사 시설에 보관한다는 것은 그 기록의 중요성을 말해준다 하겠다. 유적을 보면서 안동 근처의 봉화에 있는, 조선왕조실록을 보관하던 태백산 사고가 생각났다.

사슴이 쉬어 가는 깊은 산 작은 호수

룬크라카이 유적에서 조금 더 올라가면 해발 3900미터 근처에 작은 호수가 하나 있다. 쿠차파타라고 부르는 이 작은 호수는 안갯속에 숨어 전모를 보여주지 않았다. 이렇게 높은 산에 습지가 형성되어 있고 작은 호수까지 있다는

해발 3900미터의
쿠차파타 호수

탐보 룬크라카이 유적과 구름에 싸인 맞은편 산이 수묵 산수화처럼 아름답다.

해는 지고 두터운 안개의 휘장을 배경으로 이끼에 싸인 나무줄기가 길 가는 사람을 내려다본다.

것이 산 자체를 무척 신비롭게 연출한 듯이 생각되었다. 이곳은 사슴이 많이 산다고 하는데 이 호수에 사슴이 내려와 물을 마시는 장면은 상상만으로도 아름답기 짝이 없다. 과거에는 캠프장으로도 사용되었다고 하는데 지금은 금지되고 있다고 한다.

룬크라카이 고개를 넘어서면서 날은 어두워지기 시작했다. 천근인지 만근인지 모르게 무거워진 다리를 천천히 옮겨 앞선 팀원들이 갔을 길을 아래로 아래로 내려갔다. 아마도 한 시간 반은 더 늦었으리라 생각되는데 그렇다고 서둘러 갈 형편도 아니니 그냥 지금까지의 페이스를 유지한 채 걷기로 했다. 마침내 캠프장에 도착하니 내 텐트도 설치되어 있었고 식탁에 밥도 차려져 있었으나 밥 먹을 기력도 남아 있지 않았다. 그대로 침낭 속으로 들어가 곯아떨어졌다.

8

마추픽추 가는 길

잉카 트레일 2

황금 가루라의 날갯짓을 보다

3월 23일, 마추픽추로 가는 잉카 트레일의 셋째 날이다.

조금 젖힌 텐트 문 자락 사이로 멀리 운해 건너편에 눈 덮인 산봉이 보였다. 하얀 눈이 동쪽에서 비친 아침 햇살에 황금색으로 물들어 있었고 아직 어둠이 가시지 않은 푸른 하늘 높이 하얀 보름달이 떠 있었다. 슬리핑 백에서 나와 텐트 밖에 섰다. 햇볕은 아직 설산 근처에 머물고 내가 서 있는 이쪽은 산도 구름도 어둠에 잠겨 있었다. 멀리 서쪽 하늘에 하늘로 솟구치는 황금색 구름이 마치 하늘로 오르는 인도의 새 '가루라'처럼 보였다.

아침 햇볕이 이쪽으로 닿기 전에 길을 떠났다. 검은 실루엣의 산 능선 뒤로 안데스의 설봉들이 일렬횡대를 하고 서 있다. 얼마 가지 않아 유난히 뾰족하게 솟은 바위 산봉 하나가 앞산 능선 뒤로 또렷하게 드러났다. 6271미터의 살칸타이 봉이었다. 안데스 산맥에서 서른여덟 번째로 높고, 페루에서는 열두 번째로 높은 봉우리이다. 살칸타이는 케추아 어로 야생 또는 무적이라는 뜻이 있다고 하는데 일찍 이곳에 온 유럽 사람들은 야만의 산(savage mountain)이라는 이름으로 불렀다고 한다.

길에서 붉은색 부리를 가진 까마귀를 자주 보았는데 이름을 찾아보니 유라시안 블랙버드였다. 그리고 보니 알타이 지역 암각화 조사 때 러시아 쪽에

신화 속의 새 가루라가 황금날개를 퍼덕이는 듯하다.

야만의 산. 살칸타이 봉

쿠스코 지역의 3월은 아직은 우기에 속한다. 이 시기의 잉카
트레일에서는 많은 폭포를 볼 수 있다. 힘든 산길의 피로를 씻어준다.

서 많이 보았던 붉은부리까마귀와 비슷했다.

산속에서 만나는 잉카 옛 유적들

안갯속에서 갑자기 성채 같은 구조물이 눈앞을 막아섰다. 푸유파타마르카라
는 유적이다. 지금 걷는 길이 마추픽추까지 가는 길로 알려져 있지만 이 길
이 마추픽추에 연결되는 유일한 길은 아니다. 마추픽추를 종착지로 하는 트
레일은 출발 지점에 따라 여러 코스가 있다. 그중에서 지금 내가 참여해서 걷
는 이 3박 4일의 코스를 클래식 코스라고 한다. 잉카 시대에 쿠스코 쪽에서
마추픽추라는 산중 도시로 연결되는 길들 중, 가장 많이 사용된 통로라 할 수
있다. 길을 가다 힘들만 하면 돌로 쌓은 유적들이 나타나고는 한다. 이런 유적
들은 앞에서 본 것처럼 군사적인 요새나 행정 관료들을 위한 숙소 같은 것도
있고 제법 큰 마을도 있다.

산속에서 이런 잉카 유적들을 만나면 잉카 사람들이 쿠스코 같은 대도시
에만 의존해 살았던 것이 아니었음을 알 수 있다. 산지에서는 나름대로 환경
에 맞는 거주 시설을 마련하고 농경이나 목축 등의 경제 활동을 하면서 여러
가지 형태의 사회를 구성하고 살았던 것 같다.

안갯속에 모습을 드러낸 푸유파타마르카 유적은 해발 3650미터 정도의
능선 상에 자리 잡고 있다. 높이가 꽤 높은 것 같으나 쿠스코의 해발 높이도
3500미터 정도이니 그리 높은 곳이라고는 할 수 없다. 규모는 크지 않으나 다
섯 군데의 우물이 있고 대부분의 유목민 문화에서는 그들이 기르는 동물을
신에게 바치는 희생물로 삼은 것을 볼 수 있는데 여기의 야마 희생도 그런 맥
락에서 생각할 수 있을 것이다. 제단도 있어서 종교적 의미도 강한 유적으로
보인다. 종교적 제단은 야마를 희생물로 바친 곳이라고 한다.

이제부터 길은 아래로 아래로 내려간다. 울창한 수림 사이로 한 번도 평탄
한 지점을 만나지 않고 줄곧 내려가야 한다. 그렇게 약 1000미터를 내려가서
해발 2650미터에 이르면 대규모의 계단식 경작지와 그에 붙어 있는 마을 유
적이 나온다.

성채 또는 망루처럼 보이는 푸유파타마르카 유적이 안갯속에서 신비감을 뿜어낸다.

영원한 젊음, 위냐이와이나

위냐이와이나(Huiñay Huayna)라는 이 유적은 마치 거대한 야외극장처럼 보인다. 유적의 명칭은 이 근처에 자라는 난초의 이름에서 가져왔다는 설이 있는데 잉카족의 대표적인 언어인 케추아 어로 영원한 젊음이라는 뜻이 있다고 한다.

저녁을 먹은 후 캠프장에서 유적으로 들어섰을 때 나는 로스앤젤레스의 유명한 야외 오케스트라 연주장인 할리우드 볼에 서 있는 듯한 느낌이 들었다. 둥글게 돌아가는 골짜기를 따라 크게 원호를 그리며 조성된 계단식 경작지의 위와 아래에 건물 집단이 있었는데 저 아래쪽 적당한 공간에서 오케스트라가 연주를 할 수 있다면 할리우드 볼 심포니 못지 않은 음향 효과를 즐길 수 있을 것 같았다.

두 건물 군집 사이에 열아홉 개의 샘이 있는데, 종교적 의식을 앞두고 몸을 씻는 데 이용되었다고 하나, 아마 경작에 필요한 물로도 쓰였지 않았을까?

비슷한 크기와 구조로 된 주택들이 벽체로만 남아 있다.

유적에서 골짜기를 건너 맞은편 산 중턱에 수량이 풍부한 폭포 한 줄기가 쏟아져 내리고 있었다.

유적이 지어진 것은 잉카 제국의 전성기에 해당하는 15세기 중엽이라고 한다. 유적은 종교적인 이유로 건설된 것이라 전해지기도 하지만 나에게는 안데스 산속에서 살아가던 잉카족들의 주요 거주지의 하나였을 것으로 보였다. 이러한 거주지와 경작지들이 산지 여기저기 흩어져 있고 그 마을들을 묶어 통치한 통치자의 도시가 마추픽추가 아니었을까? 이러한 생각은 산 속에서 자주 만나는 상당한 넓이의 계단식 경작지나 작은 마을 유적들을 볼 때마다 하게 되었다.

멀리 우루밤바 강 위로 무지개가 걸렸다. 아마도 비 한줄기가 지나갔던 모양이다.

비 한줄기가 슬쩍 스쳐 지나간 자리에 무지개가 솟았다. 한 여행자가 유적의 테라스에 앉아 무지개를 즐긴다.

안개에 가로막힌 마추픽추의 일출

   트레킹 나흘째인 3월 24일. 새벽 세 시에 일어나 준비해 놓은 아침식사를 하는 둥 마는 둥 끝내고 출발한 마지막 날의 산행은 새벽 네 시의 어둠 속에서 시작되었다. 위냐이와이나 유적을 떠나 얼마 안 되어 마추픽추 국립공원의 출입문에서 담당 직원이 출근하기를 한참이나 기다려 드디어 마추픽추 공원 안으로 들어섰다. 그렇다고 별다른 풍경이 보이는 것도 아니고 그저 캄캄한 어둠만이 계속되었다. 그러다가 드디어 하늘이 밝는가 했는데 내 주변에는 하얀 안개뿐 하늘도 없고 땅도 없었다.

   해 뜨는 마추픽추의 장관은 잉카 트레일의 클라이맥스라 할 수 있다. 새벽 네 시 캠프장에서의 이른 출발은 태양의 문에 서서 아침 첫 햇살에 반짝이는 마추픽추를 보기 위한 것이었다. 그러나 그토록 기대했던 마추픽추의 일출은 볼 수 없었다. 태양의 문 밖은 두터운 하얀 안개만 가득했고 마추픽추는 안갯속에서 나타날 낌새가 보이지 않았다.

   거기서 얼마 내려가지 않아 마추픽추가 나타났다. 지금까지 보던 산속의 유적들과 마추픽추를 비교하니 마추픽추는 대규모의 현대 메가시티처럼 느껴졌다. 마추픽추 유적은 마추픽추 산의 능선 상에 위치하는데 능선은 마추픽추 앞을 막고 선 와이나픽추 산봉을 넘어서 북쪽으로 내려가며 남쪽으로는

태양의 문에 서서 안갯속에서 마추픽추가 나타나기를 기다리는 등산객들

마추픽추 산 정상에서 내려다본 우루밤바 강. 잠깐 구름이 벗겨진 계곡에 강이 흐르고 그 오른쪽 구름 속에 마추픽추 유적이 있다.

마추픽추 산봉으로 올라간다. 이 능선을 감돌아 유턴하는 우루밤바 강이 서쪽과 동쪽 계곡으로 흐르는 것을 볼 수 있다.

마추픽추를 바로 앞에 두고 나는 일행과 헤어져 애초에 예약했던 마추픽추 산의 정상으로 발길을 옮겼다. 유적을 찾는 대부분의 사람들은 마추픽추 바로 맞은편 북쪽에 있는 맞은 편의 와이나픽추 산봉으로 올라 마추픽추를 내려다본다. 그러나 구글 어스의 3D 화면으로 확인하면서 나는 남쪽 마추픽추 산의 정상에서 마추픽추 유적과 와이나픽추의 바위봉 그리고 마추픽추를 감돌아 나가는 우루밤바 강을 굽어보고 싶었다.

안개가 걷힌 오르막길은 경사가 급해 시간이 많이 걸렸지만, 중간중간 산 아래로 보이는 마추픽추 유적은 가히 환상적이었다. 길 가의 야생화들이 힘든 다리를 쉬게 해 주었다. 그렇게 쉬엄쉬엄 올라 드디어 해발 3061미터의 정상에 다달았다. 다만 눈 밑은 하얀 안개뿐이었고 마추픽추도 와이나픽추도 우루밤바도 모두 구름 아래 숨어버렸다. 이제나 저제나 안개가 벗어질까 기다렸으나 안개는 이따금씩 우루밤바 강만 힐끗힐끗 보여줄 뿐 마추픽추는 끝내 드러내주지 않았다.

그래도, 양치기 집으로 알려진 작은 돌집 근처의 언덕 위에서 굽어본 마추 픽추는 정말 아름다웠다. 무대 배경인 듯, 뒤에 우뚝 서서 산상 도시를 내려 다보는 와이나픽추의 바위 절벽은 유적 전체를 위협한다기보다는 오히려 안 온하게 보이게 했다.

사실 그동안 수도 없이 들어온 '7대 불가사의'같은 말은 잉카 트레일을 걸 어온 끝에서 마추픽추 유적을 만나는 순간 머릿속에서 사라지고 말았다. 거 대한 돌들로 이루어진 석축이나 건물의 석벽들의 정교한 이 맞춤이나 운반과 축조의 문제 등이 보여주는 불가사의함은 앙코르와트 같은 지구의 반대편 유 적에서도 이미 보아왔던 것들이다. 물론 마추픽추에, 위치한 산상 도시로서 의 신비감 같은 것이 없는 것은 아니었다. 그러나 이 깊은 산속에는 규모만 작 을 뿐 이와 유사한 마을이나 건물 집단의 잉카 유적들이 여기저기 흩어져 분 포되어 있음을 보면 그다지 이상할 것도 없었고, 신비롭다기보다는 그저 합 리적이고 현실적으로 느껴졌다. 마을에 인접하여 계단식 경작지가 조성되어 있는데 그 면적은 산속에 흩어져 사는 사람들에게는 풍족한 식량을 생산하 기에 그리 부족해 보이지 않았다.

안개 걷힌 뒤의 마추픽추 전경

콘도르 사원. 땅 위의 삼각형 돌이 콘도르의 머리이며 뒤에 V형으로 막아선 바위는 콘도르의 두 날개이다.

안데스의 깊은 산과 계곡을 끼고 분포된 많은 유적지들은 마추픽추를 중심으로 하여 커다란 사회를 구성하고 있음을 볼 수 있다. 내가 걸어온 잉카 트레일 외에도 많은 산악 도로들이 마추픽추를 중심으로 얽혀 있다. 이 산상 도시는 안데스의 산지에 넓게 분포된 사회 구조의 일단을 보여주는 것이다.

콘도르, 비와 권력의 신

마추픽추의 많은 석조 건물들 중 특별하게 기억되는 것은 콘도르 신전이다. 마추픽추 중심 광장을 지나는 길 가에 삼각형의 넓적한 돌이 깔려 있는 것이 눈에 들어온다. 돌은 깔려 있다기보다는 땅 속에 묻혀 있다고 하는 것이 더 맞을 것 같은데 뒤쪽과 옆에 커다란 바위들이 병풍처럼 서 있다. 바위의 윗면에는 작은 돌들을 성벽처럼 쌓아 이들 바위가 신전 건축의 기초 또는 벽체의 일부를 이루고 있음을 알 수 있다.

넓적한 삼각형 돌의 앞쪽 뾰족한 합각부에는 합각부의 형태와 맞추어 물방울 모양의 원형 도형을 새겼으며 그 합각부를 또 다른 원형 돌로 막아 흥미로운 모양을 만들고 있다. 이 신전을 콘도르 신전이라 하는 것은 바로 이 삼각형 돌의 모양 때문이다. 합각부에 새겨진 도형과 전체적인 구성으로 보아 이 돌이 콘도르 머리 모양으로 볼 수 있기 때문이다. 또 뒤에 좌우로 서 있는 큰 바위는 콘도르의 양쪽 날개로 보기도 한다.

콘도르는 잉카인에게는 신성한 존재이다. 권력을 상징하며 다산을 의미한다고 한다. 콘도르는 하늘 높이 날아 올라 구름을 모아서 비를 내려준다고 하여 농업 생산에서도 풍요를 가져다주는 신적인 존재이기도 하다. 그러나 콘도르 사원을 다시 돌아본 지금 그 공간이 콘도르를 나타냈다고 하는 것이 어쩐지 억지스럽다는 느낌을 지울 수 없다.

산 아래 기차역이 있는 아구아스칼리엔테스로 간 일행들이 기다릴 것을

마추픽추 유적의 동쪽 사면. 계단식 경작지와 허물어진 건물들의 돌담들이 보인다.

마추픽추의 동쪽 계곡
건너편의 산봉들.
이 뛰어난 풍경은
마추픽추가 없더라도
유명한 경관지가
되었을 것이다.

생각하니 마냥 있을 수가 없었다. 다시 내려와 마추픽추를 한 바퀴 돌고 버스
로 내려올 수밖에 없었다. 아구아스칼리엔테스의 레스토랑에서 일행과 합류
하여 늦은 점심을 먹고 기차와 버스를 이용하여 저녁 늦게야 쿠스코로 돌아
왔다.

9

티티카카가 만든 도시

푸노

푸노 가는 길가 풍경

길 떠난지 34일째, 3월 25일이다. 어제 잉카 트레일을 끝냈지만 충분히 쉬지 못했다. 트레킹의 피로는 오늘 푸노(Puno) 가는 버스에서 풀어야 한다. 쿠스코에서 푸노로 가는 길은 기차나 버스를 이용할 수 있다. 푸노는 볼리비아로 넘어가는 국경 도시로 쿠스코에서 동남쪽으로 약 400킬로미터 떨어진 곳이다. 서울에서 부산까지와 맞먹는 길을 버스로 8시간 40분동안 가야 한다.

아침 8시 10분에 출발한 버스가 푸노에 도착한 시간은 5시가 거의 되어서였다. 푸카라라는 곳에서 잠깐 쉰 것을 포함하여 아홉 시간 가까이 버스 안에서 앉아 있었으니 몸이 피곤한 것은 당연하다. 그러나 그 긴 시간은 지루할 틈이 별로 없었다. 버스 양쪽으로 지나가는 풍경들이 정말로 아름다웠기 때문이다.

도로는 거의 눈 쌓인 산봉을 양쪽에 둔 고원 지대를 달린다. 해발 3350미터의 쿠스코에서 고원을 지나 해발 3800미터의 푸노까지는 점차 오르막길. 중간에 가장 높은 곳은 해발 4300미터를 넘는다고 한다. 그 스쳐 지나가는 풍경을 설명할 길은 없고 그냥 눈앞에 잠깐씩 정지시킨 이미지를 늘어놓는 것으로 글을 대신하고자 한다.

흰 눈과 검은 바위가 흰 구름의 캔버스에 아름다운 그림을 만들었다.

유채밭 풍경은 세계 어느 곳에서나 아름답고 친근하다.

자연이 만든 데칼코마니

차창 밖으로는 자연풍경만 있는 것이 아니다. 마을을 지날 때면 이렇게 햇볕을 즐기는 노인들도 볼 수 있다.

호수가 만든 물의 도시

푸노라는 작은 도시는 티티카카(Titicaca) 호숫가에 있는 대표적인 도시로 볼리비아와의 국경에 위치한다. 그뿐 아니라 푸노 앞에 펼쳐진 바다처럼 보이는 티티카카 호수도 호수를 비스듬히 가르는 국경선에 의해 페루와 볼리비아가 나누어 소유하고 있다.

페루에서 볼리비아로 넘어가는 여행자나 또는 그 반대로 페루로 넘어오는 대부분의 여행자들이 이 도시에서 머무는 것은 호수에 떠 있는 우로스라는 섬을 찾기 위해서이다. 그래서 나도 이곳을 첫 번째 방문지로 정하고 우로스 섬이 바로 보이는 호숫가 언덕의 호텔을 예약했다. 호텔 창문으로 보이는 호수의 풍광과 우로스 섬 그리고 섬과 호텔이 있는 언덕 사이에 조성된 갈대숲을 보면서 이 호텔에 숙소를 정하기를 잘했다고 생각했다.

호텔은 시내에서 한참 떨어진 곳에 있어서 체크인을 하고 저녁 식사를 위해 다시 시내로 나왔다. 시내 구경은 저녁 식사 후에 아르마스 광장을 한 바퀴 돌아보는 것으로 끝냈다. 어느 도시에서나 아르마스 광장에는 그 도시를 대표하는 성당이 있다. 푸노에도 일반적으로 푸노 대성당으로 부르는 산후안 성당이 있다. 1669년 건축이 시작되어 1757년 정면이 완성되고 전체 건물이 완공된 것은 1794년이라고 하니 120년이 넘는 시간이 걸린 건축물이다.

유럽 또는 유럽인들이 진출한 곳을 여행하면 지겹도록 보는 것이 성당 건물이다. 푸노처럼 작은 도시에 있는 성당도 어느 유럽의 도시나 남미의 대도시에 있는 성당 못지않게 오랜 기간에 걸쳐 당시 최고의 기술과 예술적 기량을 다해 지었다는 것을 보면, 이들의 신에 대한 경외심은 내가 그들의 신을 믿지 않는다고 해도 가벼이 지나칠 수 없게 하는 힘을 가졌다. 그러나 그들이 믿는 신의 힘을 남의 나라를 침략하여 그 땅의 신을 내친 것을 생각하면 사람에게 종교란 무엇인가라는 의문이 들 수 밖에 없다. 신들은 서로 평화롭게 공존할 수 없었는가?

검푸른 빛의 저녁 하늘을 배경으로 서 있는 대성당은 양쪽의 종탑 부분의 폭이 두터워 아주 육중한 무게감으로 다가왔다. 마치 하늘의 무게가 성당에 담겨 속세를 짓누르고 있는 듯 느꼈다.

아르마스 광장의 산후안 성당

티티카카 호수를 끼고 있는 푸노 시. 높은 빌딩은 알티플라노 국립대학이다

잉카의 탄생지 티티카카

티티카카 호수는 수면의 해발 높이가 3800미터나 된다. 자료를 찾아보니 세계에서 가장 높은 호수라고 되어 있었다. 그러나 내가 가본 호수 중 티베트의 남초 호수는 수면이 해발 4800미터에 위치하고 있어 그것은 과장된 표현이라 할 수 있다. 또 어떤 자료에는 세계에서 항해가 가능한 호수로서 가장 높은 곳에 있는 것이라고 한다. 세계에서 가장 높은 곳에 있는 것은 아니지만 남미에서는 가장 큰 호수이며 가장 높은 곳에 있다는 것은 사실이다. 2000톤 이상의 배가 티티카카를 항해한다고 하니 호수의 규모 뿐 아니라 화물 수송에서의 기능도 매우 큰 것임을 알 수 있다. 화물 수송에서의 기능도 매우 큰 것임을 알 수 있다. 그러나 잉카 문화를 일군 이 땅의 원주민들에게 이 호수는 단순히 수상 교통이나 화물 수송 등에서의 가치보다 더 큰 의미가 있다. 이 호수는 잉카 문화의 탄생지로 알려져 있고 그만큼 잉카의 후예들에게는 신성한 호수로 인식되어 왔다.

잉카인이 이곳에 정착하기 이전에 티티카카에는 상당한 문명이 존재하고 있었음이 수중 조사에서 드러났다. 수중 유적은 사원의 일부로 알려졌는데 마을의 흔적이나 도로, 계단식 경작지, 석축 등이 있었다고 알려져 있다. 이 유적을 만든 사람들은 대체로 여기서 멀지 않은 볼리비아의 티와나쿠 사람들

호숫가의 새들과
갈대를 채취하는 사람

145

호수의 갈대숲에서 고기잡이를 하는 사람들

로, 건축시기는 대략 1000년에서 1500년 사이로 추정된다고 한다.

천년이 지나는 동안 호수의 수위도 상당히 높아졌다. 그것은 호수로 들어오는 물만 있고 빠져나가는 곳이 없기 때문이라고 하는데 최근 들어 수위가 낮아져서 이 지역의 환경에 큰 변화를 초래하고 있다는 우려가 크다. 거기에 호수 주변의 도시로부터 폐수의 유입이나 폐기물들의 투입이 많아져 호수의 오염도 심각하다고 한다. 호수가 가지고 있는 자연적 문화적 가치가 사라질 우려가 있고 이곳에서 살고 있는 사람들의 생존문제도 심각한 단계에 있다고 한다. 지나가는 여행자의 눈에 들어오는 아름다운 경관만으로 호수의 이미지가 고정되지 않았으면 한다.

10

돌탑 속에 담긴 혼령들의 땅

시유스타니

우마요 호숫가의 석탑들

시유스타니(Sillustani) 유적은 푸노에서 북서쪽으로 약 15킬로미터 떨어진 우마요라는 호수 기슭에 있다. 우로스 가는 일정이 계획대로 되지 않아 시유스타니를 먼저 찾기로 했다. 점심 후 오후에 가게 되었는데 이것은 매우 잘한 선택이었다. 덕분에 아름다운 우마요 호수의 석양 풍경을 볼 수 있었기 때문이다.

주차장에서 얼마 안 가 마주한 언덕 위에는 위가 벌어진 원통형의 탑이 하늘을 배경으로 우뚝 서 있었다. 그것은 매우 인상적이었는데 멕시코에서도, 또 페루에 도착한 후에도 보지 못하던 색다른 유적이었다. 멀리서 보면 마치 올림픽 성화대를 연상시켰다. 탑의 표면은 흰색과 짙은 갈색의 돌을 직육면체로 잘 다듬어 쌓아 올렸는데 어둡고 밝은 돌의 색깔이 마치 직사각형을 이용한 모자이크 작품 같았다. 이런 형태의 석탑들을 현지에서는 출파(chullpa)라고 불렀다. 출파들이 서 있는 언덕 정상부 넓은 평지는 사방이 탁 트여 호수와 얕은 구릉으로 이루어진 시원한 풍경이 눈앞에 전개되었다. 정상부에서 내려오는 경사가 급한 부분은 석축을 쌓아 마무리하였다. 그러나 석축들은 많이 무너져 지금은 본래 형태가 보이는 곳이 그리 많지 않았다.

출파들은 호수의 북동쪽에서 서쪽으로 돌출된 땅에 집중 분포되어 있었다. 출파는 잘 다듬어진 직육면체의 돌을 원통형으로 쌓아 올린 것과 자연석을 쌓아 올린 것의 두 종류가 있다. 자연석을 쌓은 것들은 대부분 돌과 진흙을 층층이 겹쳐서 쌓아 올렸는데 아래쪽에 문이 있고, 내부는 원형 석실이다.

내부에서 출토된 인골들로 인해 이 출파들은 모두 무덤으로 알려져 있다. 대체로 15세기에 잉카 제국에 의해 정복된 아이마라족의 것이라고 한다. 여러 개의 출파가 그룹을 이루고 있는 것은 가족묘원으로 추정되는데 이와 같은 무덤의 형태는 지금까지 어디에서도 보지 못하던 독특한 형태이다.

출파의 돌벽을 오르는 도마뱀

유적으로 올라가면서 처음 만나는 대형 출파는 유적 중에서 가장 대표적인 것으로 알려져 있다. 출파는 한쪽이 무너져 속이 들여다 보이는데 현재는 잡

시유스타니로 가는 길가의 넓은 평원

시유스타니 유적의 언덕 아래서 올려 본 원통형 석탑 출파

유적을 대표하는 원통형 출파

나지막한 판석을 오른쪽 언덕에 의지해 반원형으로 돌려세우고 중심에 작은 선돌을 세운 환상열석 유적

석으로 차 있으나 원래는 속이 비어 있었고 아래위층으로 나누어져 있었다고
한다. 출파의 맨 아래에는 출입구로 보이는 사각형의 문이 있다.

이 출파의 표면에는 도마뱀 한 마리를 양각으로 새겼는데 돌의 바탕색이
짙은 갈색이고 크기가 작아서 미리 알고 찾아보지 않으면 알아보기 어렵다.
도마뱀이나 뱀은 세계 어느 곳이나를 가리지 않고 볼 수 있는 선사 시대부터
의 신격이다. 특히 도마뱀은 변화나 영적인 능력 또는 부활을 의미한다고 하
며 부활을 상징하는 것은 꼬리의 재생 기능에서 나온 것으로 가장 중요한 상
징이다. 무덤 속의 죽은 자의 혼령은 도마뱀의 잘라진 꼬리처럼 육신을 탑에
가두고 새로운 꼬리로 다시 태어나 하늘나라로 올라간 것일까?

처음 이곳에는 모두 95개의 출파가 있었다고 하는데 그중 원형 출파가 80
개 이상이었다고 한다. 그리고 돌을 둥글게 원형으로 돌린 환상열석도 다섯
개 있었다는데 유적 전체를 자세히 둘러볼 시간이 없어 일부의 유구 만을 돌
아볼 수밖에 없었다.

내가 직접 본 반원형의 열석 유적은 돌을 나지막한 판석 형태로 잘라 거의
수직으로 된 언덕의 사면에 의지해 반원형으로 돌려세웠고 중심에는 작은 선
돌을 세웠다. 이 반원형의 판석열 밖에서도 같은 형태의 돌들을 볼 수 있는데
반원형의 열석은 2중으로 되어 있었을 가능성이 있다. 자연석을 진흙과 함께
층층이 원형으로 쌓아 올린 출파는 높이가 그리 높지는 않지만 위가 벌어진

원통형 출파 중심부의
도마뱀 모양의 조각이
보인다.

집으로 돌아가는 양치기 여성

유적의 원경. 요즘 조성한 경작지의 돌담들이 유적과 구분되지만 외부에서 온 구경꾼에게는 구별이 쉽지 않다.

유적으로 올라가는 계단 중턱에 놓인 바위에 나선형 암각화가 새겨져 있다.

유적을 돌아보고
현장을 떠날 무렵 유적
뒤 우마요 호수로
쏟아지는 석양의
빛내림

모양이 앞에 설명한 잘 다듬은 육면체의 돌을 높이 쌓아 올린 석탑형 출파와 비슷하다. 이런 형태의 유사성은 이들이 시대적인 차이가 있을 수 있지만 같은 사람들에 의한 같은 문화의 소산일 것이다.

다시 주차장으로 내려가는 계단 옆에서 올라올 때 보지 못했던 바위가 하나 있었다. 바위 표면에는 소용돌이 무늬의 암각화가 있었는데 그 아래쪽으로도 무언가 형태가 보였으나 무언지 알 수는 없었다. 바위에 그림을 새기는 것은 선사 시대의 그림이나 역사 시대의 문자를 가리지 않고 신에게 전달하고자 하는 인간의 뜻을 표현한 것이라 생각한다.

11

물 위에 뜬 섬

우로스

한 폭의 수채화로 다가온 떠 있는 섬 마을

푸노 시내의 한편에 있는 선착장에서 배를 타고 가다 보면 멀리 갈대밭 뒤로 노랗고 파란 지붕의 작은 집들이 보인다. 집들은 몇 집씩 모여 작은 마을을 이루고 있는데 마을을 이루고 있는데 갈대로 만든 인공 섬 위에 세운 것이다. 이 섬이 우로스 섬이다. 갈대밭 위로 보이는 지붕은 밝은 색채의 유화를 보는 듯 정겹게 느껴진다. 우리가 갈대로 편하게 부르는 풀은 티티카카 호숫가에 많이 자라는 토토라라는 부들의 종류이다. 부들꽃이 피어 풀 끝에 매달리면 색다른 풍경이 펼쳐질 것 같았다.

물 위에 떠 있는 우로스 섬은 티티카카 호수에 의지해 삶을 이어온 우루 족의 생활 터전이다. 우루 족은 고유의 언어인 우루 어를 사용하는 토착 소수민족이다. 그들은 이 지역에 널리 퍼져있는 아이마라 족에 속한다고 하는데 그래서인지 지금 우루 어는 거의 사라지고 우루 족들도 아이마라 어를 사용하거나 아니면 스페인어를 사용한다고 한다. 2004년에 우루 어를 사용한 사람이 두 명 남아 있었다고 하니 지금쯤 그 두 명도 이미 세상에 없을지 모른다.

멕시코에서 아르헨티나 남쪽 땅끝까지 어마어마한 넓이의 대륙이 브라질을 제외하고 스페인어로 통일되어 있다는 것은 수많은 토착 언어들이 사라졌음을 말해주는 것이다. 지구 상의 수많은 언어들을 모두 보존하는 것은 불가능할지도 모르지만 각각의 언어들이 나름대로의 표현 방식을 가지고 있는 것을 생각하면 안타깝기 짝이 없다. 그 언어를 사용한 사람들의 문화도 함께 사라졌을 것이기 때문이다.

섬은 앞에 말한 대로 호수 연안의 토토라를 엮어 만든 것이다. 토토라의 뿌리를 줄로 묶어 가로 4미터 세로 10미터 두께 1~2미터 정도의 블록을 만들고 이들을 물 밑에 박아 놓은 유칼립투스 나무기둥에 묶어서 고정시키고 이를 계속 이어 붙이면 섬이 된다.

그러나 기둥에 묶은 줄을 풀면 섬은 떠다니는 배처럼 된다. 지금 섬들은 육지에서 5킬로미터 정도 떨어진, 토토라가 빽빽하게 숲을 이룬 곳에 60여 개 남아 있다. 본래 우로스 섬은 120개가 넘는 수가 육지에서 멀리 떨어진 호수 한가운데 있었다고 하는데 몇 년 전 태풍으로 인해 현재의 위치로 옮겨졌다고 했다. 이 섬은 처음 외적의 침입을 막기 위한 방어용으로 만들었다는 이

호수 위에 마치 초원같은 풍경을 만들고 있는 토토라 군락 뒤로 우로스 마을이 멀리 보인다. 마치 육지의 마을 같다.

우로스 사람들은 토토라로 섬을 만들고 그 위에 토토라 집을 짓고 또 토토라로 만든 배를 타고 토토라를 먹는다.

야기도 있다. 지금도 남아 있는 망루는 그와 관계된다고 한다.

작은 섬은 길이 30미터 정도, 큰 섬은 100미터가 넘는다. 섬의 밑바닥은 토토라 풀이 썩어서 비가 많이 올 때는 2주, 보통 때는 두 달 정도마다 갈대를 위에 새로 깔아야 된다고 하니 그것도 쉬운 일은 아니지 싶다. 작은 섬에는 두 세 가구, 큰 섬에는 열 가구 이상이 산다.

관광 상품으로 남겨진 우루족의 전통

토토라 갈대는 섬을 만들고 집을 지을 뿐 아니라 수많은 관광 상품으로 만들어져 주민들의 주요 생계 수단이 되었다. 그뿐 아니라 갈대 아래의 연한 부분은 식재료로도 사용되는데 우루족에게는 물고기와 함께 기본적인 식품이라고 하며 또 요드 성분이 풍부하여 갑상선염을 가라앉히는 등 약으로서도 효능이 있다고 한다. 부들꽃이 피면 꽃을 이용한 토토라 꽃차도 향이 좋다고 하니 이곳 주민의 생활에서 토토라 갈대는 그야말로 알파이고 오메가이다.

우루 족은 대부분 관광에 의존하여 살아간다. 우로스의 중심에 있는 섬은

아침에 관광 기념품을 가지고 나온 마을 여성

아기는 장사에는 관심이 없다.
상품은 모두 장난감에 불과하다.

전통 털모자 추요를 쓴 섬의 주인

중심이기도 하다. 관광객을 싣고 온 모든 배들이 이 중심 섬에 들린다. 이 섬에는 커피숍이나 기념품 상점 등 관광객을 위한 편의 시설이 갖추어져 있다. 기념품들은 대부분 토토라 풀로 만든 것들인데 관광객들이 살 만한 것은 별로 없었다.

내가 텔레비전 여행 프로그램에서 우로스 섬을 보고 흥미를 가졌던 것처럼 지구의 여러 곳에서 온 많은 사람들이 우루 족의 민속을 비롯한 고유 문화에 관심이 있었을 것이다. 그러나 가이드를 따라 이곳저곳을 들어가 보아도 그런 호기심을 채워줄 만한 것은 보이지 않았다. 고유 문화를 설명하는 것이 고작 한 섬에 들려 토토라로 섬을 어떻게 만드는가를 미니어처 소품을 이용하여 보여준다거나 집안에 한 번 들어가도록 배려해주는 것 등이었다. 그러나 안에 들어가면 또 무언가를 사도록 권유하기 때문에 관광객들은 이내 흥미를 잃고 만다.

우로스 섬은 지구 상에서 매우 희귀한 문화를 가진 독특한 섬임에 틀림 없다. 그러나 이곳을 찾는 사람들에게 이 문화를 효과적으로 체험하게 하기 위해서는 보다 세심한 프로그램이 필요한 듯했다. 섬에서 하룻밤을 잘 수 있다면 좋겠다는 생각이 들었다. 새벽 안갯속에 토토라 사이로 오가는 토토라 보트를 보고 싶었다.

과거와 현재가 뒤섞여 혼란스러운 섬마을

섬의 주민들도 이제 과거의 생활 방식을 고수할 수는 없다. 아마도 이들이 섬을 떠나지 못하는 것은 오랫동안 이 섬에 의지해 살아오면서 육지에 생활 근거를 마련하지 못했기 때문일 수도 있을 것이다. 그러나 육지로 떠나는 인구는 해가 갈수록 늘어나고 있다. 20년 전에 2000명이 넘었던 인구는 지금 수백 명에 지나지 않는다고 한다. 초등학교는 섬 안에도 있지만 중학교부터는 육지로 나가야 된다. 학생들이 등하교하는 것도 어른들이 모터보트를 이용해 태워주어야 한다. 생활의 공간은 자신의 집이 있는 겨우 몇 십 미터 길이의 토토라 섬이니 한창 뛰어놀 아이들에게는 답답하기 짝이 없을 것이다. 더구나 친구들과 함께하는 것조차 자유롭지 않을 테니.

우로스 섬 가까운 토토로 틈새에서 쉬는 철새들

호수면에 토토라가 넓게 퍼져 있고 그 끝에 우로스 섬의 집들이 한 줄로 보인다.
그 배후의 산 경사면에 푸노 시가지가 병풍처럼 펼쳐졌다.

이제 섬사람들도 전기를 써야 하고 스마트폰도 써야 하며 온수 샤워도 해야 한다. 섬의 주택을 밖에서 보면 집집마다 철제 지붕 위에 올라앉은 태양광 패널이 눈에 들어온다. 또 물탱크를 설치해서 공동 온수 샤워장도 사용하고 있다. 물론 텔레비전도 보아야 한다. 비록 물 위에 뜬 짚풀 섬에 살지만 현대 문명에서 벗어나서 살 수는 없다. 화장실은 주거용 섬에서 분리된 작은 섬을 화장실 용으로 따로 만들어 사용한다. 화장실의 오물은 갈대의 뿌리가 흡수하여 정화시킨다 하니, 생활 폐수나 오물이 호수를 별로 오염시키지는 않는 것 같다.

또 수십 개의 섬에서 살아가지만 여러 섬의 주민 사이의 소통을 위해 에프엠라디오 방송국이 있으며 유치원과 초등학교도 있다. 이제는 세계적인 관광지로 알려져 관광객도 적지 않게 찾아오니 그런대로 주민들의 생활도 일정 수준을 유지하고 있는 듯 보였다.

섬에서 배는 없어서는 안 되는 주요 교통 수단이다. 이 배들도 과거에는 모두 갈대로 만들었다. 우루족은 이 갈대배를 교통 수단으로 삼기도 하고 어로 작업 등 생업에도 이용했다. 그러나 지금 갈대배는 오직 관광객을 태우는 용도로만 사용된다. 주민들이 실제 생활에 사용하는 배는 거의 모터보트다.

섬 안에서 보면 사방이 물로 둘러싸여 있기는 하지만 육지에서 보는 모든 것들이 있다. 소규모이긴 하지만 채소나 곡식도 심고 화단에 꽃도 활짝 피었

중학교 다니는 아이를
육지의 학교에서
데려오는 엄마

토토라 관광선을 젓는 우루 족 뱃사공

다. 쥐도 있어서 고양이는 필수다. 물론 개도 키운다. 큰 섬에는 섬 중앙에 작은 못을 만들어 물고기도 키운다는데 호수 물에 인접해서 가두리 양식을 하는 것도 볼 수 있었다. 이외에 닭을 치는 집도 있고 어떤 집은 소를 치기도 한다니 놀랍기 짝이 없다. 그러나 먹거리를 자급자족하는 것은 불가능하니 어쩔 수 없이 육지에서 장을 봐 와야 한다.

오전 두어 시간을 배를 타고 이곳저곳을 보았지만 내가 본 것이 섬 주민들이 전통적인 삶을 이어가는 모습이라고 보기는 어려웠다. 그러나 이들을 곁으로 훑어보면서, 자칫 이들의 생활이 전통이란 포장지로 싸여 관광 상품처럼 살아가지는 않을까 하는 걱정을 완전히 뿌리칠 수는 없었다.

12

안데스의 고향

타킬레

물 위의 떠 있는 대지 신의 고향

푸노 시의 동쪽으로 펼쳐진 티티카카 호수는 푸노 시를 등지고 북쪽의 카파치아 반도와 남쪽의 추쿠이토 반도로 막힌 커다란 만을 이루고 있다. 이 만을 푸노 만이라고 한다. 만의 절반 정도는 우로스 섬이 있는 토토라 갈대밭이고 갈대밭을 벗어나면 조용한 수면이 아득히 펼쳐진다. 우로스에서 타킬레(Taquile) 섬을 향해 출발한 배가 토토라 군락지를 벗어나자 푸노 만 양쪽의 두 반도 사이로 만의 출구인 카파치아 해협이 보였다.

카파치아 해협을 벗어나자 시야가 탁 트이고 수평선이 펼쳐졌다. 티티카카가 남미 최대의 호수라는 것이 실감 나는 순간이었다. 바로 앞에 기다란 섬 하나가 보였다. 그것은 마치 잔잔한 바다에서 수면 위로 올라와 헤엄을 치는 커다란 고래 같았다. 그것이 타킬레 섬이었다. 섬은 우로스에서 약 40킬로미터, 푸노에서 45킬로미터 떨어진 곳에 있는데 우로스 섬에서 세 시간이나 지나서야 도착할 수 있었다.

선착장에 내려 주변을 돌아보면서 나는 이곳이 천국이 아닌가 생각할 정도로 아름다운 풍광 속에 들어와 있음을 깨달았다. 해발 고도 3800미터의 항해에서 온 피로가 나도 모르는 새 사라지고 말았다.

배가 나아가는 양쪽에 길게 누워 있는 산이 육지에서 뻗어 나온 반도이고 그 사이가 카파치아 해협이다. 해협의 가운데로 수평선 위에 타킬레 섬이 떠 있다.

티티카카에 떠 있는 고래 모양의 타킬레 섬

타킬레가 아닌 인티카 섬

이 섬은 티티카카 호수에서 세 번째로 크고 페루 쪽에서는 두 번째로 크다. 길이가 5.5킬로미터, 폭이 1.6킬로미터 정도 되는 좁고 긴 섬이다. 그리 넓지는 않지만 섬이 갖는 문화적 의미는 대단히 크다. 그것은 이 섬이 안데스의 대지 신 파차마마의 고향이면서 동시에 안데스 산정에 산다는 신들의 고향이기 때문이다.

원주민들은 이 섬을 인티카라고 부르는데 인티라는 말은 안데스 일대의 잉카인들의 조상신이며 태양신을 뜻하는 말이다. 이로 보아 인티카라는 이름은 아마도 신의 땅이라는 의미로 붙여진 것이 아닐까? 섬의 공식적인 명칭인 타킬레는 잉카 제국이 스페인에 멸망 이후 아레키파에 와서 살던 스페인 귀족의 이름에서 만들어진 것이다. 이것은 그가 이 섬의 소유자였기 때문이라고 한다.

비교적 스페인 식민지 이전의 전통문화가 잘 남아 있어 원주민들의 문화적 긍지가 크다고 하는데 섬의 이름은 스페인 통치 시절을 벗어나지 못하고 있어 한편으로 씁쓸한 생각이 들었다. 그러나 35년의 식민 통치를 겪은 한국에도 아직 일본인이 붙인 지명이 수두룩하게 남아 있으니, 내가 300년의 식민 지배를 겪은 페루에서 이런 문제를 지적하는 게 한편으로 부끄럽기 짝이 없다.

선착장에서 마을로 올라오는 길에서 본 티티카카 호수의 풍경. 섬의 곳곳에 유칼립투스 나무가 많이 보이는데 육지에서 반입된 것들이라고 한다. 멀리 보이는 섬은 티티카카에서 가장 큰 아만타니 섬이다.

전통적 냄새가 물씬한 섬의 여성들은 외국 관광객들의 호기심의 대상이다.

섬 안에서 만나는 사람들이 입은 옷만으로도 이곳의 전통이 얼마나 잘 남아 있는지 알 수 있지만 이들의
옷도 실은 스페인 전통 복식의 영향을 받은 것이다. 전통 옷을 입은 섬 소녀가 서양 음료를 파는 가게
앞에서 먹고 싶은 듯 가게 안을 기웃거린다.

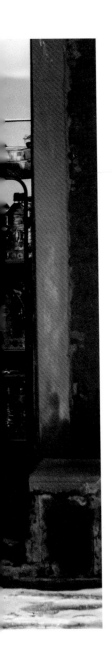

외딴 섬 덕에 남겨진 전통

원주민들은 수확과 다산을 관장하는 파차마마를 믿으면서 농업과 어업을 하고 지금도 고유 언어인 케추아어를 사용한다. 그들이 전통을 지켜가면서 섬에서 부족함이 없이 대대로 삶을 이어온 것은 이 섬이 티티카카의 호수 복판에 위치하고 있어 육지와 단절된 역사를 지켜온 데서 비롯된 것이라고 한다.

생각해보면 세계 어디나 전통문화가 어느 정도라도 남아 있는 곳은 그 지역에서 가장 교통이 불편하고 그래서 경제적으로 낙후되어 있고 새로운 문화가 들어오기 어려운 환경에 놓인 곳이다. 내가 사는 안동이 그러하고 중국의 후이저우 지역이 그렇다. 그런 지역이 보기에 따라서는 어쩔 수 없이 보존되어 온 전통문화 덕분에 지금은 수많은 사람들이 찾아오는 관광지가 되고 돈이 들어오고 개발이 행해진다. 그렇게 시간이 어느 정도 지나고 보면 지금까지 보존되어 온 전통문화는 변질되고 만다. 정체성이 바뀌어버린 전통 아닌 전통문화는 더 이상 사람들을 끌어들이지 못하고 지역은 다시 황폐화가 되어 버리는 악순환이 일어난다.

중앙 광장에서 본 타킬레 섬은 관광객을 위한 편의 시설이 많이 들어오긴 했지만 아직은 현대 문명에 오염되지 않은 듯 보였다. 이만큼이라도 옛 잉카 또는 잉카 이전의 냄새를 맡을 수 있는 곳도 찾기가 그리 쉽지 않을 것 같았다. 또한 섬사람들은 아직도 공동체를 유지하기 위해 잉카 시대부터 지켜온 '도둑질하지 말라, 거짓말하지 말라, 게으르지 말라'라는 도덕률을 기반으로 사회를 운영한다고 한다. 이로 보아 이 섬은 잉카부터 내려온 사회 체제나 도덕적 질서가 지금까지 잘 남아 있는 곳이라고 볼 수 있겠다.

중앙 광장을 중심으로 마을의 집들이 있는 곳의 해발 고도는 호수면에서 약 150미터 올라온 3950미터 정도이며 섬에서 가장 높은 곳은 4050미터라고 한다. 산 위에 잉카 유적이 있다고 하는데 우리 팀을 안내하고 있는 가이드는 산 위로 갈 생각이 없는 듯 보였다.

중앙 광장으로 오르는 길목에 유칼립투스 나무가 행인을 반겨준다.

마을 입구에서 손님을 맞아주는 아치형 돌문

방문객을 환영하는 돌대문과 돌사람

남북으로 길게 누워 있는 섬의 서쪽은 경사가 급하고 티티카카의 수평선이 시원하게 펼쳐진 동쪽은 경사가 매우 완만하다. 배가 도착하는 서쪽 호안에서 마을로 올라가면서 보이는 계단식 경작지는 석축으로 인해 멀리서 보면 마치 축구장의 관중석 같이 보인다. 섬은 돌이 많은 편이어서 밭의 경계선이나 길의 양쪽 그리고 마을의 담들도 모두 돌로 쌓은 것들이다. 마치 제주도의 어디인가를 걷는 듯 착각이 일 정도이다.

섬에 들어가면 첫 번째로 눈에 들어오는 것이 돌로 만든 아치형 문이며 이 문에서 가장 눈길을 끄는 것은 문 위에 앉아 있는 돌사람이다. 둥근 테의 모자를 쓰고 있는 이 상은 둥근 아치 위에도 있고 또 문의 양쪽 기둥 위에도 있다. 마치 돌하르방이 돌문 위에 앉아 있는 듯하다.

섬 중앙 광장에 있는 문은 규모가 큰 때문인지 아치 바깥쪽이 계단식으로 만들어져 있는데, 아치 상부를 직선으로 하고 그 위에 작은 반원 모양으로 돌을 쌓고 양쪽에 큰 단지를 올려놓았다. 돌사람은 마을에 오는 외부인을 환영한다는 뜻으로 짐작이 가는데 단지는 무슨 뜻인지 짐작이 안 간다. 중국이나 한국에는 단지가 재물을 모으거나 하는 의미에서 집에 복이 들어오게 하는 뜻인 경우가 있는데 이것도 혹시 그런 뜻이 아닐까 혼자 생각을 해본다. 개인 집의 대문으로 만든 비교적 소형의 아치문은 아치의 상부 반원 부분에 좁고 긴 쐐기형 돌을 박아 넣었는데 아치 형태를 튼튼하게 하면서 조형적인 아름다움을 완성시키고 있다.

빨강과 검정의 조화, 타킬레의 여성들

섬에서 만난 타킬레 사람들은 아이 어른 할 것 없이 모두 전통 의상을 입고 있다. 이들이 전통 의상을 입고 있는 것은 관광객들에게 보여주기 위해서가 아니라 일상복으로 입고 있는 것이다. 페루의 전통 의상은 스페인 사람들이 들어오기 이전의 잉카 복식 그대로 내려온 것은 아니다. 스페인의 지배자들은 페루인에게 전통적 잉카 의상을 입는 것을 허용하지 않고 농민들의 의상

만을 허용했다고 한다. 지금 우리가 보는 페루의 전통 의상은 잉카의 특징 일부와 스페인 복식이 뒤섞인 것이다.

섬에서 만난 대부분의 여성들은 대체로 빨간색의 상의를 많이 입고 있었는데 치마는 검은색이나 보라색, 남색 또는 초록색 등이 많이 보였다. 결혼한 나이 든 여성들은 주로 검은색 옷을 입는다고 하며 결혼 안 한 젊은 여성은 비교적 색이 많이 들어간 옷을 입는다고 한다. 또 아이건 어른이건 머리에 크고 검은 숄을 덮어쓰고 다니는데 아마도 강렬한 직사광선 때문이 아닌가 생각된다. 푸노는 물론 페루의 이곳저곳에서 본 전통 복식의 여성들은 모두 다양한 원색조의 담요 같은 숄을 어깨에 둘러메고 다녔다. 그것은 아기를 업는 데 사용되기도 하고 물건을 넣는 백팩같이 사용되기도 한다. 검은 옷에 검은 숄을 머리에 쓴 여성들이 마을 길을 가는 것을 보고 있으면 이곳이 수녀원이 아닌가 착각이 든다.

타킬레 섬의 직조 문화는 2005년 인류 무형문화유산의 목록에 등재되었을 만큼 세계에서 독창적인 전통문화로 인정받고 있다. 이 직물들은 알파카나 양털의 털실로 짠 것인데 베틀은 한국의 베틀과 별반 다르지 않았다. 다만 여기서는 남녀가 모두 베틀 작업을 한다는 점이 다르다. 섬사람들은 직조를 모르는 사람은 장래가 없다고 생각한다. 또 여자들은 결혼하기 전에 남편의 옷을 짜면서 가족의 소원을 빈다고 한다.

뜨개질하는 남자들

타킬레에서 흥미롭게 보이는 것 중 하나는 뜨개질하는 남자들의 모습이다. 이곳의 남자들은 아무데서나 뜨개질을 하고 있었는데 이 섬에서 뜨개질은 남자들이 하는 일이라고 한다. 여자들은 양털을 염색하고 실을 뽑는 일을 하며 남자들과 함께 베틀질을 하기도 하지만 뜨개질을 하지는 않는다. 남자들이 섬 안 어디서나 뜨개질을 하고 있듯이 여자들은 방추차를 돌리면서 털실을 뽑는다.

젊은 청년이 마음에 드는 여자와 결혼을 하고자 하면, 여자의 아버지에게 추요(cullo)라고 부르는 모자를 떠서 선물해야 하는데, 이 모자는 물이 새지 않아야 한다. 모자를 받은 미래의 장인은 모자에 물을 채워 물이 새지 않

붉은 모직 블라우스와 초록색 치마 그리고 검은 숄을 머리에 쓴 여성들이
섬의 마을 길을 간다. 이들의 겉 모습은 마치 수녀와 흡사하다.

기혼자를 뜻하는 붉은색 모자를 쓴 남자들이 뜨개질을 하고 있다. 허리를 묶은 허리띠는 그의 부인이 자신의 머리카락을 섞어 짠 것으로 춤피라고 한다.

는 것이 확인되면 결혼을 허락하게 된다. 이곳 남자들은 자기가 짠 모자에 물을 담아서 한 방울도 새지 않은 채 얼마나 멀리까지 갈 수 있는가를 자랑으로 삼는다. 그것은 남자로서 능력자임을 보여주는 것이기도 하다. 물이 새지 않을 정도로 촘촘하게 짜려면 바늘이 가늘어야 하는데 주로 가는 철사를 이용하지만 최근에는 자전거 바큇살이 인기가 있다고 한다.

모자를 선물 받은 약혼자의 아버지는 일정기간 이 모자를 써야 하는데 만일 그의 부인이 죽거나 또는 사회적 지위가 변하는 일이 생기면 그 모자는 벗고 새로운 모자를 스스로 짜서 써야 한다. 이를 통해 이 섬에서 모자는 쓴 사람의 신변에 어떤 일이 있는지 또는 사회적 위치가 어떠한지를 말해주는 것임을 알 수 있다. 또 모자는 쓰고 있는 사람이 기혼자인지 미혼자인지를 알려주는 표식이기도 하다. 모자의 색이 붉은색으로만 짠 것이면 기혼자이고 흰색과 붉은색을 섞어서 짠 것이면 미혼자임을 말해준다.

모자의 형태는 산타 할아버지의 모자처럼 긴 고깔이 반쯤 꺾인 형태이다. 우로스 섬에서 보았던 귀를 덮는 모양의 모자와는 매우 다르며 이 섬이 육지의 문화와 다른 독특한 전통을 고수해 왔음을 보여주는 증거의 하나라고도 할 수 있겠다.

섬에서 길을 걷다보면 길가에 앉아 방추차를 돌리며 실을 뽑는 여성들을 자주 볼 수 있다.

허리띠 짜는 여자들

남자들은 모두 허리에 춤피(chumpi)라고 부르는 넓적한 허리띠를 하고 있는데 허리띠는 그들의 아내가 만들어 준 것이다. 흥미로운 것은 허리띠를 짤 때 여성들의 머리털을 섞어 짜는 것이다.

타킬레의 여성들이 자신의 머리카락을 잘라 사랑하는 남자의 허리띠를 만드는 것은 꼭 그 남자와의 결혼이 성사되길 원하는 간절한 소원을 이루기 위해서라고 한다. 남자가 여자의 아버지에게 추요를 선물하여 결혼을 승낙받으면 여자는 남자에게 머리카락을 섞은 허리띠를 선물하고 정식으로 결혼하기까지 2년간 동거 생활을 하게 된다. 동거 기간 동안 여자는 결혼 후 남편이 두를 또 하나의 허리띠를 만드는데 이 허리띠를 맬 때에도 처음 받은 머리카락 허리띠를 위에 올려 함께 매야 한다. 결혼할 여자가 없는 젊은 남자의 허리띠에는 그의 어머니의 머리카락이 섞여 있다고 한다.

2년의 동거 생활이 끝나면 마음에 들지 않아 헤어질 수도 있다. 반대로 마음에 들면 정식 부부가 된다. 풍습이라는 것은 오랜 세월 동안 만들어진 관습법 같은 성격을 가지는 것이지만 현대 사회의 결혼 제도로서는 무척 특이한

것이라 할 수 있다. 섬에는 잉카 시대의 유적을 비롯해서 잉카 이전의 유적들
도 있다고 하는데 이번에는 한 군데도 찾아가지 못했다.

13

검은 성모의 성지

코파카바나

국경을 넘어 볼리비아로

오늘 드디어 볼리비아로 들어간다. 멕시코 칸쿤에서 리마로 들어온 것이 3월 12일이고 오늘이 3월 28일이니 페루에 온 지 17일 째이다. 푸노에서 코파카바나까지는 140킬로미터 정도인데 아침 7시 좀 넘어 출발한 버스는 11시가 다 되어서야 국경선 앞에 내려주었다. 사람들은 국경을 넘기 전에 버스에서 내려 얼마 남지 않은 페루의 잔돈을 몽땅 볼리비아 화폐로 바꾸고 걸어서 국경을 넘는다. 국경을 넘기 직전 도로에서 얼마 떨어지지 않은 풀밭에 채색된 영문자로 'Peru'라고 쓴 문자 조형물이 페루의 끝을 알려주고 있었다.

걸어서 버스길을 따라 국경을 넘으면 바로 길 가에 볼리비아의 출입국 관리소가 있다. 한국인에게 볼리비아는 남미에서 유일하게 입국 비자가 필요한 나라이다. 페루의 쿠스코나 푸노에서 비자를 발급 받을 수도 있지만 시간이 많이 걸릴 수도 있다고 해서 서울의 볼리비아 대사관에서 비자를 발급받았다. 볼리비아 입국에는 지역에 따라 황열병 예방접종을 해야 하지만 라파스(La Paz)와 우유니(Uyuni) 등을 거쳐 칠레로 출국하는 사람들에게는 요구하지 않았다.

이곳의 국경선은 우리에게는 입국 비자가 필요한 엄격한 선이지만 이 땅에서 대대로 살아온 원주민들에게는 어느 날 그어진 엉뚱한 선일 수도 있다. 이

페루 땅의 끝에 세운
문자 조형물

코파카바나 골목길에서 마주친 원주민 여성

곳은 스페인이 들어오기 전에는 같은 잉카 제국의 땅이었고 스페인 식민지 시절에는 다른 나라로 분리된 땅이 아니었기 때문이다.

입국 수속을 마친 후 국경을 넘어온 버스를 다시 타고 국경에서 가까운 코파카바나(Copacabana)에 도착했다. 나에게 코파카바나는 티티카카 호수에 있는 태양의 섬을 가기 위한 경유지에 불과했다. 태양의 섬으로 출발하는 것은 내일 아침이니 오늘 오후 시내를 한 바퀴 돌아보기로 했다. 시내라고 해야 손바닥 만한 도시이니 별로 다닐 곳도 없다. 남미의 어느 도시나 볼 곳에 관한 정보가 많지 않으면 중앙 광장으로 가면 된다.

코파카바나의 검은 성모

중앙 광장인 코파카바나 광장의 옆에 하얀 벽체를 가진 대형 성당이 있었다. 갈색의 돌 입자들로 포장된 성당 앞마당도 한낮의 직사광선을 받아 반짝이고 있었다. 하얀 벽체의 이 성당은 겉으로 보기에는 최근에 지은 것처럼 보이지만 400년의 역사를 가진 볼리비아를 대표하는 성당이다.

성당의 이름은 코파카바나 성모 대성당이다. 성당은 1668년 계획되고 1678년 건축이 시작되어 완성된 것은 1805년이니 무려 140년이 걸린 셈이다. 성당 안에는 원주민 피부와 형상을 한 성모상이 있다. 성당을 지은 장소는 본래 잉카의 성지였다. 침략자 스페인은 원주민들이 여기서 모시던 태양신 인티의 신전을 없애고 같은 자리에 자신들이 믿어 온 가톨릭 성당을 지었다.

흰 벽체의 성당 건물과 파란 하늘 그리고 붉은색 마당의 어울림은 성당 아래로 보이는 티티카카의 푸른 물과 함께 지중해의 어느 곳을 떠올리게 했다. 그러나 그런 아름다운 풍경보다는 지구의 반대편에서 온 나에게는 성모에게 쫓겨난 태양신 인티를 떠올리지 않을 수 없었다. 성당 앞에 붙어서 마당 한편에 자리 잡은 세 개의 십자가를 모신 건물도 인상적이다. 세 개의 십자가는 골고다 언덕에서 처형된 예수와 두 도둑을 매단 십자가를 상징한다.

성당 문 옆에 성모상을 조각한 프란시스코 티토 유판기(Francisco Tito Yupangui)의 동상이 있다. 유판기는 잉카 황제의 후손으로 잉카 제국이 몰락한 이후 가톨릭으로 개종한 사람이다. 조각가인 그는 남미에 들어온 성모상

코파카바나 성모 대성당. 오른쪽의 아치형 문을 사방으로 낸 건물이 골고다를 상징한 세 개의 십자가를
모신 곳이다. 성당 문 옆에 성모상을 조각한 유판기의 동상이 있다.

성당의 경내로 들어오는 문의 지붕 위에 작은 종탑 모형을 올렸다.

으로 부터 남미 원주민의 모습을 발견하여 조각으로 남겼다고 한다. 그가 만든 성모상은 코파카바나의 검은 성모(Virgen Candelaria de Copacabana)라는 이름으로 알려져 있으며 원주민 모습을 한 남미 최초의 성모상이라고 한다. 성모상이 완성된 1583년 2월 2일은 마리아 정화의 날이다. 이 날은 지금도 축제일이 되어 있다.

현지 원주민의 모습으로 만든 성상은 멕시코시티의 메트로폴리타나 대성당의 검은 예수상에서 본 바 있지만 성모상은 여기서 처음 보았다. 이러한 원주민의 모습을 한 성모상이나 예수상은 침략자들이 가지고 들어온 가톨릭을 현지화한 것이다.

이는 남미 원주민들의 민족의식이 외래 종교인 가톨릭에 반영된 것으로 어떻게 보면 원주민들의 독립 정신을 나타낸 것으로 볼 수도 있다. 그러나 한편으로는 스페인 식민 통치자들이 현지인들에 대한 지배 수단의 하나로 만들었을 가능성이 더 클 것으로 생각된다. 어쨌든 지금 코파카바나 성당의 성모상은 볼리비아의 수호성인이고 이 성당은 볼리비아는 물론 남미의 최고 성지 중 하나가 되었다. 브라질의 유명한 코파카바나 해변도 이곳 성당의 성모상 명칭

붉은 치마와 검은 모자의 여성들은 마치 제복을 입은 학생들처럼 구분하기가 어렵다.

에서 따온 것이라고 한다.

골목길의 끝에 보이는 티티카카

푸노처럼 코파카바나도 산의 경사면에 위치한 도시이다. 그래서 높은 곳에서 아래로 내려가는 모든 길은 티티카카 호수에서 끝이 난다. 골목마다 골목길 아래쪽 끝에는 언제나 티티카카의 수평선이 있었다. 중앙 광장에서 내려가는 길에는 대부분 관광 기념품을 파는 가게 또는 잡화점이나 옷가게 같은 것들이 늘어서 있었다. 골목 양쪽의 집들은 대체로 지은 지 얼마 안 되는 것으로 보이며 길바닥도 깨끗하게 정비되어 있어 관광객들을 위해 개보수가 많이 된 듯했다.

여기가 볼리비아의 첫째로 꼽을 만한 축제 도시라는 것을 나중에야 알게 되었다. 2월과 8월의 성모 축일에는 남미 전 지역으로부터 엄청난 사람들이

어느 골목이나 그 끝에는 티티카카가 있다.

몰려든다고 했다. 그래서인지 호수가 가까워질수록 관광객을 위한 호텔들이 골목을 채우고 있었다. 호숫가로 나가면 처음 눈에 들어오는 것이 해군의 상징인 닻 조형물이다. 볼리비아의 본래 영토는 태평양 연안까지 이어져 있었다. 그러나 이전에 언급한 것처럼 19세기 후반에 볼리비아가 태평양 전쟁에서 칠레에 패하면서 지금의 칠레 북부 태평양 연안의 영토를 잃어버리고 내륙국가가 되었다.

그 후 볼리비아는 칠레와 원수처럼 되어 버렸고 두 나라의 국민 간에도 감정의 골이 깊어졌다. 볼리비아는 언젠가 잃어버린 태평양을 다시 찾는다는 꿈을 버리지 않고 아직도 해군을 유지하고 있다. 지금 티티카카 호수는 볼리비아 해군의 훈련장이다.

호수는 바다 같았다. 동쪽으로 아득히 수평선이 보이고 그 수평선의 일부를 관광객을 주 고객으로 삼는 유람선들이 가리고 있었다. 한낮의 햇살이 수면 위에서 부서져 수많은 윤슬들이 짙푸른 물결 위에 반짝였다. 모래밭에서 호수 안쪽으로 선착용 잔교들이 길게 뻗어 있고 그 끝에 사람들이 앉아 한가로

호수 연안에 있는 해군의 상징 조형물

젊은 부부와 아이가 햇살이 내려 쪼이는 잔교 위에서 티티카카의 여유를 즐기고 있다.

선착장에서 배를
기다리는 노인

코파카바나 호수의
저녁 풍경

이 시간을 보내고 있었다. 여행지에서 이런 풍경을 대하고 멍하니 시간을 보낸다는 것이 얼마나 좋은 것인지를 새삼 느낄 수 있는 시간이었다.

14

창조신 인티의 첫 작품

태양의 섬

태양신에의 접근을 불허하는 태양의 섬

서쪽으로 티티카카 호수를 끼고 있는 코파카바나의 호안은 왼쪽으로 활처럼 휘어 얌푸파타 반도로 이어진다. 얌푸파타 반도는 서쪽으로 뾰족한 연필촉 모양으로 호수와 만난다. 이 끝에서 약 1킬로미터쯤 호수를 건너면 태양의 섬의 남쪽 끝이다. 이렇게 가까운 곳이지만 코파카바나 선착장에서 배를 타면 코파카바나 만을 가로질러 한 시간 이상 가야 한다. 일반적으로 태양의 섬을 찾는 방문객들은 섬의 북쪽 찰라팜파라는 곳에서 내린다.

태양의 섬에 있는 중요한 유적들은 거의 섬 북쪽에 분포되어 있고 박물관도 그쪽에 있다. 그래서 섬을 찾은 사람들은 북쪽에서 내려 잉카 유적들을 답사하고 박물관을 본 후 섬의 능선을 따라 남쪽 유마니라는 곳으로 내려와 휴식을 취하게 된다. 대부분의 숙소들과 음식점 카페 등은 유마니 지역에 몰려 있기 때문이다. 그래서 나도 처음 그렇게 계획을 세웠다. 그런데 코파카바나의 선착장에서 표를 예매하려니 섬 북쪽으로 가는 배가 없었다. 그러면 남쪽 유마니에서 내려 북쪽으로 가야겠다고 생각했지만 북쪽은 아예 출입 금지라고 했다.

자세한 내용은 알 수 없으나 같은 숙소에 먼저 와 있던 프랑스의 관광객에 의하면 섬 북쪽과 남쪽의 주민 간에 갈등이 심해서 북쪽 사람들이 유마니에

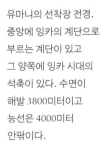

유마니의 선착장 전경. 중앙에 잉카의 계단으로 부르는 계단이 있고 그 양쪽에 잉카 시대의 석축이 있다. 수면이 해발 3800미터이고 능선은 4000미터 안팎이다.

태양의 섬 남쪽 유마니 지역에서 바라본 코파카바나의 얌푸파타 반도와 체예카
섬. 섬 오른쪽 좁은 목이 섬과 육지가 가장 가까운 곳이다.
가운데 아래쪽에 태양의 신전이 보인다.

서 북으로 통하는 모든 통로를 막았다고 했다. 주민 간의 갈등으로 외부 방문객이 발조차 들여놓을 수 없는 곳이 있다니 어처구니 없는 일이었다. 현지의 행정 당국이 주민 사이의 조정을 할 수 없다는 것도 이해할 수 없었다.

이런 사태는 벌써 2년 이상 계속되고 있다고 한다. 어찌 되었든 이해할 수 없는 현지의 사정 때문에 잉카 문명의 탄생지라고 하는 태양의 섬에서 진짜 중요한 유적은 포기해야 할 판이다. 어쩔 수 없이 태양의 섬은 유마니 지역을 다녀오는 것으로 만족해야 했다. 유마니 선착장에 내려서 본 섬의 풍경은 매우 평범했다. 섬은 호안에서 바로 급한 경사를 이루며 능선 위를 향해 치솟아 오른 가파른 산으로 되어 있다.

태양신 인티의 고향

섬 위쪽으로 올라가는 직선으로 뻗은 계단이 마치 하늘 끝에라도 닿아 있는 듯 아득하게 보였다. 소위 잉카의 계단으로 부르는 곳이다. 잉카의 계단 옆에는 잉카의 샘이라는 이름이 붙은 샘이 있다. 잉카의 계단을 향하여 좌측에는 섬의 사면이 끝나는 곳에 잉카 시대의 것이라고 하는 석축이 있다. 이를 통해 이 섬이 잉카 이래 신성한 지역으로 정해지고 그에 따르는 신전을 비롯한 여러 시설들이 있었음을 알 수 있다.

섬의 북쪽에 비하면 남쪽 끝에 해당하는 유마니 지역에는 유적이 별로 없어 그냥 하루 쉬어간다는 생각으로 숙소를 향하여 걸음을 옮겼다. 카메라 가방과 세면도구만을 챙겨 오긴 했으나 해발 4000미터에서 카메라 가방은 잉카의 계단을 오르기에는 너무 무거웠다.

마추픽추로 가는 잉카 트레일 둘째 날 4200미터 고지인 '죽은 여인의 고개'를 넘던 생각이 났다. 지금 오르는 마을길의 고도가 4000미터 정도이니 힘이 드는 것도 무리가 아니다. 길을 모르니 그냥 능선을 향하여 뚫린 대로 걸음을 옮겼다. 오르다 보니 나지막한 담장 안으로 넓은 풀밭에 아담한 성당 하나가 눈에 들어왔다. 잉카의 성지 외딴섬이라고 성모 마리아가 그냥 둘 리 없었다.

태양의 섬은 이름 그대로 태양신인 인티가 태어난 곳으로 전해진다. 태양

능선으로 오르는 길 옆에 있는 교회는 흙벽돌의 벽이 따뜻한 느낌을 준다.
돌로 쌓아 올린 두 개의 종탑에 잉카의 분위기가 묻어 있다.

점심을 먹는 마당의 식탁 앞에서 벌새가 꿀을 빤다.

신 인티는 잉카인들이 이 세상을 창조했다고 믿는 비라코차와 같은 신이라고 한다. 말하자면 인티는 태양신인 동시에 창조신인 셈이다. 그는 태양의 섬을 만들었으니 이 섬은 이 세상의 첫 번째 땅이다. 그리고 최초의 잉카 왕 만코 카팍과 그의 형제들을 창조했고 만코 카팍 형제들은 쿠스코에 수도를 만들었다. 그들은 잉카 왕조의 창시자라고 할 수 있다. 전설을 믿는다면 여기 태양의 섬은 사람들의 역사에서 첫 왕국인 셈이다.

천근인지 만근인지 모를 무거운 몸을 겨우 겨우 끌고 능선 위에 올라선 순간 능선 양쪽으로 아득히 보이는 티티카카의 풍광은 언제 그렇게 힘들었는지를 잊을 정도로 아름다웠다. 예약한 숙소의 2층 방에서는 동쪽으로 달의 섬이 내다보였다. 배고픈 줄도 모르고 방에 누워 한동안을 쉬고 나서야 점심을 안 먹었다는 생각을 했다.

능선 좌우에는 조그만 식당들이 많이 있고 그중 한 곳에 들어가 음식을 시켰다. 음식은 마당의 식탁으로 가져다주었는데 식탁에 앉아 보는 풍경은 배고픔을 잊을 정도였다. 빨간 니포피아 꽃 사이로 꿀을 빨며 요리조리 옮겨 다니는 초록색 벌새들은 쪽빛과 완벽한 삼원색을 이루며 한 폭의 풍경화를 완성했다.

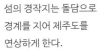
섬의 경작지는 돌담으로 경계를 지어 제주도를 연상하게 한다.

산책 길에 본 지구의 주름살

잉카 유적이 많지 않은 유마니 지역에서 보는 섬의 모습은 푸노 앞의 타킬레 섬과 비슷했다. 다만 이 섬에서 내가 섬 주민들의 생활의 특별함을 찾아보는 것도 아니니 점심 후 능선 남쪽 일부를 돌아보는 데는 많은 시간이 필요하지는 않을 듯싶었다.

점심을 먹고 산책하는 기분으로 유마니 지역을 돌아보기로 했다. 그런데 이곳 능선 근처에는 가보고자 하는 유적 같은 것은 눈에 뜨이지 않는다. 능선을 따라 통행이 금지된 북쪽과 반대쪽으로 능선 양쪽을 살피며 걸음을 옮겼다. 배를 내린 동쪽과 반대쪽은 깊은 만을 이루고 있는 마을이 있고 그곳에도 많은 배들이 있는 것으로 보아 관광객들이 머무는 호스텔들이 있는 것 같았다.

마을 쪽으로 내려가는 경사지 한쪽에 허물어진 흙집이 보였는데 흙벽 위로 석조로 된 장식이 끼워져 있었다. 얼마 떨어지지 않은 곳이라 천천히 발길을 옮겼다. 가까이 가본 무너진 집은 벽체만 겨우 남은 집으로 아마도 농민의 집이 아닐까 생각되었다. 이방인의 눈에는 이 집도 오랜 고대 유적과 구분이 되지 않았다. 이 허물어진 집은 아래쪽 물가 마을까지 내려가는 중턱에 있었는데 다시 능선 위로 올라가는 것은 숨이 턱에 차는 것뿐 아니라 한 발짝을 옮기는 것도 그리 쉽지 않았다. 꽃 몇 송이가 눈에 들어오면 핑계 김에 한 참씩을 쉬면서 사진을 찍고는 했다.

산의 경사지는 급한 곳이나 완만한 곳이나 거의 계단식 경작지로 개간되어 있었는데 아마도 이 섬에 사람이 들어와 산 이래 계속 만들어졌을 것이다. 밭들은 축대를 쌓아 경계를 만들었고 완만한 곳은 돌담으로 경계를 만들었다.

능선 위에서 찾아본 잉카의 흔적들

능선을 따라 남쪽으로 내려가니 능선 정상부를 따라 길게 이어진 돌벽이 나타났다. 그것은 마치 성벽처럼 보였는데 성벽으로 보기에는 높이가 낮고 좀 허술하기도 했다. 성벽을 따라 멀리 바라보니 성벽이 끝나는 곳쯤에 서낭당처럼 보이는 돌무지가 보였다.

유마니 지역 능선 위의 성벽처럼 보이는 돌담

유마니 지역에서 본 유일한 잉카 시대 건물, 태양의 신전

돌로 쌓은 성벽이 끝나는 곳에 있는
돌담과 짚풀을 이용한 십자가

섬 중부에 푸카라의 성벽이라는 방어 시설이 있다는 기록을 보고 남쪽의 유마니에 있는 능선 상의 돌 벽도 푸카라의 성벽과 같지 않을까 생각했다. 그러나 뚜렷한 잉카의 성벽처럼 보이는 것으로 이것과는 많이 달랐다. 결국 이 돌벽에 대해서는 지금까지 아무 정보도 얻지 못했다.

돌탑 왼쪽으로 눈을 돌리니 멀리 섬의 동쪽 호안에 돌벽만 남은 잉카 시대의 무너진 건물 유적이 보였다. 태양의 신전으로 알려진 것이다. 흥미가 당기긴 했으나 지금의 내 상태로 거기까지 내려갔다가 다시 올라온다는 것은 도저히 불가능하다고 판단했다. 망원렌즈로 사진만 몇 장 찍고 아쉬운 대로 발길을 돌려야 했다.

이 섬의 이름이 태양의 섬인 것은 바로 저 아래 있는 태양의 사원에서 따온 것이라는 설도 있다. 사원을 지은 것은 잉카 제국의 영토 확장과 함께 전성기를 이루었던 토파 잉카 유판기(1471~1493 재위)가 지은 것으로 추정된다고한다. 유마니 지역의 유일한 잉카 건물은 이 섬의 잉카 유적 중 가장 보존 상태가 좋은 것으로 알려져 있다.

이 신전은 다음날 아침 코파카바나로 나가는 배가 신전 밑 선착장을 들러가는 통에 조금 가까운 곳에서 사진을 찍을 수 있었다. 태양의 사원은 내가 멀리서나마 이 섬에서 본 유일한 잉카의 건물이다.

호수에 떠 있는 달의 여신

능선 위에 서서 섬의 동쪽을 보면 동남쪽으로 코파카바나의 얌푸파타 반도와 동그란 찐빵처럼 보이는 체예카 섬, 그리고 동쪽으로 멀찌감치 떨어져 길게 누워 있는 달의 섬이 보인다. 달의 섬 건너편으로 멀리 만년설이 쌓인 설산 연봉이 보인다는데 구름으로 인해 설산은 볼 수 없었다.

달의 섬은 달의 여신 키야가 태어난 곳이라고 한다. 이곳 사람들은 달의 섬이 뱀의 모양을 닮았다고 하지만 태양의 섬에서 내 눈에 들어온 달의 섬은 여신 키야가 물 위에 길게 누워 있는 것 같았다. 발에 해당하는 섬의 왼쪽 끝은 붉은 속살이 드러난 듯 붉은색 암반이 수직으로 잘려져 호수 속으로 잠겼다. 태양의 섬과 달의 섬은 각각 해와 달의 고향으로 이 세상에서 처음 만들어진

달의 섬 뒤로 아침 해가 뜬다. 날이 좋은 날은 아침에 달의 섬 건너로 만년설이 덮인 산봉우리가 보인다고 한다.

엄마와 함께 유치원 가는 꼬맹이들

나귀는 자동차가 없는 이 섬에서 가장 중요한 운송 수단이다.

달의 섬은 뱀의 형상을
하였다는데 내 눈에는
여신이 누워 있는
것으로 보였다.

땅이며 티티카카 호수는 자궁 속에서 그들을 키워낸 양수와 같은 존재이다.

달의 섬에는 태양의 처녀가 사는 궁전 또는 이나쿠유로 알려진 사원 유적이 있다. 섬에 사는 태양의 처녀들은 선택된 여성들로 섬에 살면서 다양한 거래의 방법이나 직물을 만드는 방법들을 배웠다. 이 여성들은 잉카 황제의 두 번째 아내가 될 수도 있었고 또 태양신에게 바치는 제물이 되기도 했다고 한다.

이런 이야기를 읽어 보니 가보고 싶은 생각이 간절했으나 미리 짜 놓은 계획표 때문에 갈 수 없는 것이 안타깝기 그지없었다. 그러나 잉카 시대에도 황제만이 달의 섬에 갈 수 있었다고 하니 나 같은 떠돌이가 들어간다는 것 자체가 언감생심이 아니겠는가?

15

알티플라노의 지붕

레알 산맥의 만년설

호수 위의 해군 본부

오늘이 3월 30일, 여행 39일째이다.

태양의 섬에서 코파카바나로 나와 지난번 묵었던 호스텔에서 맡겼던 가방을 찾고 티와나쿠까지 가기 위해 택시를 불렀다. 여기서 티와나쿠까지는 택시로 가기에는 꽤 먼 길이었지만 직접 가는 대중교통이 없다. 대개의 경우 라파스를 거쳐 다시 티와나쿠로 가지만 나는 바로 택시를 이용해서 가기로 했다.

여행 중 장거리 택시를 타는 것은 많은 비용이 들기는 하지만 내가 내리고 싶을 때 세울 수가 있어서 중간중간 만나는 여행지의 풍정을 즐길 수 있는 장점이 있다. 이처럼 멀리 갈 경우 택시는 반드시 호텔 측에 부탁을 했다. 그것은 택시 기사를 신용할 수 있는 내 나름의 방법이었다. 1000cc 내외로 보이는 일제 토요타의 소형 승용차를 몰고 나타난 운전기사는 아직 서른이 안돼

페리가 자동차를 싣고 호수를 건넌다. 뒤의 건물이 해군 티티카카 지부의 본부 건물이다.

보이는 젊은이였다.

　코파카바나를 벗어나 산 고개를 넘어 길이 끊어졌다. 길은 호수 건너편에서 다시 이어졌다. 이곳은 티티카카 호수에서 가장 좁은 목을 이루고 있는 곳이다. 이 좁은 호협은 티티카카 호수를 둘로 나누고 있는데 왼쪽은 바다처럼 넓은 호수면이 탁 트여 있고 오른쪽은 여러 섬들이 눈에 들어오는 작은 호수로 마치 티티카카에 매달린 물주머니처럼 보였다. 이곳 사람들은 이 작은 호수를 위나마르카(Winamarca)라고 부른다. 호협에서 코파카바나 쪽에 있는 마을은 산페드로데티키나이고 건너편은 산파블로데티키나이다. 두 마을은 800미터가량 떨어져 있는데 이 좁은 목을 통해서 티티카카의 물이 위나마르카로 흘러들어 두 호수가 하나의 호수가 된다. 호협의 이름은 티키나 호협(Strait of Tiquina)이라고 부른다. 호협은 바지선 모양의 페리에 자동차를 싣고 건너야 한다.

　코파카바나 쪽의 산페드로데티키나에는 볼리비아 해군 제4 지구의 본부가 있다. 볼리비아는 아마도 바다가 없이 해군을 가지고 있는 유일한 나라가 아닐까 싶다. 앞에서 잠깐 언급한 적이 있었지만 볼리비아는 지금의 칠레에 속한 이키케(Iquique) 항과 아리카(Arica) 항 등 태평양 연안에 좋은 항구들을 가지고 있었다. 그러나 1879년에서 1883년까지 벌어진 소위 태평양 전쟁으로 이 두 항구와 현재의 칠레 북부의 영토를 잃고 내륙 국가가 되었다. 지금 볼리비아의 해군은 티티카카 호수에서 훈련을 하고 있다. 그러나 볼리비아의 해군이 티티카카 호수에서만 활동하는 것은 아니다. 아마존 강이나 파라과이 강 등 볼리비아를 통과하는 큰 강들은 해군의 주요 활동지이기도 하다.

　남미의 내륙 저지대는 대부분 정글로 되어 있어 육로를 이용한 물자 수송이 매우 어렵다. 따라서 화물 수송의 대부분은 아마존의 본류와 지류들로 이루어진 하천망을 이용할 수밖에 없다. 또 이 하천들은 국경을 이루고 있는 경우가 많아 자국의 화물선을 보호하기 위해서는 수상에서의 군사력이 필요하며 이에 해군이 필수적이다. 현재의 볼리비아 해군은 1966년에 창설되었다고 하는데 티티카카의 해군 지구에는 해병대도 있다고 한다.

길바닥에 과자류를 펴놓은 할머니 노점상

볼리비아 해군 제4 지구 앞 광장에
해군 병사가 구명조끼를 입고 서 있다.

티키나 해협의 바위섬에 '마르 파라 볼리비아', 즉 볼리비아의 바다라는 문구가 보인다.

티키나 호협에서 본 호수 위의 섬이 햇볕의 굴절로 인해 배처럼 보인다.

뜸부기 또는 저어새
가족에 속하는
글로시 이비스

레알(Real) 산맥의 위엄

티키나 호협을 건너 산고개를 넘으면 왼쪽으로 만년설을 이고 있는 고봉의 행렬과 나란히 달린다. 레알 산맥이다. 이 산맥은 티티카카 호수의 동북쪽에서 라파스 시가 있는 동남쪽 지역으로 연결되는 것으로 마치 볼리비아의 히말라야 같은 지형적 특징을 보여준다.

크게 보면 안데스 산맥의 일부이지만 안데스와 레알은 티티카카가 있는 알티플라노(Altiplano) 고원을 양쪽에서 끼고 바람을 막아주는 방패막 역할을 한다. 차창에서 보는 고원의 풍경은 푸른 초원에서 풀을 뜯는 양 떼들, 커다란 트랙터가 밭을 갈고 있는 모습, 산맥에 의지해서 초원 위에 자리 잡은 작은 농촌들이 아름다운 수채화를 만들고 있었다. 만년설이 덮인 연봉을 보면서 나는 이러한 지형이 잉카 훨씬 이전부터 고대 문명을 발달시킨 것이 아닐까 생각했다.

빨간 벽의 성당과 코카콜라 벽화의 조화

길가 풍경에 홀려 점심을 챙기지 못했다. 운전기사도 배가 고플 텐데 미안하기 짝이 없다. 그러나 길을 비포장으로 접어든 후 우리는 식당이 있을 만한

6088미터의 고봉 와이나 포토시의 위용

마을을 찾지 못했다. 마을은커녕 변변한 집도 한 채 없었다. 그러다가 오후 세 시가 다 되어서야 그럴듯한 큰 마을 하나를 만났다. 티티카카의 동쪽 고원 지대의 도로가 대부분 이 마을을 지나는 듯했다. 푸카라니 마을이다.

중앙 광장은 어린이 놀이터처럼 꾸며져 있고 건너편에는 빨간 벽체의 성당이 눈에 띄었다. 성당은 매우 강렬한 인상을 주었으나 꽉 닫힌 문을 열고 들어가 볼 엄두는 나지 않았다. 우리는 성당 맞은편의 후줄근한 식당에서 뭔지 모를 음식을 한 접시 먹었다. 그 식당의 입구 벽에는 빨간색의 코카콜라 광고가 커다랗게 그려져 있어 성당과 묘한 동질감을 만들고 있었다.

푸카라니를 지나자 푸른 밀밭이 이어졌다. 적갈색 황토벽돌의 초가집들이 밀밭 뒤에 서서 길가는 작은 승용차에게 손을 흔드는 듯했다. 얼마나 갔을까? 갑자기 물이 많이 불어난 시내를 만났다. 물은 꽤 빠른 속도로 흘러갔는데 깊이도 꽤나 되는 듯싶었다. 운전기사가 차에서 내려 시내의 아래쪽과 위쪽을 살펴보고는 다시 돌아왔다. 건널 만한 곳을 찾지 못한 모양이었다. 건널 수 있겠느냐고 물었으나 씩 웃고는 말이 없었다. 그는 냇가에서 주먹만 한 자갈돌 몇 개를 주워 들고는 냇물 여기저기로 던져 보았다. 그리고 나보고 타라는 손짓을 했다.

차는 보닛까지 넘실대는 냇물을 헤치고 별로 힘들지 않은 듯 시내를 건넜

한 노인이 길도 없는 풀밭을 걸어간다. 아득히 보이는 마을이 너무 멀게 보인다.

성당 맞은편 식당 입구의 빨간색 코카콜라 광고 벽화

다. 자갈이 수면으로 떨어지는 소리와 파장을 보고 건널 수 있다는 확신을 한 모양이었다. 그리고 얼마 가지 않아 라파스에서 티와나쿠(Tiwanaku)로 연결되는 포장도로를 만났다. 아스팔트가 끝나는 곳에 펼쳐진 들판 뒤로 티티카카의 반짝이는 물결이 하얀 띠가 되어 저쪽 세상과 이쪽 세상의 경계선을 만들고 있었다. 운전기사 청년은 티와나쿠의 호텔 앞에 나를 내려놓고 차는 다시 티티카카 호수를 건너 저쪽 세상으로 돌아갔다.

잉카의 어머니

티와나쿠

창조신 비라코차가 남긴 고대 문명

티티카카 호수가 태양신 인티의 고향이고 인티는 잉카족이 세상을 창조한 신으로 섬기는 창조신이라는 것은 앞의 태양의 섬 편에서 이야기한 바가 있다. 이 인티신은 비라코차라고도 한다. 지금도 이 지역에 거주하는 잉카의 후손 아이마라족의 전설은 비라코차가 먼바다의 거품에서 탄생하였다고 한다.

그 전설에 의하면 현재의 티티카카 호수가 처음에는 바다였으며 티와나쿠는 바닷가의 항구도시였다. 티와나쿠가 건설된 것은 1만 5천 년 전인데 대홍수가 나서 티와나쿠는 물속으로 들어갔다. 그 후 오랜 세월이 지나 바다의 수위가 내려가서 내륙 쪽의 일부 바다가 지금처럼 호수가 되었다는 것이다.

비라코차는 대홍수로 인해 태양도 사라지고 온 세상이 캄캄해진 암흑의 시대에 티티카카에 나타났다. 그리고 티와나쿠에 신전을 세워 세상을 다시 구한 후 언제인가 먼 후일 다시 돌아올 것을 약속하고 사라졌다고 한다. 언젠가 다시 돌아온다는 것은 마치 기독교의 메시아 같기도 하고 우리가 믿는 미륵불 같기도 하다.

초원 뒤로 보이는 오른쪽 언덕이 아카파나 피라미드 유적이다.

229

지금 우리가 보는 티와나쿠는 이제 호수가 된 티티카카에서 15킬로미터 떨어진 곳의 땅 속에서 드러난 잉카 이전의 유적이다. 이 유적은 인티신의 고향이며 잉카족의 고향으로 알려진 태양의 섬과 함께 잉카 문화를 낳은 잉카의 어머니 격의 문화를 보여주는 것으로 볼리비아 문화의 모태로서의 의미가 부여되어 있기도 하다.

티와나쿠 유적이 관심을 받는 것은 이 유적이 안고 있는 문화가 후에 잉카 제국의 영역에 버금갈 정도로 넓은 지역에 퍼져 있고 그래서 잉카 제국 이전에 티와나쿠라는 큰 나라가 있었을 것이라는 가설 때문이다. 지금까지 알려진 티와나쿠의 영역은 페루 남부와 칠레 북부의 해안 지역, 그리고 티티카카 호수의 남쪽으로 연결된 볼리비아의 서부에 걸친 광대한 지역이다. 물론 나라의 중심지는 현재의 티와나쿠이다.

이 나라가 그처럼 광대한 지역에 걸쳐 있다는 것은 티와나쿠에서 출토되는 토기 또는 여러 가지 유물들과 같은 양식이 그 지역들에서 출토되기 때문이다. 물론 이러한 유물의 분포가 티와나쿠의 정치 군사적 통제를 받는 지역이라고 단정할 수 없지만 티와나쿠의 영향력이 넓게 퍼져 있었음은 사실로 보인다.

현재 티와나쿠에서 발견된 유물 중 오래된 것은 기원전 200년에서 200년 사이의 것이라고 한다. 곧, 이 유적이 있는 지역에 사람이 살기 시작한 것은 지금부터 약 2천 년 정도 이전으로 볼 수 있을 것이다. 또 유적 안에 있는 건물이나 석상 등의 주요 유적과 유물들은 대체로 200년에서 600년 사이에 만들어진 것이라고 한다. 그러나 연대가 좀 늦은 것으로 보이는 유적들은 1000년경으로 보이는 것도 있다고 하며 유적의 최전성기는 800년경이라는 설도 있다.

전성기의 거주 인구는 만 명에서 이만 명 정도였다고 하며 유적 주변까지 넓혀서 보면 삼만 명에서 육만 명이 살았다고도 한다. 유적의 분포 지역은 현재 아카파나 피라미드나 칼라사사야 신전 유적을 포함한 밀집 분포 지역과 그 주변의 넓은 초원 지역이 모두 포함되는 것으로 대체로 12~15제곱킬로미터에 달한다고 한다. 이 유적은 잉카 유적 이전의 티티카카 호수를 중심으로 한 넓은 지역을 지배한 명실상부한 중심지였음을 알 수 있다.

타와나쿠의 엉겅퀴

집으로 돌아가는 양치기 여인

풀밭 위의 저녁 풍경

예약해둔 호텔은 유적과 길 하나를 사이에 두고 있었고 호텔 창문에서도 유적이 한눈에 들어왔다. 도착한 시간이 너무 늦어 표 파는 창구는 이미 닫혔고 일반 관람객은 입장을 할 수 없었다. 그래서 도착한 날은 유적의 주변을 돌아보기로 했다.

철조망이 둘러쳐진 유적 내부도 매우 넓었지만 외부에서 조망하는 유적의 풍경도 매우 아름다웠다. 특히 해가 넘어가는 초원에서 바라보는 티와나쿠 유적과 그 너머로 보이는 시가지의 건물들, 그리고 풀밭 습지를 날아다니는 새들까지 마치 일부러 짠 듯이 아름다운 그림을 만들어 주었다.

유적의 옆으로 난 길 가에는 지금은 주민들이 모두 떠나고 무너진 빈 집들이 많이 보였다. 집들은 모두 흙벽돌로 지은 것인데 무너진 흙벽들이 고대 유적처럼 서 있었다. 아마도 새로 큰 호텔들이 들어서면서 폐기된 작은 여관들인 듯했다. 유적의 주변으로는 밀밭을 위시해서 농경지가 넓게 분포한다. 유적의 북쪽과 남쪽은 산지로 되어 있고 동쪽과 서쪽은 개방되어 있으며 북쪽 산 밑으로는 치야 강이 티티카카로 흘러 들어가고 동쪽은 치야 강의 지류가 넓은 초원을 가로지른다.

어두운 구름이 덮인 하늘 아래 저녁 햇살에 빛나는 마을과 모래 언덕이 극적 대비를 이루고 있다.

티와나쿠 유적에 올라서서 사방을 둘러보면 이곳이 천혜의 곡창 지대이고 또 목축에도 매우 유리하다는 것을 바로 알 수 있다. 이러한 풍요로운 대지가 제공해주는 생산물이 티와나쿠라는 커다란 나라를 움직이는 원동력이 되었을 것이다. 현재 관리되고 있는 유적지 내에는 아카파나 피라미드, 칼라사사야 사원, 칼라사사야 사원 안의 두 석상과 태양의 문, 반지하 사원, 푸투니 유적, 달의 문 그리고 푸마 푼쿠 유적 등이 있다.

흙의 이미지, 아카파나 피라미드

리마에 도착해서 잉카 문명에 접하면서 가장 먼저 만난 것이 우아카우아야마르카 피라미드이다. 그때 특별하게 느낀 것이 작은 토산의 경사면을 계단식 피라미드 형으로 깎아 표면을 돌이나 흙벽돌로 쌓았다는 것이었다. 이와 같은 방식의 피라미드는 그 후 나스카의 카우아치 유적에서도 보았다. 페루에 오기 전까지 내 머릿속에 있는 잉카의 이미지는 쿠스코의 성벽에서 본 것 같은 돌의 이미지였다. 그러나 리마에서부터 만난 잉카의 피라미드는 흙의 이미지였다. 또 표면을 돌을 쌓아 석벽으로 처리했지만 대부분 적갈색의 안산암으로 되어 있어 조금 떨어져 보면 전체가 흙으로 조성된 것으로 보인다. 잉카 문명 속에서 흙의 이미지를 만난 것은 예상하지 못한 일이다.

잉카 문명을 낳았다는 이곳 티와나쿠에서 나는 또 하나의 피라미드를 만나게 되었다. 티와나쿠의 출입문을 들어서서 유적지를 향해 한참을 걸어가는 동안 눈앞에 작은 동산이 보였다. 가까이 접근해서야 그 동산의 밑부분에 있는 계단이 보였고 안내판을 통해 그것이 피라미드 유적임을 알게 되었다.

아카파나 피라미드는 가로 세로 194미터 높이 15.7미터의 위가 잘라진 계단식 피라미드 형태의 유적이다. 이것은 그 큰 규모로 인해 처음에는 자연적으로 조성된 산을 이용하여 만든 것으로 생각했으나 최근 조사에 의해 산으로 보았던 전체 유적이 모두 인공적으로 축조된 것으로 밝혀졌다. 피라미드 아랫부분에 드러난 계단은 흙으로 조성한 뒤 측면에 장방형 석재를 쌓아 만들었는데 큰 석재는 65톤이나 나간다고 한다. 따라서 이 피라미드는 흙으로 쌓은 후 사방의 경사면을 계단식으로 깎아 그 표면에 돌을 쌓아 완성시킨 토

서남쪽에서 본 아카파나 피라미드

피라미드 위의 건축 구조물 중의 안산암 석재

석 혼합 구조물이라고 할 수 있다.

아카파나 피라미드가 지금까지 보았던 다른 피라미드와 외형상으로 다른 점이 두 가지 있다. 하나는 위에서 본 평면구조가 사각형으로 되어 있지 않고 일부 모서리가 안쪽으로 계단 모양으로 꺾여 들어갔다는 것이며 다음은 평평한 대지 형태의 윗 면이 넓고 여러 시설이 들어서 있다는 것이다. 윗 면에서는 희생물로 바친 야마와 추장급으로 보이는 인골이 발견되었고 그와 함께 금과 보석, 도자기 및 기타 공예품 등이 발견되었다고 한다.

이 때문에 이 피라미드는 티와나쿠 제국의 제왕이었던 사람의 무덤이었으리라는 주장이 제기되고 있다. 잉카의 피라미드들도 무덤인가? 피라미드 위에서 보고 느낀 것으로는 이것이 무덤이라는 확신이 들지는 않았다. 오히려 넓은 평지에 남아 있는 건물 구조나 여러 돌기둥 등은 이곳에 신전이 있었을 수도 있겠다는 생각이 들었다. 그리고 거기에서 나온 인골은 아마도 신전과 함께 조성된 지배자의 무덤은 아니었을까?

성벽으로 둘러싸인 칼라사사야 사원

아카파나 피라미드 위에서 북쪽으로 내려다보면 장방형의 돌담으로 둘러싸인 넓은 사원 유적이 있다. 돌담은 이중으로 되어 있다. 사원 전체를 둘러싸고 있는 바깥 담이 있고 동쪽 담에 붙어서 내부 공간을 작은 장방형으로 둘러싼 안쪽 담이 있다. 이 안쪽 담으로 싸인 공간이 전체 유적의 핵심으로 보인다. 외부 공간의 동서 길이는 130미터이고 남북 길이는 120미터이다.

문은 동쪽으로 나 있으며 문을 들어와서 서쪽을 보면 동서 중심축선 위에 폰세 석상이라는 이름이 붙은 석인상이 서 있고 그 뒤로 제단으로 보이는 흙으로 쌓은 장방형의 토단이 있다. 폰세 석상이라는 이름은 석상을 처음 발견하고 조사한 고고학자의 이름이다. 이것은 서양 사람들이 이곳에 와서 조사한 후 조사자를 기념하기 위한 것이거나 쉽게 기억하기 위한 목적일지 모른다. 그러나 지금도 이러한 이름으로 부르는 것은 원주민들의 입장에서 보면 자존심이 상할 수도 있을 것이다.

동쪽의 문은 이 신전의 정문으로 단순한 문이 아니라 신전 내부로 돌출한

아카파나 피라미드에서 내려다본 칼라사사야 사원 유적

입체적 건축물이다. 출입구 부분은 장방형의 터널 형태로 되어 있다. 문 중심에 서서 신전 내부 공간을 보면 석인상과 흙으로 만든 제단이 일직선 상에 보이고 신전의 내부 공간과 외부 공간이 시원하게 펼쳐진다. 바깥쪽 성벽과 안쪽 담벼락의 사이 공간에도 여러 유적이 있는데 대표적인 것은 장방형 성벽의 서북쪽 모서리에 있는 태양의 문과 그 반대쪽인 서남쪽 모서리에 있는 또 하나의 석상이다. 태양의 문과 두 석상에 대해서는 별도로 설명하려고 한다.

칼라사사야 유적에서 특별히 장관인 것은 사방을 돌아가면서 쌓은 성벽이다. 외부에서 유적을 보면 이 강고하게 막혀 있는 성벽만 보인다. 성벽은 붉은색의 크고 작은 안산암을 모자이크 하듯 쌓아 아름다운 미술품 같다. 그리고 일정한 간격으로 길고 높은 돌기둥을 끼워 넣어서 성벽의 석축이 안전하게 유지되도록 했다. 성벽에서 가장 큰 암석의 무게는 26톤이 넘는다고 하는데, 이 벽면과 돌기둥을 반복적으로 짜 맞추는 것은 길고 긴 성벽을 지루하지 않게 만들고 보는 사람을 압도한다.

안산암의 안산은 안데스산이란 것을 나는 이번 여행에서 처음 알게 되었

다. 안산암은 영어로 안데사이트(andesite)로 표기되는데 이 말은 안데스에서
나온 암석이란 뜻이다. 화산 작용으로 생성된 이 암석은 한국에서는 경주 분
황사 모전석탑을 비롯한 모전석탑에 많이 사용되었는데 그것은 안산암의 색
이 벽돌처럼 검붉기 때문인 것으로 생각된다. 어쨌든 내가 모전탑에 관심을
많이 두고 있었으면서도 안산암이 안데스산 암석이란 말에서 나왔다는 것을
모르고 살았다니 얼마나 무지했는지 새삼 깨닫게 되었다.

벽 속의 얼굴들과 함께하는 반지하 사원

칼라사사야 사원의 동쪽 문을 나오면 사원의 동서 축선과 같은 축선 상에 지
하로 꺼진 장방형의 사원이 있다. 사원이라는 이름으로 부르기는 하지만 이
유적의 성격은 정확히 알 수 없는 듯하다. 500년에서 600년 사이에 건축된
것으로 추정되는 이 독특한 유적은 길이 28.5미터 폭 26미터 그리고 지표면
에서 지하로 깊이 2.2미터를 파 들어가서 정방형에 가까운 반지하식 형태를
띠고 있다. 사면 벽은 기둥 모양의 커다란 돌 쉰일곱 개를 돌려세우고 그 사이
에 네모난 돌들을 모자이크 짜 맞추듯 쌓아 올렸다. 벽의 밑으로는 배수로를

돌렸다. 광장의 위는 하늘을 향해 열려 있고 바닥에 기둥을 세운 흔적이 없어 따로 지붕을 덮었던 것으로는 보이지 않는다.

유적이 땅을 파 들어가 반지하식 건축물로 되었다는 점 외에도 이 사원의 가장 독특한 특징으로는 사람의 머리 형상 조각물들이 삐죽이 튀어나와 장식된 벽면이다. 벽면의 사람 머리 조각은 모두 175개나 되는데, 이중 여섯 개는 복원된 것이라 하며 나머지는 모두 사원 축조 당시의 것이라고 한다. 머리 조각들은 반지하 광장을 향해 벽에서 수직으로 튀어나오듯 얼굴을 들고 있는데 그 하나하나가 모두 다른 모양을 하고 있는 것이 매우 흥미롭다. 그러나 이들이 의식을 거행할 때 희생물로 바쳐진 사람의 형상이라는 이야기를 들으니 한편으로는 참담한 생각이 들기도 했다.

마야에서 잉카로 오면서 끊임없이 만난 사람 희생에 관한 이야기를 들을 때마다 왜 이들의 신은 이처럼 집요하게 사람의 생명을 요구하는가? 하는 생각을 하게 된다. 하기야 신이 요구했겠는가? 다 사람들이 만들어 낸 것이 아니겠는가?

반지하 사원의 전경

사원의 서쪽 벽면에 사람의 머리 조각이 튀어나와 있고 뒤로 칼라사사야의 동쪽 문이 보인다.

얼굴상을 옆에서 보면 벽 속에 몸을 감춘 채
얼굴만 내밀고 있는 듯 보인다.

17

티와나쿠를 지키는
거석 기념물들

거대 석상들
그리고 태양과 달의 문

엉뚱한 이름의 석상들

이름은 이름이 붙은 대상의 정체성을 나타낸다. 그래서 우리는 이름을 보고 그 사람의 집안에 대해 알기도 하고 어떤 물건의 특성이나 쓰임새를 알 수 있기도 하다.

앞에서 살펴본 지하 사원의 바르바도 석상(Barbado Monolith)의 '바르바도' 는 '수염이 난'이라는 뜻이니 이 석상의 인물이 수염이 났음을 쉽게 알 수 있다. 그러나 반지하 사원에 있었던 베네트 석상(Bennett Monolith)이나 지금 살펴보고자 하는 칼라사사야 사원의 폰세 석상(Ponce Monolith)은 발굴자의 이름이 붙은 것이고 수도사 석상(Fraile Monolith)의 이름은 이곳에 처음 도착했던 수도사가 석상에 세례를 주었다는 데서 비롯된 것이다. 발굴한 사람의 이름이 붙은 것은 그나마 이해할 수 있겠으나 수도사 석상의 경우는 좀 다르다. 석상은 안데스의 신상이다. 안데스의 신에 가톨릭의 세례를 주었다는 것은 석상의 입장에서는 모욕이라 할 수 있다.

한 나라나 민족을 상징하는 문화유산의 이름을 정하는 것은 그래서 중요하다. 남미는 민족주의 경향이 강한 곳으로 알려져 있는데 수백 년 식민지의 찌꺼기가 이처럼 중요한 문화 유산에 아직도 붙어있는 것은 또 무언가?

베네트의 미니어처? 폰세 석상

반지하 사원에 있었던 박물관의 베네트 석상과 매우 유사한 형태의 석상이 칼라사사야 사원 복판에 서있다. 폰세 석상이라고 이름이 붙은 이 석상은 곧 베네트 석상의 축소판이라고 할 수 있다. 그러나 베네트 석상이 워낙 커서 그렇지 폰세 석상도 키가 3미터이니 축소판이라고 해서 작은 것은 아니다.

1957년 칼라사사야 사원의 한가운데서 발견된 이 석상은 카를로스 폰세 산기네스라는 볼리비아 고고학자에 의해 발굴되었다. 석상의 이름은 처음 조사한 고고학자 폰세의 이름에서 온 것이다. 지금까지의 연구는 300년경에 만들어진 것으로 알려져 있다. 석상의 머리에서 발까지의 몸 전체에는 여러 가지 도상으로 가득 찼다. 석상의 모습은 사람의 형태로 되어 있으나 아마도 잉

폰세 석상의 상반신 모습. 뒤에 보이는 것은 수도사 석상이다.

카 훨씬 이전부터 이 지역 사람들에게 숭배되고 있던 창조신 비라쿠차나 지팡이 신일 것으로 보고 있다.

폰세 석상은 티와나쿠 박물관의 7미터가 넘는 베네트 석상에 비하면 작다 못해 왜소하기까지 하다. 그러나 3미터가 넘는 키의 폰세 석상이 칼라사사야 사원의 중심에 우뚝 선 모습은 당당하고 기품이 서려 있다. 이 모습은 보는 사람들에게 경외심마저 불러일으킨다. 얼굴도 그냥 얼굴이 아니다. 눈이나 코 또는 입도 모두 실제의 사람 얼굴처럼 묘사된 것이 아니라 무언가 상징 부호처럼 보인다. 심지어는 콧구멍도 이중 원을 이용한 복잡한 형태를 보인다. 양쪽 볼의 공간도 그냥 두지 않았다. 석상 전체에서 보이는 작은 사각형 무늬를 이용한 도상이 가득히 새겨져 있다. 이러한 새김은 귀밑에도 있고 모자의 하단부인지 머리띠인지 알 수 없는 이마 부분의 띠 같은 것에도 보인다. 박물관에 있는 베넷 석상은 머리 위에 마치 불상의 육계처럼 튀어나온 부분이 있는데 모자일 것이다. 이 석상의 머리 위쪽에 깨진 흔적이 있는 것으로 보아 그러한 육계 같은 형태가 있었을 것으로 짐작이 간다.

귀밑에 있는 얼굴 모양의 물건은 이곳 사람들이 음료를 마실 때 사용한다고 전하는 소위 케로 술잔이다. 술잔 속에는 앵무새 같은 모양의 머리가 서로 반대 방향을 향한 채 꽂혀 있다. 안데스의 오랜 신화에 나오는 지팡이 신으로 보인다. 지팡이 신의 형상은 티와나쿠 또는 잉카의 유물에서 흔하게 볼 수 있다. 귀의 모양을 보니 마치 물음표처럼 보인다. 무언가를 들은 것에 대해 의

폰세 석상의 정면   폰세 석상의 옆면   폰세 석상의 뒷면

귀 부분의 세부. 아래쪽 얼굴은
케로 술잔이다.

케로 잔과 스너프 태블릿을
들고 있는 두 손.
오른쪽 손(보면서 왼쪽)은
주먹 쥔 손 모양이 뒤집혀 있다.

문을 표시한 것인가? 두 손은 물건을 들고 있는데 왼손의 것은 케로 술잔이고 술잔 속에는 얼굴을 반대로 돌리고 있는 지팡이 신상이 있다. 오른손에는 스너프 태블릿(snuff tablet)이라고 하는 것이 있는데 담배나 환각제 같은 냄새를 맡는 납작한 도구라는 설명이 있다.

그런데 손 모양이 이상하다. 왼손(보면서 오른쪽)은 그런대로 자연스러운데 오른손은 손바닥이 뒤집힌 것처럼 보인다. 이것도 종교적인 상징인가? 이러한 오른손의 어색한 모습은 박물관의 베네트 석상이나 다음에 살펴볼 수도사 석상에서도 동일하게 볼 수 있다.

무수히 반복되는 작은 도상의 패턴은 대체로 허리띠나 다리 부분 또는 다른 곳에서도 보인다. 이 무늬들은 하나의 상징적인 도상일 수도 있지만 당시 사람들이 실제로 입었던 의상의 무늬일 수도 있다. 옷 모양이 마치 치마 같아

칼라사사야 사원의 동쪽 문을 통해 보이는 폰세 석상. 이 모습은 반지하 사원의 베네트 석상이 보고 있는 모습일지도 모른다.

서인지 석상을 여성으로 보는 견해가 있다. 내 눈에는 그것을 꼭 치마로 볼 수는 없었는데 또 치마라 한들 그것이 반드시 여성이라는 근거가 될 수는 없는 것 아닐까? 발목을 감은 발찌는 이 신상의 얼굴과 유사한 얼굴 모양을 하고 있다.

이 지역 문화에 무지한 상태에서 이러한 도상을 보는 것은 터무니없는 오인을 할 수 있으나 궁금증을 풀 방법이 없으니 답답하기 짝이 없다. 인터넷에서 설명을 찾아 이것저것 읽어 보았으나 시원한 해답은 없었다. 하기야 문자 설명도 없이 그저 그림만 보고 추정을 한다는 게 쉬운 일이 아닐 것이다. 폰세 석상은 칼라사사야 사원의 동문을 향해 서 있다. 그 문을 통해서 그와 마주 보고 있는 것은 아마도 반지하 사원의 베네트 석상이었을 것이다. 두 석상의 관계가 흥미롭다.

가톨릭 세례 받은 잉카의 신

폰세 석상의 뒤쪽으로 수도사라는 이름의 석상이 있다. 높이가 2.45미터이다. 키가 비교적 작은 탓에 폰세 석상에 비해 친근감이 든다. 얼굴도 깨진 코와 튀어나온 입으로 인해 보는 이에게 웃음을 준다. 이름이 수도사인 것은 처음 이곳에 온 스페인 선교사가 석상에 세례를 주었다는 데 연유한다. 아마도 그 수도사는 이 석상을 보고 어떤 영적인 느낌을 받았을지 모른다. 그러나 이 석상은 안데스 산지나 알티플라노 지역에 사는 사람들이 믿는 신상이다. 그러니 앞에서 말한 대로 이 신상에 먼 이방의 종교에서 주는 세례를 하는 것은 모욕적 행위일 수 있다. 석상은 칼라사사야 사원의 서북쪽 모서리에 북쪽을 향해 서 있다. 이 사원의 대부분의 석상들은 원래 위치를 정확하게 알기 어려운데, 땅 속에 묻힌 것들을 발굴해서 복원한 것이기 때문이다.

석상은 두 팔을 가슴 앞으로 붙이고 오른손에는 지팡이처럼 생긴 물체를, 왼 손에는 지팡이 신으로 보이는 물체가 들어 있는 케로 잔을 들고 있다. 이것은 폰세 석상의 경우와 매우 비슷한데 마모가 심해서 자세한 형태를 알기는 어렵다. 흥미 있는 점은 폰세 석상처럼 오른손의 모양이 자연스럽지 못한 것이다. 오른손을 왼손처럼 만들었다니, 오른손이 오른손이기를 거부하고 있

수도사 석상

는 것인가?

허리띠는 마치 게처럼 보이는 문양이 새겨졌는데 왜 이 신상의 복식에 게가 등장하는지 이상하기 짝이 없다. 폰세 석상에는 지팡이 신을 담은 잔처럼 보이는 무늬가 있는데 그와 비교하면 수도사 석상의 허리띠는 생뚱맞다고 할 것이다. 어떤 연구자는 이 도상이 식물의 종류를 표현한 것이라는데 게의 앞다리를 자세히 보면 그렇게 보이기도 한다. 다리를 감싼 치마 같은 옷에는 폰세 석상과 마찬가지로 신상의 얼굴을 극도로 간략화한 것과 이중의 사각형 무늬를 반복해서 새겼다.

반지하 사원의 지킴이들

반지하 사원의 중심에 세 개의 석상이 있다. 현재 사원 광장에 있는 세 석상은 거대하다고 할 수는 없으나 여기에 묶어서 다룬다. 바르바도 석상(Barbado Monolith)이라 부르는 가장 큰 석상은 붉은색 사암을 사용하였고 마치 안경을 쓴 듯 두터운 테를 돌린 두 눈과 카이젤 수염 비슷하게 양쪽 볼에 여덟 팔자로 붙은 수염이 있다. 오른쪽 팔은 위쪽으로 올리고 왼쪽 팔은 아래로 내려 엇갈리게 새겼다.

우리는 이런 석상을 보면 제주도 돌하르방을 떠올리는데 이러한 팔 모양은 세계 어디서나 볼 수 있어서 입상으로 조각하는 경우 팔을 처리하는 가장 보편적인 방법이라 할 수 있을 것이다. 석상의 하단에는 고양이처럼 보이는 두 마리의 동물이 마주 보고 있고 양 쪽 측면에는 뱀 같은 동물이 지그재그 모양으로 새겨져 있다. 뒷면에도 인물상처럼 보이는 조각이 있었다고 하나 지금은 거의 풍화되어 보이지 않는다. 다른 두 석상은 훨씬 더 코믹한 얼굴 모습을 하고

티와나쿠 박물관의
베네트 석상

있는데 키가 작아 마치 아버지를 따라나선 아이들처럼 보였다.

본래 반지하 광장에는 거대한 석상이 하나 있었다. 높이 7.5미터에 무게가 20톤이나 나가는 이 석상은 티와나쿠 유적 석상 중 가장 큰 것이며 볼리비아의 상징으로 삼는 것이다. 발견 뒤 국내외의 여러 박물관을 떠돌다가 지금은 유적 입구 건너편의 티와나쿠 박물관에 있다. 석상의 이름은 베네트라고 하는데 석상을 발굴한 미국 고고학자의 이름이다.

앞에서 말한 것처럼 이 석상은 칼라사사야 사원의 폰세 석상과 매우 유사하다. 석상이 반지하 사원의 중앙부에 서 있었다면 칼라사사야 사원의 동문을 통하여 폰세 석상과 마주 보고 있었을 것이다. 두 석상이 실제 어떤 관계를 가지고 있는지 알 수 없으나 유적 전체에서 핵심적인 존재였음은 분명하다.

하늘과 땅을 이어준 달의 문

해지기 얼마 전 티와나쿠에 도착한 후 유적의 주변을 산책하면서 처음 눈에 들어온 것은 달의 문이었다. 길에서 한참 떨어져 있고 길과 티와나쿠 유적 사이에는 철책이 쳐져 있어서 멀리 있는 안내판을 볼 수 없었다. 그래서 저녁 하

바르바도 석상과
다른 두 석상

저녁 무렵 흰 구름을 배경으로 서있는 달의 문이 하늘과 땅을 이어주는 유일한 존재처럼 보인다.

늘에 우뚝 선 이 문의 이름을 알 수 없었다. 문을 쳐다보면서 걷노라니 야트막한 언덕 위에 우뚝 선 이 문 뒤로 멀리 석양의 붉은 기운이 살짝 드리워진 흰 구름이 멋진 무대 배경을 만들어 주었다.

푸른 하늘과 흰 구름을 배경으로 선 돌문의 실루엣은 마치 하늘과 땅을 이어주는 유일한 존재처럼 내 눈에 들어왔다. 그것은 안데스 산 아래의 알티플라노 넓은 평원에 서 있는 것이지만 내가 서 있는 그 자리에서 보는 그 문은 마치 안데스 산 꼭대기의 능선 위에 고고하게 자리 잡고 있는 듯이 보였다. 티와나쿠는 그렇게 달의 문과 함께 내 머리에 각인되었다.

이 문은 칼라사사야 사원의 서북쪽 모서리에 있는 태양의 문과 함께 티와나쿠 유적에 우뚝 선 돌로 만든 문이다. 돌로 만들었다고 하지만 여러 개의 석재를 짜 맞춘 것이 아니라 하나의 돌을 'ㄷ'자 형으로 잘라서 세운 것이다. 달의 문이라는 이름은 아마도 태양의 문과 대비시키면서 붙은 걸로 이해된다. 달의 문은 태양의 문보다는 훨씬 더 서쪽, 티와나쿠의 가장 서쪽 변두리에 위치하지만 태양의 문과 대척점에 있다고 보기는 어렵다.

북쪽을 향하고 있는 문은 북쪽의 지형이 낮기 때문에 문으로 올라가는 계단이 여러 개 설치되어 있다. 문 양쪽 기둥의 바깥쪽 모서리 일부가 깎여 있는 것은 여기 어떤 장식을 부착시켰던지 아니면 돌문 외부로 어떤 구조물과 연결시킨 흔적일 수 있다. 이 문도 단순히 현재 남은 형태로 처음부터 있었던 것은 아닐 것이다. 당연히 문 양쪽으로는 담이나 벽이 붙어 있었을 것이고 문 뒤로도 다른 구조물이 연결되어 있었던 흔적이 있기 때문이다.

달의 문은 작기도 하지만 특별한 장식이 없어 매우 단순하고 소박하게 보인다. 두 기둥 위의 프리즈 부분에 얼핏 보면 무슨 문자 같은 도형이 한 줄로 새겨져 있는 것이 장식의 전부이다. 이 도형들은 돌이끼가 덮여 자세히 볼 수 없으나 태양의 문이나 또는 티와나쿠의 여러 유물에서 볼 수 있는 작은 신상의 형태가 보이기도 한다.

유적의 동쪽 끝까지 갔다가 다시 달의 문 앞에 왔을 때 마침 서쪽 하늘 밑으로 해가 가라앉았다. 짙고 검은 구름장 사이로 황금빛이 새어 나오고 있었다. 그 황금빛 하늘을 배경으로 멀리 티와나쿠 성당의 돔과 종탑이 신비하게 들어왔다. 달의 문이 보여주는 또 다른 신비였다.

지팡이 신이 지키는 태양의 문

달의 문보다 더 티와나쿠를 대표하는 문은 태양의 문이다. 태양은 달보다 강하며 안데스 사람들이 가장 높이 추앙하는 신이기 때문이다. 문은 칼라사사야 서북쪽 모서리에 서 있다. 태양의 문도 달의 문과 마찬가지로 전체가 하나의 돌로 되어 있다. 높이 3미터 폭이 4미터에 이르는 거대한 석조 건축물이다. 무게는 약 10톤으로 추정된다. 티와나쿠 사람들은 거대한 석재를 다루는 특별한 기술이 있었던 듯하다.

현재의 문이 있는 위치로 보아 태양의 문은 칼라사사야 사원에 들어오는 출입구로서의 의미는 없다. 이러한 어색한 위치로 인해 이 문이 본래의 위치를 잃어버린 것이라는 설이 많다. 이 문이 여기서 1킬로미터나 떨어진 푸마푼쿠에 있었다고 주장하는 사람도 있다. 그런데 현대 기술이 동원되지 않고 도대체 이 무거운 돌덩어리를 어떻게 원 위치로부터 이동시켰으며 왜 그런 일

태양의 문을 측면에서 본 모습. 뒤에 보이는 돌벽은 칼라사사야 사원의 서쪽 벽이다.

태양의 문 정면 프리즈의 지팡이를 든 태양신상.

을 벌여야 했는지는 짐작조차 하기 어렵다.

19세기에 유럽 사람들이 이곳에 왔을 때 이 문은 깨진 채 땅 위에 누워 있었다고 한다. 그러나 언제 그린 것인지 알 수 없는 오래된 스케치를 보면 이 무거운 돌문은 윗부분이 깨져 두 동강이 난 채 땅 속에 삼분의 일 정도 비스듬히 묻혀 있었다. 스케치와 거의 같은 상태로 있는 문의 사진도 있는데 사진 속의 문은 스케치의 것보다 더 기울어졌음을 볼 수 있다. 두 장의 그림과 사진으로 보면 문은 땅 속에 묻힌 채 위의 프리즈 부분이 깨진 후 균형을 잃고 점차 기울고 있었다. 그리고 얼마인가 시간이 지난 후 유럽 사람들이 이곳에 와서 땅을 파고 하단부를 드러내서 문을 현재의 상태로 복원했다. 이런 과정은 일련의 사진 자료로 알 수 있다. 물론 당시에는 태양의 문이라는 이름도 없었다.

태양의 문의 윗부분 즉 프리즈 부분에는 중심부 위쪽에 양손에 지팡이를 들고 있는 신상이 정면을 바라보고 서 있고 그 좌우로는 작은 신상들이 중앙의 신상을 바라보고 뛰어가는 모습이 측면으로 묘사되어 있다. 프리즈의 아랫단에는 같은 형태의 신상으로 보이며 정면으로 묘사된 신상들이 조금씩 변형된 형태로 한 줄로 늘어섰다. 이 신상은 일반적으로 잉카인들이 모시는 태양신으로 알려져 있는데 창조신 비라코차로 부르기도 한다. 그러나 태양신과 비라코차를 동일시하기도 하므로 그 둘을 구분하는 것은 그리 의미가 크지 않을 것이다.

중앙부에 새겨진 큰 신상이나 그 양쪽에 새겨진 작은 신상들은 지팡이를 들고 있다는 공통점이 있는데 이로 인해 이들에게 지팡이신이라는 이름이 붙어 있다. 지팡이신이라는 명칭은 앞의 폰세 석상에서도 잠깐 언급된 적이 있는데 여기서 그에 관한 간략한 전설 하나를 소개하고자 한다.

신화적인 지도자이자 잉카 제국의 시조인 망코카팍은 태양신 인티의 부름을 받고 동굴에서 걸어 나와 왕국을 세우기 위하여 세상을 떠돌아다녔다고 한다. 태양신은 그에게 황금 지팡이를 주어 그 지팡이가 꽂히는 곳에 새로운 왕국을 건설하라고 명했다. 망코카팍은 여러 형제자매들과 함께 지팡이가 꽂힐 때까지 정처 없이 돌아다니던 중 현재의 쿠스코 지역에 다다르자 지팡이가 땅으로 쑥 들어갔다. 망코카팍은 쿠스코에 왕국을 세우고 지팡이가 꽂혔던 바로 그 자리에 태양신을 모시는 신전을 지었다. 신전은 대략 1200년경 즈

푸마푼쿠 유적. 앞에 누워있는 바위가 무게 131톤의 거대한 판석 플랫폼이다.

음에 처음으로 지어졌으며, 원래 이름은 인티칸차였다. 이후 쿠스코 왕국은 시간이 흐르며 힘을 키웠고, 파차쿠티 황제 시대에 들어서 본격적인 제국으로서의 면모를 갖추게 되었다. 파차쿠티는 제국의 위엄을 과시하기 위하여 조그만 초가집 정도에 불과했던 인티칸차를 황금으로 도배하다시피 만들고 대대적으로 증축하였으며, 이때부터 황금을 의미하는 '코리', 신전을 의미하는 '칸차'가 합쳐진 코리칸차라는 이름으로 부르기 시작했다. 지금 쿠스코에 있는 쿠스코 대성당은 바로 코리칸차를 철거하고 그 자리에 지은 것이다.

신화의 내용으로 보면 지팡이를 가지고 있는 것은 잉카를 세운 망코카팍을 상징하는 것으로 볼 수도 있다. 그러나 그것이 신상이라는 점을 생각한다면 망코카팍에게 지팡이를 건네준 태양신 인티로 보는 것이 합리적이다. 곧 태양신이나 지팡이 신이나 비라코차는 모두 같은 신의 다른 이름인 것이다. 이 문을 출입하는 것은 태양신 인티의 허락을 받는다는 의미가 있었을지 모른다.

태양의 문을 뒤에서 보면 프리즈 부분과 양쪽 기둥에 다른 석재를 끼워 넣기 위한 것으로 보이는 장방형의 깊은 홈이 있다. 이로 미루어 이 문이 현재의 형태로 서 있던 것이 아니라 뒤로 연결된 부분이 있어서 보다 복잡한 구조의 건축물이었을 가능성도 있을 듯하다. 혹시 태양신 인티를 모시는 작은 신전이었을지도 모른다.

거대 판석의 플랫폼 푸마푼쿠(Pumapunku)

아카파나 피라미드나 칼라사사야 사원 등을 돌아보고 유적을 빠져나오면 티와나쿠 유적 답사를 마친 것으로 착각할 수 있다. 그러나 여기서 다시 티와나쿠 시내 변두리 마을을 지나 약 1킬로미터 남쪽으로 오면 티와나쿠에서 빠질 수 없는 중요한 유적인 푸마푼쿠가 있다. 푸마푼쿠라는 말은 이 지역 원주민 아이마라족의 언어로 푸마의 문이라는 뜻이다. 푸마는 안데스 원주민들이 신성시하는 동물이다.

지금까지 조사된 결과 푸마푼쿠는 아카파나와 같은 모양의 피라미드였다고 한다. 지금 공개된 발굴 구덩이에는 아카파나 피라미드에서 볼 수 있는 진흙의 계단이 보인다. 물론 피라미드는 계단의 측면에 돌을 붙여 완성했다. 지금 확인된 피라미드 밑부분은 길이 167미터 폭 116미터 높이 5미터 정도이며 동북쪽과 동남쪽 모서리에 27미터 길이의 돌출부가 튀어나와 있다. 푸마푼쿠에서 관심을 끄는 것은 발굴로 인해 드러난 수많은 석제품들이다. 그중에는 태양의 문이나 달의 문과 비슷한 석재의 조각들이 많다. 또 당시 석조 건축을 어떻게 조립했는지를 보여주는 석재들도 볼 수 있다.

푸마푼쿠와 칼라사사야 사원이 있는 티와나쿠 유적의 중심지 사이는 직선거리로 약 1킬로미터 떨어져 있다. 이 지역은 지금 티와나쿠 시의 외곽을 형성하며 농경지도 많다. 아마도 이 지역에도 많은 유적들이 있었을 것이다. 지표면에 있었던 석재들은 주택을 짓거나 또는 도시 건설에 필요한 자재로도 이용되었을 것이다.

최근 지반 투과 레이더 측정, 자기 측정 등의 지구 물리학적 조사 방법으

누워 있는 돌문은 칼라사사야 사원에 있는 태양의 문 뒷면과 비슷하다.

달의 문에서 본 저녁놀을 배경으로 한 티와나쿠 성당

로 탐사한 결과 이 지역의 지하에는 수많은 인공 구조물들이 있음이 밝혀졌다. 2016년에는 드론으로 탐사하여 전체 약 0.2제곱킬로미터의 유적을 확인하였고 그중에서 10퍼센트 정도를 발굴하였다고 한다. 앞으로 고고학 탐사기술의 발전은 푸마푼쿠는 물론 티와나쿠의 많은 비밀을 풀 수 있으리라 기대된다.

푸마푼쿠에서 특별히 관심을 끄는 것으로는 푸마푼쿠의 입구에서 가까운 곳에 놓여 있는 거대한 판석들이다. 이 판석들은 지면을 넓은 석조 테라스처럼 만들고 있는데 그중 가장 큰 것은 길이 7.8미터 폭 5.1미터 두께 1미터의 붉은색 사암이다. 이 판석형 석재는 무게가 131톤이 될 정도로 거대하다. 또 이보다는 작지만 길이 7.9미터 폭 2.5미터 두께 1.8미터에 달하는 것도 있다. 이것도 무게가 85톤이 넘는다. 이 석재들이 땅에 깔린 것을 판석형 플랫폼이라고 부른다. 이 거대 판석은 본래 이렇게 누워 있었던 것인가? 아니면 벽처럼 서 있었던 것인가? 판석 위에는 어떤 건축물이 서 있었던 듯 보이는 자리가 얕게 파여져 있는데 이로 미루어 현재 모습이 본래의 모습일 것이라는 생각이 들었다.

푸마푼쿠에서 약 10킬로미터 떨어진 티티카카 호숫가 인근에서 이 거대 석재들과 같은 석질의 붉은색 사암의 채석장이 발견되었다. 푸마푼쿠의 이 거대 석재들은 그곳에서 운반되어 온 것으로 추정하고 있다. 운반 경로로 추정되는 곳은 경사가 꽤 가파른 곳도 있다는데 백 수십 톤의 바위를 어떻게 끌고 올 수 있었을까? 푸마푼쿠를 비롯한 티와나쿠 유적에는 사암 외에 붉은색의 안산암도 많이 있는데 안산암은 코파카바나 가까운 산에서 옮겨온 것이라고 한다. 코파카바나에서 푸마푼쿠까지는 90킬로미터가 넘는다. 신의 힘을 빌리지 않고서 어떻게 여기까지 옮겨 올 수 있었는지 불가사의하다.

유적지에서 출토된 유물을 탄소연대 측정한 결과 536년에서 600년 정도로 나왔다고 한다. 지금부터 1500년 정도 이전에 10킬로미터 또는 90킬로미터의 원거리에서 수십 톤 내지는 백톤이 넘는 석재들을 옮기고 집을 지었다는 것은 상상하기조차 어렵다. 사람들의 신을 향한 집념은 그 어떤 말로도 설명할 수 없다.

티와나쿠 문화는 1000년경 갑자기 사라졌다고 한다. 그 이유는 아마도 급격한 환경의 변화와 농업 생산량의 감소 등으로 인해 집단적으로 도시와 농경 사회를 이루고 살던 사람들이 안데스 산지로 옮겨 갔기 때문으로 짐작할 뿐이다. 이 지역에 다시 새로운 국가가 나타나는 것은 12세기에 들어와서 잉카 제국이 성립하면서부터이니 그 사이 100여 년은 새로운 시대를 맞기 위한 과도기라고 해야 할 것 같다. 티와나쿠의 문화는 잉카 문화를 만드는데 단단한 초석으로서의 역할을 했을 것이다.

티와나쿠 유적에는 지금 유적지와 볼리비아의 여러 박물관에 남아 있는 것 외에도 수없이 많은 유물들이 있었다. 그러나 유럽인들이 이곳에 드나들면서, 들고 갈 수 있는 것은 대부분 유럽으로 가져간 것으로 알려져 있다. 티나와쿠의 많은 유물들을 만나기 위해서는 어쩔 수 없이 프랑스, 독일, 헝가리 등지의 유수한 박물관을 찾아야 한다니 안타까운 일이다.

18

안데스의 함지박

라파스

평화의 도시 라파스

3월 31일 점심을 먹은 것으로 티와나쿠에서의 일정이 끝났다. 라파스로 가는 마이크로 버스는 겨우 열 명이 좀 넘는 사람들로 가득 찼다. 길은 얼마 안 가 고속도로로 접어들고 넓은 평원 위에 나지막한 건물들이 가득한 대 도시로 들어섰다. 해발 4000미터가 넘는 알티플라노 고원의 도시 엘알토이다. 라파스의 국제공항도 이곳에 있다.

보통 엘알토는 라파스와 하나의 도시로 인식되고 있는데 행정적으로는 다른 도시로 구별된다. 라파스의 인구를 150만이라고 하면 엘알토와 합쳐 말하는 것이다. 그런데 엘알토의 인구가 80만이 넘으므로 인구만으로 보면 라파스는 엘알토보다 작은 볼리비아 3위의 도시다. 볼리비아에서 가장 큰 도시는 동부의 저지대에 있는 인구 240만의 산타크루스데라시에라이다.

한 시간 반쯤 지나면서 길이 갑자기 급경사진 언덕길로 변하고 버스는 지그재그로 꼬불거리면서 아래쪽으로 내려가기 시작했다. 엘알토가 끝나고 라파스

엘 알토에서 본 라파스 시 야경. 멀리 산 능선까지 전깃불로 가득 차 있다.

로 접어든 것이다. 엘알토가 고원 위에 자리 잡았다면 라파스는 산골짝의 협곡에 자리 잡고 있는 도시다. 비탈진 길을 내려가던 버스가 멈춰 섰다. 종점이다. 어디인지 알 수 없지만 택시를 불러 예약된 호텔 주소를 보여주었다.

'라 파스'는 평화라는 뜻이다. 라파스의 공식 명칭은 '누에스트라 세뇨라 데 라 파스(Nuestra Señora de La Paz)' 즉 '평화의 성모'이며 라파스는 그것을 줄여 부르는 이름이다. 처음에 라파스는 현재의 위치에서 서쪽으로 25킬로미터 떨어진 라하라는 곳에 있었다. 그곳은 이 일대의 잉카 문화의 중심지였고 볼리비아에서 페루로 가는 길의 중요한 요충지였다. 도시의 이름이 '평화의 성모'로 된 것은 스페인의 페루 및 남미 통치 정책에 반발한 곤살로 피사로의 봉기 이후 평화를 되찾은 것을 기념하기 위한 것이었다. 곤살로 피사로는 잉카를 정복한 프란시스코 피사로의 동생인데 아이러니하게도 그는 극악무도한 독재자였다. 라파스는 그 후 18세기에서 19세기로 넘어오면서 볼리비아 독립혁명의 중심지였다. 그리고 그 중심에 페드로 도밍고 무리요 장군이 있었다. 라파스는 오늘날 볼리비아가 있기까지 수난과 영광의 역사를 함께 가지고 있는 역사의 도시임을 무리요 광장에서 알 수 있었다.

여장을 풀고 오후 시간은 라파스 시내를 걷기로 했다. 우선 박물관을 가고 싶어 무리요 광장으로 갔으나 이미 시간이 늦어 박물관은 문을 닫은 뒤였다. 내일은 월요일이니 라파스에서 박물관 구경은 틀렸다. 무리요 광장은 무리요의 동상이 있어서 뿐 아니라 그 주위로 대통령 궁, 국회, 국립박물관, 국립극장, 평화의 성모 대성당, 주요 행정관서 등이 에워싸고 있는 명실상부한 라파스의 중심이다. 호텔에서 여기까지 천천히 걸어오는 것도 매우 숨이 찼다. 라파스의 시내 중심가는 해발 3600미터를 오르내린다. 그것도 그냥 평지가 아니라 언덕을 오르내려야 한다. 세계에서 가장 높은 곳에 있는 수도라는 말이 실감이 났다. 이럴 때 광장은 참 편안한 휴식처다.

얼마나 시간이 지났는지 모를 만큼 한참을 앉아 있었다. 그리고는 다시 오던 골목을 피하면서 무엇이 있는지도 모르는 채 골목길 하나를 골라 들어섰다. 도시의 골목길을 걸어보면 그 도시의 맨얼굴을 만날 수 있다. 무리요 광장의 인근은 라파스의 중심지답게 오래된 행정관서의 건물들과 은행 등 새로운 고층 건물들이 나란히 그들의 역사의 변화를 보여주고 있다. 또 그 아래를 지나다니는 사람들도 똑같이 전통과 현대를 보여준다. 특히 이런 대도시에서 전

UNION

현대식 고층 빌딩 밑으로 평화의 성모 대성당이 있고 그 아래
근대 건축물들이 마치 시대적 층위를 보여주는 듯하다.
길을 걷는 사람들도 이처럼 전통과 현대를 함께 아우른다.

전통 복장의 두 사람이 여유롭게 이야기를 나누고 있다.

통 의상을 입은 남성들을 자주 만날 수 있었던 것은 매우 인상적이었다.

리마에 내린 후 페루를 거쳐 볼리비아에 오기까지 전통 의상을 입은 사람들은 여성들이었다. 푸노의 우로스 섬이나 타킬레 섬에서 전통 의상 차림의 남성들을 만났지만 그것은 관광지의 특수한 환경 때문이었다. 그래서 라파스의 길거리에서 전통 의상의 남성들을 만난 것은 특별한 경험이 되었다.

부자와 빈자는 숨 쉬는 것도 다르다

라파스 시의 중심지는 무리요 광장보다는 메트로폴리탄 대성당 앞의 대로변이라 할 수 있다. 이곳은 상업 중심지라 할 수 있는데 근처에는 관광객이 꼭 들린다는 마녀 시장도 있고 번화한 상점가와 음식점들도 많았다. 저녁을 먹기 위해 중심지 네거리에서 두리번거리며 근처 건물들을 살펴보았다. 그때 맞은편 빌딩의 유리벽에서 무척 흥미로운 풍경을 발견했다. 도심지 빌딩들 뒤쪽으로 붉은색의 상자들을 얼기설기 쌓아놓은 듯 한 달동네 풍경이 유리벽 위에서 이리저리 비틀어지고 구부러져 보였다. 뿐만 아니라 유리창의 연결선으로 인해 풍경은 한 조각씩 잘라진 것을 다시 모아 붙여놓은 듯 보였다.

그제야 이곳이 낮은 저지대의 번화가와 높은 고지대의 달동네로 이루어진 도시라는 것을 깨달았다. 유리에 반영된 도시는 이리저리 틀어지고 왜곡되어 마치 이 도시가 안고 있는 모순 덩어리들을 유리벽을 통해 적나라하게 보여주는 듯했다. 저 산꼭대기로 올라갈수록 산소의 양은 급감한다. 그래서 라파스에서는 부자들과 빈자들이 소비하는 산소의 양이 다르다. 있는 자와 없는 자는 숨 쉬는 데도 차이가 있다는, 세계의 다른 곳에서는 상상도 하지 못하는 현상이 라파스에 있는 것이다.

이러한 도시의 형태는 골목을 다니면서 줄곧 나의 눈길을 끌었다. 어느 도시거나 가난한 동네는 있고 산동네도 달동네도 있다. 그런데 그러한 동네를 보려고 하면 일부러 찾아가야 하는데 대체로 도시 뒤편으로 가려져 있기 때문에 찾아가는 것이 쉽지 않다.

그런데 라파스의 달동네는 시내 어디서든지 한눈에 들어온다. 라파스의 도시 형태는 도시 중심이 가장 낮은 곳에 위치하고 그 주변은 모두 급경사의

산 동네의 가난한 마을이 도심지 건물의 유리벽에 이지러진 모습으로 박혀있다.

케이블카 정류장은 데이트 장소로도 인기를 끈다.

산비탈로 이루어져 도시는 마치 커다란 함지박처럼 생겼다. 평화의 함지박이다. 함지박의 벽에 붙어 사는 사람들에게도 평화가 깃들기를 바란다.

라파스의 시 중심은 해발 3500미터에서 3600미터 사이이고 주변의 높은 지역은 4100미터 안팎이다. 표고 차이는 약 400에서 500미터 정도이다. 400미터의 급 경사가 도시를 둘러싸고 있기 때문에 윗동네와 아랫동네를 연결하는 도로는 직선이 없고 모두 지그재그 형태로 되어 있다. 여기를 낡은 소형차들과 마이크로버스 등이 쉴 새 없이 오르내리고 그 차량들이 뿜어내는 매연이 시내를 뒤덮는다. 결과적으로 그러한 급경사를 오르내리는 도로로 인해 연료 소비량이 많은 것은 물론 공해 또한 심각한 수준이었다.

이를 해결하기 위해 나온 것이 케이블카의 설치이다. 케이블카의 설치는 이미 1970년대부터 계획이 있었다는데 여러 이해관계가 얽히고 막대한 예산이 들어가기 때문에 선거 때마다 공약으로 올라왔으나 항상 빌 공자 공약이 되어 버렸다. 이 오랜 계획은 40년을 훌쩍 넘긴 2014년에야 겨우 실현될 수 있었다.

라파스 사람들은 케이블카를 '미 텔레페리코(Mi Teleferico)'라고 부른다. '나의 케이블카'라는 말이다. 2014년도에 처음 운행이 되기 시작한 노선은 빨강, 노랑, 초록색의 세 개의 노선이다. 이 세 가지 색은 볼리비아 국기의 색이다. 내가 라파스를 찾은 2019년 4월 1일에는 모두 10개의 노선이 있었다. 케이블카는 지금도 건설 중이다. 케이블카 노선 중에서 가장 높은 곳까지 올라간다는 6호선을 탔다. 케이블카를 타고 위로 올라가는 동안 나는 눈 아래로 산동네 집들의 지붕들만 보이는 줄 생각했다. 그런데 뜻밖에도 유리창 밖으로 보이는 풍경은 라파스가 얼마나 아름다운 풍경 속에 자리 잡고 있는가를 보여주고 있었다.

마녀 시장 사람들

호텔 근처에는 마녀 시장이라는 이름의 시장이 있다. 마녀라는 이름이 붙어 있으나 시장에서 파는 물건이 특별한 것은 아니다. 그냥 모든 종류의 상품이 거래되고 있는 전통 시장이다.

케이블카에서 본 풍경. 라파스의 앞산으로 해가 지면 뒷산에는 특별한 풍경이 연출된다.

마녀 시장이라는 이름은 주술사들이 필요한 물품을 사고파는 데서 유래
한 이름이라고 한다. 이곳에서는 주술사들이나 또는 민간 신앙에서 많이 사
용하는 제사용품, 환각제 또는 유사한 식물, 희생용 동물이나 육류 등이 많
이 거래되었다고 하며 지금도 그렇다고 한다. 그러나 내가 보기에는 특별하다
기 보다는 그냥 온갖 용품을 파는 재래시장이었다. 피곤하기도 하고 큰 관심
이 없어 시장을 그냥 통과하고 하루 일정을 끝냈다.

성당 종탑에서 본 라파스

라파스에서의 둘째 날은 우유니 사막으로 떠나는 날이지만 그것은 밤차로 가
는 것이니 하루 동안 느긋하게 쉴 수가 있다. 느지막이 아침을 먹고 어제 봐
두었던 마녀 시장 옆의 산프란시스코 성당을 보기로 했다. 라파스를 대표하
는 소위 라파스 대성당은 무리요 광장 옆에 있는 성모 마리아 대성당이다. 어
제 무리요 광장에 갔을 때는 숨도 많이 차고 피곤하기도 했고 또 광장 한쪽에
서는 공사가 진행 중이서 어수선했었다. 그리고 관공서가 늘어선 광장 한쪽
코너에 서 있는 성당은 20세기의 근대 건축물이라서 그랬는지 그리 큰 흥미
를 느끼지 못하였다.

스포츠 의류 가게에
늘어선 마네킹들이
가게를 나서는
손님에게
인사하고 있다.

278

무리요 광장의 주인공인 혁명 영웅 무리요 장군은 광장 옆에 있는 성모 마리아 대성당이 아닌 저 아래쪽 산프란시스코 대성당에 묻혀 있다. 성모 마리아 성당과는 달리 산프란시스코 대성당은 우람한 종탑과 함께 16세기 스페인 정복자의 권위로 라파스의 무게를 잡고 서 있었다.

성당 앞에 도착했을 때는 사람들이 성당 벽에 붙어서 비를 피하고 있었다. 그 사람들의 머리 위로 일반 성당 건축에서 볼 수 없는 특이한 얼굴들이 보였다. 이 지역에 조상 대대로 살아온 원주민의 얼굴이다. 코파카바나의 검은 성모에서 보았던 남미 가톨릭의 현지화 정책의 산물이다. 성당 안으로 발을 들여놓으니 한 남자가 문지방에 걸터앉아 한쪽 발은 성당 안으로 다른 발은 성당 밖으로 놓고 있었다. 어느 쪽에서라도 도움의 손길이 나타나길 기다리는 듯 보였다.

성당 안에는 월요일 오전인데도 무슨 미사가 거행되고 있었다. 아마도 특별한 행사가 있는 듯싶었다. 성당 건물의 오른쪽으로 박물관 현수막이 붙어 있었다. 성당 안으로 들어가지 못한 채 나는 박물관이라 표기된 문으로 들어갔다. 입장권을 사니 학생처럼 보이는 젊은 여성 가이드가 다가왔다. 이곳은 가이드와 함께 관람을 해야 한다고 했다. 가이드가 안내하는 대로 따라가니 아래로 미사가 진행되는 성당 내부가 보였다. 박물관은 진열실을 제대로 갖춘 것이 아니라 성당 건축의 공간을 이용하여 유물들을 전시하고 있었다. 1층 회랑의 복도 한쪽은 복도 밑에 깔려 있는 본래의 자갈 깔린 바닥을 드러내 성당의 역사를 보여주고 있었다. 이 성당은 본래 수녀원이었다. 1548년에 건립되었다고 하지만 그 이전인 1547년에 설립되어 있었다고 한다.

1540년대 라파스 지역에 들어온 열두 명의 수도사가 있었는데 그중 프라이 프란시스코 데 몰랄레스와 프라이 알코세르 수도사에 의해 천사의 성모라는 이름의 수도원이 설립되었다고 한다. 현재의 건물은 1743년 눈사태로 무너진 것을 다시 개축한 것이다. 또 종탑은 19세기 말에 지은 것이라고 한다. 성당과 수도원의 이름에 프란시스코라는 이름이 들어간 것은 위의 프라이 프란시스코 데 모랄레스와는 관계가 없다. 이 성당은 이탈리아의 프란체스 수도회를 만든 성 프란체스코에게 바친 것이어서 이름이 그렇게 붙은 것이다.

관람자에게 개방된 1층의 내정과 회랑에는 성당에서 출토된 여러 건축자재나 조각 작품들이 전시되고 있다. 내정에서 위를 보면 성당의 중앙 돔 일부

와 종탑들이 아름다운 그림이 되어 눈에 들어온다. 가이드를 따라 어두운 바위 터널 속 급경사의 계단을 올랐다. 어두운 바위 터널을 통과한 후 당도 한 곳은 성당 지붕 위의 종탑 밑이었다. 종탑에는 여러 개의 크고 작은 종들이 아치형 창을 배경으로 매달려 있었다.

성당의 지붕 위에 올라와 보면 성당 아래에서 볼 수 없는 풍경들을 만난다. 성당의 중앙 돔 위에는 성당 안 궁륭형 천장으로 빛을 비추기 위해 천장 꼭대기에 광창을 뚫었고 그 위에 비를 막기 위한 작은 집을 세웠다. 지붕 위에서 보는 그 광창 위의 집도 네 개의 기둥 위에 또 돔을 얹었는데 돔 위의 피뢰침이 아름답게 장식된 십자가로 서 있었다.

돔의 십자가 뒤로 멀리 함지박 모양의 라파스 변두리 급경사에 지은 집들이 구멍 난 붉은 벽돌을 무질서하게 쌓아 올린 듯 위태롭게 보였다. 그 벽돌의 구멍마다 라파스의 가난과 힘든 삶들이 콕콕 박혀 있는 듯 했다. 성당 지붕 위에서 본 그 가난하고 고된 삶들은 어처구니 없게도 한 폭의 아름다운 그림

건물의 기둥 밑에 새겨진 부조에는 남미 원주민의 얼굴이 보인다.

산프란시스코 대성당의 2층 회랑에서 본 1층 내정

지붕 위 종탑에 매달린 종들

처럼 느껴졌다. 이 성당은 저들의 삶에 얼마나 큰 힘이 되었을까 궁금했다.

안데스의 달

라파스 시의 남쪽 변두리의 한쪽 구석에 흙덩어리로 빚어 놓은 듯한 골짜기가 있다. 달에 갔다 온 미국의 우주 비행사가 이곳에 와 보고 마치 달 표면 같다고 해서 달의 계곡이란 이름이 붙었다고 한다. 그러나 흐린 날씨는 계곡의 붉은색 흙기둥들을 효과적으로 보여주지 못했다. 더구나 달의 계곡 사이사이로 끼어들 듯 자리 잡은 주택 지역으로 인해 달의 계곡은 더 이상 신비한 달의 계곡일 수 없었다. 그렇게 달의 계곡은 계곡 사이까지 비집고 들어온 도시의 끝자락에 나의 눈길이 더 이끌렸다. 달의 계곡은 여기서 삶을 유지해야 하는 사람들에게 더 이상 달이 아닌 그저 삶을 방해하는 진흙과 모래의 덩어리일 뿐이었다.

성당 중앙 돔 뒤로 라파스의 달동네들이 상자를 겹쳐 쌓은 듯 위태롭게 보인다.

달의 계곡 맞은 편 산의 붉은 암벽. 저녁 햇살을 받아 더 붉게 타오른다.

　나는 달의 계곡 자체보다 뒤쪽으로 우뚝 선 붉은 바위 산이 훨씬 더 매력적이었다. 이 붉은 바위산은 높고 길게 펼쳐진 산수 병풍처럼 아름답게 서 있었는데 달의 계곡으로 인해 사람들의 주목을 그리 많이 받지 못하는 듯했다. 그리고 그 병풍 옆으로 멀리 라파스의 고지대 능선 위에 거대한 도시의 끝이 올라타고 있었고 그 사이로 케이블카들이 오르내리는 것이 보였다.

앞의 흰 바위들이 달의 계곡의 일부이고 뒤에 붉은색 바위산이 병풍처럼 서 있다.

19

황량한 고원의 철도 도시

우유니

기차의 도시

라파스를 떠나 밤새 달려온 버스는 아홉 시간 넘어 걸려 새벽 6시경 우유니에 도착했다. 도시의 풍경은 한국의 60년대 읍 정도로 보였다. 쌀쌀한 날씨의 새벽길을 걸어 예약한 호텔을 찾아들었다. 호텔은 우유니 소금 벌판의 소금을 잘라 벽돌 대신 사용한 소금 호텔이었다. 밤 버스의 피로를 풀고 길거리로 나서 만난 우유니의 거리는 썰렁하다 못해 을씨년스러웠다. 도시를 관통하는 큰길을 벗어나면 대부분의 도로가 비포장이었다. 이따금씩이지만 차가 한 대 지나가면 뿌연 먼지가 앞을 가렸다. 마치 서부 영화의 세트장을 연상케 했다.

기차의 공동묘지로 유명한 우유니는 실제의 기차역이 시내 중심에 자리하고 있는 철도 교통의 중심지이다. 북쪽에 있는 수도 라파스와 동쪽의 포토시, 남쪽의 아르헨티나와 마주하고 있는 비야손 그리고 칠레의 칼라마에서 오는 철도가 사방에서 만나는 남미 교통의 요지이다. 그래서 이곳은 철도가 도시의 상징물처럼 여겨지고 있고 길거리에서도 철도와 관련된 조형물들을 자주 볼 수 있다. 중심 도로의 뒤편으로 철도 박물관이 있었으나 문을 열지 않아 보지 못하였다.

넓은 포장도로의 뒷길은 모두 비포장 도로로 되어 있었다. 대부분의 뒷길도 4차선 도로 정도로 넓었다. 내 앞에서 큼직한 SUV 차량 한 대가 서면서 그 안에서 어린 학생들이 우르르 내렸다. 그 차량이 어느 학부모의 차량인지 아니면 학생들을 등하교시키는 일종의 스쿨버스인지는 알 수 없었지만 차량의 크기에 비해서 많은 어린이들이 타고 있었던 듯하다. 인도 한쪽으로는 여교사가 어린 학생들을 줄 세워 귀가시키고 있었다.

대문 옆 신당과 창문 꾸밈의 아름다움

골목을 다니면서 흥미로운 풍경은 창문에 설치한 장식물들이었다. 창틀 안쪽으로 예쁜 화분이 여러 개 놓여 있고 화분 안쪽에는 커튼이 쳐 있어서 방안이 들여다 보이지 않게 하였다. 그런데 이 커튼은 밖에서 방을 보지 못하도록 하는 목적이 아니라 화분을 돋보이게 하기 위한 배경인 듯했다. 그래서 창틀의 화분들은 오로지 길가는 사람들에게 골목을 예쁘게 꾸미기 위한 것으로 보였다.

그런데 우유니의 골목에서 만난 이 창문 꾸밈은 골목을 아름답게 꾸미거나 그로 인해 그 집이 특별히 아름답게 보인다고 볼 수는 없었다. 그러한 창문의 꾸밈은 오랫동안의 관습에서 만들어진 것으로 생각되었다. 창틀 장식과 함께 눈에 뜨인 것은 출입문 옆에 놓인 장난감 같은 작은 나무집이었다. 처음에 그것을 보았을 때는 그것이 개집인 줄로 착각했었다. 그런데 작은 지붕 위에 십자가가 서 있었고 십자가는 조화로 싸여 있었다. 또 집의 양쪽에는 커다란 양초 장식이 서 있어서 필요할 때는 불을 붙이도록 되어 있었다. 이 집은 신을 모시는 집이라고 생각되었는데 우리로 치면 대문 옆에 작은 신당을 모신 격이라 할 만했다.

꽃화분으로 꾸민 창틀 밑에 신당으로 보이는 작은 나무집이 보인다.

도로에 설치된 철도 관련 조형물

우유니 역 풍경. 역 한쪽으로 자동차 도로가 지나간다.

50년도 더 묵은 <백열전선>의 기억

우유니 시내를 여기저기 기웃거리면서 한 나절을 보내다가 어떤 넓은 광장처럼
만든 로터리를 만났다. 로터리 가운데에는 무기를 든 병사들의 동상이 세워져
있었다. 동상의 받침 부분은 군함처럼 보였다. 태평양 전쟁의 영웅들인가 해서
가까이 가보니 '차코의 영웅들(Heroes del Chaco)'이란 스페인어로 쓴 동상 제
목이 있었다. 이것은 태평양 전쟁이 아닌 차코 전쟁의 영웅들이었다. 그리고
여행 중 잊고 있었던 <백열전선>(La Sed, 1961)이란 영화가 생각났다.

내게 남아메리카라는 대륙의 존재를 깨닫게 해 준 것이 바로 <백열전선>
이라는 영화였다. 그 이전에 내가 학교에서 배웠던 어떤 과목에서도 남아메리
카라는 곳을 알려주지 않았다. 그것은 오대양 육대주의 이름을 외울 때를 제
외하면 아무런 의미도 없었다. 그러다가 영화에 미쳐 살던 대학 시절의 어느

294

날 우미관이라는 종로 2가 뒷골목의 영화관에서 이 영화를 만났다. 35밀리미터 필름, 스탠더드 화면의 이 흑백 영화는 너무도 강렬하여 50여 년이 지난 지금도 라스트 신이 생생하다. 남미 여행의 계획을 세우면서 처음 머리에 떠오른 것은 바로 이 영화였다.

영화의 내용은 볼리비아가 대서양으로 진출하기 위해서 차코 지역을 빼앗기 위해 파라과이와 벌인 차코 전쟁에 관한 이야기이다. 차코 전쟁은 1932년부터 1935년까지 3년간 벌어진 볼리비아와 파라과이 간의 전쟁이다. 결국 미국이 압력을 행사한 끝에 차코 지역을 분할하여 지배하는 협상을 해서 전쟁을 끝냈지만 이 전쟁으로 인해 양국은 남미 최빈국으로 전락하는 결정적 계기가 되었다고 한다.

전쟁 중, 물 한 방울 나오지 않는 열사의 사막에 고립된 한 부대, 마실 물이 없어 모래에 박힌 나무 뿌리를 캐내 씹어 보지만 석유 냄새만 날 뿐이다. 이 부대원들에게 물을 공급하려고 물 트럭을 몰고 사막을 횡단하는 또 하나의 병사가 있다. 트럭은 바퀴가 열로 모두 찢어지고 타이어에 풀을 뜯어 채우면서 겨우 고립된 전우들이 있는 곳에 도착하지만 전우들은 이미 모두 죽은 뒤였다. 두 손을 핸들에 묶고 천신만고 끝에 온 물차의 운전병도 도착했을 때는 목숨이 다했고, 차는 큰 고목의 줄기에 부딪치면서 정지했다. 정지한 순간 운전대 앞의 운전병은 핸들 위에 쓰러지고 머리가 클락손을 눌러 마른 나무들만 서 있는 텅 빈 사막에 경적 소리가 길게 울린다. 〈백열전선〉의 마지막 장면이다.

멕시코에서 이곳 우유니에 올 때까지 〈백열전선〉은 다시 내 기억 속에서 사라졌다. 그 영화를 되살려 낼 만한 어떤 것도 만나지 못했다. 차코는 파라과이와의 접경 지역으로 내 여행길에서 동쪽으로 많이 벗어나 있었다. 그런데 뜻밖에도 이곳 우유니의 휑한 사거리에서 차코의 영웅들을 만난 것이다.

호수에 담긴 우유니의 은하수

별 구경을 가는 지프차는 새벽 3시에 사람들을 태우고 소금 벌판으로 출발했다. 이 차를 타면 별 구경을 하고 일출의 장관까지 보고 온다고 해서 신청한

우유니 소금호수에 해가 떴다. 하늘에도 사람에도 붉은 기운이 물든다.

수면에도 별이 비친 이 넓은 호수는 발목도 채 잠기지 않을 만큼 얕다.

것이다. 별 촬영을 즐기는 사람들은 지금 내가 참가한 별과 일출을 보는 투어와 일몰과 별을 보는 투어 두 가지를 신청해서 간다. 어쨌든 우유니에 왔으니 우유니를 대표하는 구경거리를 놓칠 수 없어 일단 별과 일출을 묶은 투어를 신청했다.

캄캄한 소금호수에 사람들을 내려놓은 가이드는 나름대로 촬영에 필요한 장비들을 갖추고 있었다. 그런데 그것이 나에게는 매우 방해가 되는 물건이었는데 대표적인 것이 강력한 빛을 하늘 꼭대기까지 쏘아대는 플래시였다. 카메라를 설치하고 셔터를 누르려 하면 한 떼의 젊은이들이 가이드와 함께 플래시를 비추면서 이리저리 몰려다녔다. 어둡지만 아득하게 산도 보이고 마을의 불빛도 보였다. 놀라운 것은 이 넓은 호수의 깊이가 발목도 제대로 잠기지 않을 정도라는 것이다. 그것은 이 넓은 땅이 완전히 수평면을 이루고 있다는 것을 말해준다. 경이롭지 않은가?

캄캄한 밤이지만 소금호수는 아득히 먼 곳까지 넓게 이어진 바다 같았다. 하늘에 가득 떠있는 별들이 호수 위에까지 내려앉았다. 우유니 하늘의 별들이 내려온 곳은 호수라고는 하나 넓은 바다였다. 이렇게 넓은 바다에 별들이 들어 있다니 도대체 상상이 가지 않았다. 그래도 그 별들이 눈앞에 있었다. 삼각대를 설치하고 카메라를 얹었다. 몇 번 테스트 샷을 해보고 다시 몇 장의 사진을 찍었다. 그때 갑자기 몸이 너무 춥다는 생각을 했다. 온몸이 떨리기 시작했다. 타임랩스 촬영을 위해서는 차에서 좀 떨어진 곳으로 가야 함께 간 사람들을 피할 수 있는데 혼자 떨어져서 단 30분이라도 버티기가 어려울 듯싶었다. 타임랩스를 포기하고 차로 돌아왔다. 차 의자에 기대서 그냥 하늘을 보았다. 이런 곳에 와서 카메라 앞이 아니라 자동차에서 혼자 별을 보고 있다니. 이따금씩 밝은 플래시 빛줄기가 눈앞에 왔다 갔다 했다. 그것을 보면서 오래전에 보았던 영화 한 편이 생각났다. 설경구와 전도연이 주연을 맡았던 〈나도 아내가 있었으면 좋겠다〉(2001)라는 영화다.

영화는 사고로 인해 지하철이 터널 안에서 멈추고 전기가 꺼지는 장면으로부터 시작되는데 그때 갑자기 어두워진 전동차 안에서는 휴대전화의 불빛들이 날아다닌다. 그것은 휴대전화가 사람과 사람을 이어주는 중요한 매체로 등장한 것을 상징하는 장면이었던 것으로 기억된다. 그러나 나는 그 장면에서 밤하늘 가득한 별들의 잔치를 떠올렸었다. 영화의 주인공 전도연은 학원 강사고 설경구는 은행원이다. 전도연은 설경구를 짝사랑하게 되고 은행의 폐쇄회로 화면 앞에서 설경구에게 사랑을 고백한다. 며칠이 지난 후 설경구가 폐쇄회로 화면 속에서 전도연을 확인한다. 그러나 그녀가 하는 사랑의 고백을 들을 수는 없다. 과거의 전도연이 화면 속에서 미래의 설경구를 보면서 서로 엉뚱한 대화를 이어가는 것이다. 설경구와 전도연은 서로 다른 별에 살면서 어긋난 시간의 차이를 겪는 듯 모니터 화면을 통해 과거와 미래를 오간다.

오한이 들어 떨리는 몸을 간신히 추스르며 별을 즐겼다. 내가 설경구라면 저기 보이는 별빛 중에는 전도연이 있을지도 모른다. 그 전도연의 별빛은 얼마나 오래전에 출발한 것일까? 엄청나게 오랜 과거를 현재의 내가 보고 있다는 생각을 하니 신비한 생각이 들었다. 만약 지금 저 별에 있는 생명체가 지구를 본다면 그것 또한 엄청난 시차를 가진 과거를 보는 것일 게다. 인류가 태어나기도 훨씬 전의 지구를 보고 있겠지.

잠깐 잠이 들었었는지 눈을 떠보니 밖이 훤해지고 있었다. 별이 뜬 채로 하늘과 호수의 경계선에 붉은 기운이 물들기 시작했다. 별이 떠 있는데도 햇빛의 붉은 기운이 지평선에 드리웠다. 별빛과 햇빛이 한 자리에서 들어오고 나오는 교차의 순간이었다. 별들이 점차 사라지고 호수면과 하늘색은 완전하게 하나가 되었다. 우리는 참으로 단순한 풍경 속에서 자연에 감동한다. 멀리 하늘의 경계에 구름이 끼어 해는 제 모습을 감춘 채 하늘 위로 떠올랐다.

해가 뜨면서 몸이 좀 따뜻해졌다. 차에 흔들리면서 다시 시내로 들어왔을 때는 8시가 넘어 있었다. 아침도 먹지 못한 채 침대에 누워 오한을 다스렸다. 정신을 차렸을 때는 점심때가 지나 있었다. 여행 중에 이렇게 큰 몸살을 앓는 것은 비상약을 준비하면서도 실제로 일어나리라고는 생각하지 않았었다.

한낮에 보는 백색의 우유니

우유니에서 칠레의 산페드로데아타카마(San Pedro de Atacama)까지는 장거리 버스를 이용하면 약 12시간에 갈 수 있다. 그러나 그 사이에 전개되는 안데스의 경관을 즐기려면 2박 3일의 투어를 신청해 가는 것이 좋다. 투어는 우유니 사막의 새로운 경관을 즐기면서 시작되었다.

두 젊은이가 소금의 백색 평원에서 아름다운 추억을 만들고 있다.

우유니 소금평원은 어디에 눈을 두어도 미니멀리즘으로 완성된 한폭의 그림이다.

여행 45일째, 2019년 4월 5일. 어젯밤 푹 잔 탓인지 열이 떨어지고 몸이 개운해졌다. 그리고 2박 3일의 칠레행 투어 차량인 토요타 SUV에 몸을 실었다. 차는 두 대로 일행은 가이드와 요리사를 포함하여 여덟 명이다. 처음 차가 선 곳은 어제 제대로 보지 못한 물이 없는 우유니 소금호수였다. 물이 없는 소금호수는 소금사막이다. 소금사막은 흰 빛의 잔치였다. 모래 벌판으로 이루어진 곳도 있으나 그 모래흙 역시 소금 덩어리다.

부르기를 소금호수라 하지만 이곳은 물이 없는 건기에는 소금밭이고 비가 오는 우기에는 소금호수가 된다. 건기의 소금밭은 육각형의 결정체 모양이 넓은 평원을 덮고 있어서 그 또한 장관을 이루는데 내가 갔을 때는 볼 수 없는 풍경이었다. 우기라고 해도 고도가 약간 높은 일부 지역은 물이 없다. 우유니 소금호수를 조금 지나면 흰색의 소금벌판이 끝없이 펼쳐진다. 마치 시베리아의 설원에 온 듯하다.

약 4만 년 전에 이곳에는 거대한 염호가 있었다고 한다. 긴 시간이 지나는 동안 여러 과정을 거쳐 물이 마르면서 지금과 같은 소금밭이 여러 개 생겨났다는데 그중에서도 가장 큰 것이 우유니 소금밭이다. 이전에 미국 데스밸리를 지날 때에도 이러한 소금밭을 본 일이 있었지만 이렇게 넓은 소금의 바다가 있으리라고는 상상도 할 수 없었다.

이 소금밭은 고저차가 거의 없이 평면으로 이루어져 있으며 우기에 물이 차는 경우에도 전체의 호수 깊이가 평균 1미터 내외라고 하니 세계에서 가장 얕은 바다 같은 호수라 할 것이다. 소금호수 한가운데는 이러한 지질학적 역사를 보여주는 섬이 하나 있다는데 이번 일정에는 포함되지 않아 가볼 수 없었다.

공동묘지로 간 기차들

우유니 시가지에서 그리 멀지 않은 사막에 관광객들에게 인기를 끄는 곳이 하나 있다. 기차의 공동묘지이다. 나는 가는 곳마다 그 지역의 무덤에 관심을 가지고 찾는 경우가 많기는 했지만 기차 공동묘지는 그리 큰 관심을 주지 못했다. 그러나 대부분의 관광객들은 무척 흥미 있어하는 듯했다.

남자 친구의 모자를 고르는 것일까?
한 관광객이 기념품을 고르고 있다.

녹슨 트럭조차 이제는 관광 상품이 되었다.

마을의 젊은 엄마가 아기를 업고 재운다.

모래 언덕 뒤의 녹슨 기차가 마치 구름위를 달리는 듯 보인다.

볼리비아가 광산업이 한창 성할 때 이곳은 볼리비아와 태평양을 연결하는 철도 수송의 중요한 기지였다. 주요 광물은 금, 은, 주석 등이었다. 그러나 이미 몇 차례 말한 바와 같이 태평양 전쟁으로 태평양의 항구를 칠레에 빼앗긴 볼리비아는 광물 수송의 길이 끊어지고 철도도 자연 폐기된 곳이 많아졌다. 당시 우유니는 철도 교통의 중심지였을 뿐 아니라 기차의 수리 공장도 가지고 있었는데 열차 수송이 중단되면서 모두 문을 닫게 되었다. 그때 우유니에 있었던 기차들이 여기 이 사막에 버려진 것이다. 볼리비아를 여행하면서 수 차례 태평양 전쟁에 대한 이야기를 듣고 관련 유적을 보았지만 여행길이 길어질수록 이 전쟁이 볼리비아에 준 피해는 정말 여러 방면에 걸쳐 있음을 확인할 수 있었다.

사막에 버려진 기차들은 소금기 가득 품은 바람에 쓸려 여기저기 녹이 슬고 철판들이 떨어져 나가 마치 수백 년 전의 고철 덩이처럼 보였다. 기차 철도가 지나가는 나지막한 언덕 뒤로 보이는 기차의 잔해들이 마치 구름 위를 달리는 듯 보였다. 그 위에 젊은이들이 올라가서 걷는 모습은 천국행 기차를 타고 하늘로 가는 듯한 착시가 일어났다.

사람들은 무덤을 쓰기는커녕 땅에 묻지도 않았지만 이곳을 기차의 공동묘지라 불렀다. 공동묘지가 관광 자원이 되는 예는 그리 흔치 않지만 이곳은 이제 세계적인 명소가 되었다. 그것도 녹슨 기차의 폐기물들이.

기차의 공동묘지를 지나 철길이 지나는 마을은 이제 관광객들에게 기념품을 파는 것으로 살아간다. 마을 옆의 철도 주변은 폐플라스틱 쓰레기가 넘쳐 나고 기념품 시장 옆 골목에는 언제 적에 폐기된 것인지 녹슨 트럭 한 대가 관광객들의 눈길을 끌고 있었다. 이곳은 기차뿐 아니라 기차의 전성시대에 사용했던 모든 폐기물들이 관광 상품이 되어 있는 기이한 곳이기도 했다.

20

화산과 호수 그리고 플라밍고의 땅

실로리 사막

우리는 칠레로 간다

칠레로 가는 첫째 날 잔 곳은 우유니 깃발 광장의 건너편 산기슭에 자리한
'호텔 델 살루나 살라다' 즉 소금 살롱 호텔이란 곳인데 호텔이라는 이름에는
걸맞지 않지만 불편한지는 모르고 잤다. 하기야 이런 환경에서 불편하고 편하
고를 따질 형편은 못 된다.

본격적인 칠레행 일정은 오늘부터라고 할 수 있다. 두 대의 토요타 SUV에
나누어 탄 일행 중 한 팀은 아시아계의 4인이고 또 한 팀은 남미계의 3인이
다. 혼자 가는 사람은 나 하나이고 나이가 많은 사람도 나 하나뿐이다. 나는
아시아팀에 합석했다. 서로 인사도 없고 인사하려는 사람도 없다. 그냥 자기
팀끼리 이야기를 주고받으며 가는데 나중에 아시아 팀의 여성 멤버 하나가 나
에게 어디서 왔느냐고 물었다. 한국이라고 하니 반갑게 악수를 청하며 '안녕
하세요?'하고 한국어로 인사를 했다.

숙소 앞에서 본 아침의 소금호수. 오색의 평행선으로 장식된 벌판 위로 삼각형의 검은 산이 추상화가 되어 눈에
들어왔다.

309

훌라카 마을을 통과하는 철로가 벌판에 도열한 전봇대와 함께 안데스를 넘는다

이제는 지구 반대편에서도 한국말을 건네는 외국인들이 제법 있다. 그녀는 말레이시아에서 왔다고 하는데 일행에는 중국인도 있었다. 호기심에서 시작하여 한국어를 배웠다고 했다. 한국에는 가본 적이 없단다. 칠레 국경을 넘을 때까지 이런저런 주의사항을 알려주었는데 좀 성가시긴 했으나 한편으로는 고맙기 짝이 없다. 머리 허연 한국 노인이 이런 곳에 혼자 다니니 걱정이 많이 되었던 모양이다.

지프차의 머리는 줄곧 칠레의 산페드로데아타카마가 있는 남쪽으로 향한다. 안데스 고원의 경관은 참으로 다양하다. 차는 넓은 습지의 계곡을 지나기도 하고 붉은 플라밍고가 있는 호수를 지나기도 한다. 갑자기 커다란 바위들이 등장하기도 했다가 땅 속에서 뜨거운 증기가 솟아나는 간헐천을 만나기도 한다.

안데스의 고원지대 알티플라노는 라파스의 남쪽에서 칠레 너머까지 이어진다. 가장 높은 고갯길의 해발 높이가 5000미터를 넘는다. 차가 지나는 양쪽으로는 만년설이 덮인 봉우리들이 멀리 가까이 지나가는데 대부분은 화산들이다. 화산의 사이사이에 있는 계곡에는 붉은 호수들이 많으며 호수에는 붉은 날개의 플라밍고들이 집단으로 서식한다. 칠레로 가는 길은 안데스의 여러 가지 모습을 보여줄 것으로 기대된다.

죽은 자들이 지키는 유령 마을 훌라카

우유니 소금 사막을 벗어나 처음 만난 도시는 훌라카(Julaca)라는 곳이다. 차가 잠시 머무는 동안 머릿속에 든 생각은 고스트 타운 즉 유령의 도시였다. 해발 3665미터의 높은 고원에 흙벽돌로 지어진 허술한 집들이 사막의 모래바람 속에서 주인 없이 버티고 있다. 지금도 기차가 다닌다고 하는데 주로 화물차라고 하며 그나마 훌라카에서는 서지 않는다고 한다. 그래서 역 건물은 이미 폐기된 지 오래이고 기차가 다닌다는 흔적은 녹슬지 않고 반들거리는 철로의 윗면뿐이다.

고스트 타운 같다고는 하지만 마을에 사람이 전혀 안 사는 것은 아니다. 마을에 사람이 산다는 것을 보여주려는 듯 한 중년 여성이 과나코 떼를 몰고

무너진 역사를 보면 이 역은 기차가 안 다니는 것 같지만 가끔 화물 열차가 서행으로 통과한다고 한다.

벌판을 지나고 있었다. 조금 있으려니 또 한 여성이 아무도 없는 마을 뒷길을 걸어 무너진 집 사이의 골목길을 빠져나가고 있었다. 지금 마을 주민은 60명 정도라고 한다.

마을 북쪽으로는 멀리 눈 덮인 산봉이 보이고 산과 마을 사이의 벌판에 공동묘지가 있었다. 사람 없는 마을 뒤에서 죽은 자들이 마을을 이루고 있는 무덤 떼 위에서 십자가들만 오전의 따뜻한 햇살 아래 빛나고 있었다. 텅 빈 폐허의 마을을 죽은 자들이 채워 주고 있는 것이다. 그래도 머리에 빨간색 실장식을 한 과나코들이 벌판과 텅 빈 마을의 골목에 한낮의 활기를 불어넣어 주었다. 이번 여행길에서 훌라카는 스쳐 지나가는 곳이긴 했으나 참으로 설명하기 어려운, 삶과 죽음에 관한 묘한 느낌을 주는 곳이었다.

지금은 폐허로 변해 버렸지만 훌라카 주변은 은광이 많이 있었다. 훌라카가 있는 포토시라는 지역은 세계적인 은광 지역으로 알려진 곳이며 16세기에는 전 세계 은 생산의 60퍼센트가 이곳에서 생산되었다고 한다. 세르반테스가 돈키호테에서 특별한 부의 땅으로 언급한 곳이라고 하니 당시 유럽인들에게는 이곳이 황금의 땅 엘도라도처럼 꿈의 이상향이었을지도 모른다.

20세기 초 미국의 부치 캐시디와 선댄스 키드라는 유명한 콤비 은행강도가 경찰에 쫓겨 이곳 볼리비아의 포토시 지역으로 도망 와서 활동하다가 죽었다고 하는데 그들이 이 먼 곳까지 온 것도 이곳이 은광으로 유명하기 때문이었을 것이다. 그들이 죽은 곳은 여기서 100킬로미터 정도 떨어진 산빈센테

다 무너진 골목길을 지나가는 주민

폐허로 변한 마을에도 약간의 주민들이 살고 있다.

라는 곳이며 이곳 훌라카도 그들의 활동 무대였다고 한다. 활동이라고 해야 은행을 터는 것이다. 이 갱들의 이야기는 폴 뉴먼과 로버트 레드포드가 나온 〈내일을 향해 쏴라〉(Butch Cassidy and the Sundace Kid, 1970)라는 영화로 소개되어 있다.

훌라카를 지나 처음 쉬었던 계곡의 습지는 지금까지 지나온 우유니 지역과는 너무 다른 초록의 세계였다. 여러 종류의 새들이 이끼류가 주로 덮인 습지를 날아다니며 벌레를 잡는다. 근처에는 농가도 있었는데 노인 부부가 땔감을 준비하고 있었다. 이런 관광객들의 차량이 지나가지 않으면 이곳은 종일 자연의 소리뿐 사람과 기계의 소리는 들을 수 없을 것이다.

돌로 만든 동물의 정원

황량한 모래밭을 달리던 차창 밖으로 갑자기 커다란 바위들이 나타나기 시작했다. 바위들은 마치 누군가가 어디서 이 벌판으로 운반해 온 듯 느닷없이 등장했다. 바위들 중에는 독수리나 말 같은 동물 모양이 많이 보였는데 바위 하

바위에 난 커다란 구멍으로 보이는 실로리 사막 풍경.
여우 한 마리가 지나간다.

푸나그라스 군락지에 안데스 여우가 서 있다.

진짜 나무처럼 서 있는 나무 바위

돌의 계곡에는 수많은 돌들이 강물처럼 흐른다.

콘돌 바위 밑에서 본 풍경

나하나를 보면 다 어떤 동물들의 모양을 깎아 늘어놓은 전시장 같기도 했다. 철분이 많이 섞인 바위들이 오랜 풍상을 겪으면서 여러 형태로 깎여 지금 우리가 보는 작품으로 되었다고 한다. 돌 조각품의 전시장 같은 계곡은 약 16킬로미터 계속되고 그 사이사이에는 플라밍고의 군무를 감상할 수 있는 아름다운 호수도 있다.

사막에는 여우 두 마리가 어슬렁거리고 있었다. 쿨페오라고 부르는 안데스 여우이다. 여우들은 털갈이를 하고 있어 아름다운 털들이 흉하게 빠지기는 했으나 고맙게도 내 사진 앵글로 들어와 움직이지 않았다. 모래밭에는 너무 오래되어 글자를 읽을 수 없는 녹슨 안내판이 하나 있었는데 여기가 국립 안데스 동물 보호 구역임을 알려주고 있었다. 안데스의 여우도 이제는 멸종 위기종이라고 하니 털 빠진 흉한 모양새일지언정 소홀히 대할 수 없는 귀한 존재임을 부정할 수 없다.

이 사막은 북쪽으로 우유니 소금사막과 연결된 실로리 사막이다. 서쪽과 남쪽으로는 안데스 산맥과 붙어 있고 산맥 뒤는 칠레의 아타카마 사막으로 넘어간다. 실로리 사막은 푸나라는 풀이 자라는 소위 드라이 푸나 생태 지역의 일부이다. 바위들이 있는 곳에서 눈을 돌리면 마른 푸나 풀이 마치 고슴도치 떼가 몰려오는 것처럼 멀리 모래밭 위로 깔려 있다. 현재 이 푸나 생태 지역은 웨트 푸나 지역(wet puna grassland)과 드라이 푸나 지역(dry puna grassland)으로 나뉘는데 지금 지나고 있는 곳은 드라이 푸나 지역에 속한다. 생태학자들은 목축이나 농업 도시의 확장 그리고 기후위기 등으로 인한 푸나 지역의 훼손에 각별한 관심을 쏟고 보존 대책을 연구하는데 쉽지 않은 모양이다. 여행자의 눈앞을 스쳐가는 아름다운 자연 풍경들도 그 아름다움을 지키기 위해서 무한한 노력과 비용이 필요하다는 것을 알려주는 그런 풍경이기도 했다.

　나는 이 바위 계곡을 어슬렁거리다가 흥미로운 이끼 비슷한 식물을 보게 되었다. 그것들은 여러 개로 연결된 동그스름한 표면에 융단처럼 보드라운 초록색 털이 덮여 있고 폭신한 탄력이 느껴지는 아름다운 식물이었다. 큰 바위 얼굴 하나가 폭신한 융단 베개를 여러 개 겹쳐 베고 멀리 지평선을 바라보고 있었다.

야레타를 베고 지평선을 바라보는 큰 바위 얼굴

야레타라는 이 신기한 식물은 아소레야 콤팍타라고도 하는 이끼 비슷한 식물이다. 그런데 검색을 해보니 놀랍게도 이끼가 아니라 관목 종류라고 한다. 폭신하게 보이는 둥근 표면 위로 마치 엄청나게 작게 키운 분재 향나무처럼 보이는 나무 가지들이 나 았는 것이 보였다. 안데스의 3800에서 5200미터 정도의 고원 지역에서 자라는 야레타는 현지 주민들에게 연료로 쓰이기도 하고 몸이 아픈 사람들에게는 약재로도 사용된다고 한다.

야레타는 중심부에서 주변부를 향해서 매우 느리게 자란다. 고산 지대의 식물은 자라는 속도가 매우 느리며 키도 크지 않다. 느리게 크는 대신 야레타는 수명이 무척 길다. 수백 년에서 수천 년까지 살 수 있다고 하는데 그러한 장수 식물이 이처럼 보잘것 없게 보이는 이끼 같은 풀이라는 걸 알게 되면 갑자기 마음속에 경이로움이 생기게 된다. 삼천 년을 살았다는 캘리포니아의 거대한 나무인 세쿼이아 밑에서 느낀 경이로움과는 그 질이 다르다.

안데스의 화산 지대에서 야레타가 다른 식물에 비해 더 특별한 존재로 자리매김하는 것은 화산의 폭발 연대를 알려준다는 데 있다. 야레타는 1년에 1.3밀리미터에서 3.5밀리미터 정도 자란다고 한다. 그리고 어느 정도 자라고 나면 밑에서 자란 것은 죽게 되는데 그 위에 새로운 싹이 나서 성장하고 또 그것이 죽으면서 그 위에서 새 싹이 돋아 성장한다. 이러면서 일정한 죽은 층을 형성하게 되는데 그 죽은 층에서 추출한 유기물의 방사성 탄소(C_{14})를 채취하여 연대를 측정한다. 야레타의 가장 아래층의 연대는 그 야레타가 자란 화산이 폭발된 이후이며 이러한 것을 이용하여 화산의 폭발 연대를 측정할 수 있다는 것이다.

또한 야레타를 이용한 연대 측정은 화산뿐 아니라 지진이나 산사태 같은 지질학적 현상이 언제 일어났는가를 알아내는 데도 유용하게 이용된다고 한다. 이러한 방법은 지질학이나 고고학에서 사용하는 층위학적 연대측정방법과 동일한 것이라서 흥미로웠다.

설산과 사막에 생명을 주는 붉은 호수들

돌의 계곡을 지나면서 한 호숫가에서 점심을 먹었다. 점심 식사는 함께 온 요리사가 만들어 주었는데 생각보다 맛있었다. 호수는 붉은색 플랑크톤으로 인해 물이 붉게 채색된 듯 보였고 그 위를 플라밍고들이 걸어 다니며 먹이를 더듬고 있었다. 플라밍고들은 부리가 기역자로 휘어져서 호수 바닥을 훑기에 매우 적합했는데 나는 그들이 머리를 들고 걷거나 날기를 기다리고 있었지만 그들은 좀처럼 머리를 들지 않은 채 소금이 깔린 호수 바닥만 훑고 있었다.

호수의 이름은 카치 호수이다. 호수가 있는 곳은 해발 4470미터로 꽤나 높은 곳이다. 그런데 플라밍고들이 서 있는 것을 보면 호수 한가운데라고 해도 깊이가 플라밍고의 발목이 잠길 정도밖에 되지 않았다. 여기도 물이 마르면 아마도 우유니 소금 사막처럼 변할 것이다.

플라밍고들이 붉은 날개를 가진 것은 바로 호수 바닥의 붉은색 플랑크톤을 먹기 때문이라는데 그래서인지 새끼들의 등에는 부드러운 갈색 털이 덮여 있었다. 푸른 하늘과 눈 덮인 안데스 연봉 그리고 붉은 호수의 수면 사이를 날아다니는 플라밍고들은 아름다운 예술 작품을 만들어 주는 예술가에 다름 없었다.

안데스에 서식하는 플라밍고는 안데스 플라밍고, 칠레 플라밍고, 하메

카치 호수에서 본 눈 쌓인 안데스 연봉

콜로라다 호수 사진은 서로 다른 두 장의 사진이 아니라 붉은 호수가 끝나는 부분에 하얀 소금이 말라 흰 띠를 이루고 있는 것이다. 소금 띠 위의 모래땅으로 투어 지프가 달려간다.

스 플라밍고 등 세 종류가 알려져 있다. 이곳 카치 호수의 플라밍고는 그중에서 가장 체구가 작은 하메스 플라밍고이다. 대체로 제임스 플라밍고로 알려져 있으나 남미에서는 스페인어 발음으로 하메스로 읽는다. 이 새는 앞에서 설명한 드라이 푸나 그라스 지역에 많이 서식하기 때문에 푸나 플라밍고라고 부르기도 한다. 카치 호수에서는 매우 가까운 곳에서 하메스 플라밍고를 관찰할 수 있었는데 이들이 물 위에서 수평으로 날 때 목과 두 발이 수평으로 쭉 뻗은 모양은 큰 비행기가 이륙하는 듯한 멋진 포즈를 보여준다.

실로리 사막을 지나면서 가장 큰 붉은 호수는 콜로라다 호수이다. 콜로라다라는 말은 '채색된'이라는 뜻이다. 호수의 물빛이 붉은 색이라서 붙은 이름이다. 내가 갔을 때 호수는 왼쪽으로는 붉은색이 그리 뚜렷하지 않았고 오른쪽은 붉다 못해 새빨간 물색을 보여주고 있었다. 지금까지 본 중에서 가장 많은 플라밍고들이 호수 왼쪽에 몰려 바닥을 훑고 있었다. 라구나 콜로라다 호수를 비롯한 일대의 호수들은 모두 람사르 습지에 등재되어 있다.

오후 해가 제법 기울었을 때 도착한 곳에는 끓는 진흙 웅덩이들 위로 하얀 증기가 하늘로 뿜어 올라가고 있었다. 이곳은 전체가 지열 지역으로 아직도

카치 호수. 만년설이 덮인 안데스의 봉우리들. 아래쪽 호수에 점점이 플라밍고들이 보인다.

솔데마냐나 간헐천. 모래의 구릉과 그 사이에서 끓어오르는 흰 증기들로 일대는 신선들이 사는 곳 같은 착각을 일으키게 한다

화산 활동이 계속되고 있으며 여기저기 끓는 진흙의 연못이 군데군데 있었다. 스마트폰에 찍힌 해발 높이는 4898미터다. 높은 고도로 인해 숨을 헐떡여야 했으나 끓는 진흙과 솟구치는 흰 김 속에 사람들이 다니는 모습이 이곳을 신선계처럼 보이게 했다.

저녁에 도착했지만 이곳의 이름은 아침의 태양(Sol de Mañana)이다. 아침에는 지상 50미터까지 증기가 하늘로 솟구친다고 하는데 그래서 붙은 이름인 듯했다. 숙소에 도착했을 때는 보기 좋게 빗긴 석양 빛이 앞 산 끝자락에서 마지막 볼거리를 만들고 있었다. 산봉우리들이 서서히 붉게 물들다가 마침내 하늘 끝에 겨우 남았을 때 하늘을 가로질러 새 한 마리가 집으로 돌아가고 있었다. 그리고 안데스의 붉은 하늘이 완전히 사라졌다. 숙소가 안데스를 등지고 있기 때문에 지금 앞에 보이는 하늘과 눈 덮인 산맥은 아직 볼리비아의 하늘이고 산이다. 이제 마지막 저녁 노을을 볼리비아 땅에 내려 놓는다.

우리가 잠자리로 정한 이 숙소는 피에드라에콜로지코 호텔이다. 호텔 앞에는 크지 않은 호수가 있었는데 아마도 비가 적은 건기에는 물이 줄어들어 지금보다 더 훨씬 좁은 수면을 보여줄 것으로 생각되었다. 숙소 가까이에는 온천이 있고 아침에 일찍 일어나면 온천을 즐길 수 있다고 하지만 아마도 내게는 불가능한 혜택일 것임에 틀림없다.

21

안데스의 서쪽 끝

산페드로데아타카마

마지막 안데스를 볼리비아에 남겨두고

2019년 4월 7일. 안데스의 마지막 날 아침. 해는 아직 안데스 동쪽 볼리비아의 산 아래에서 나오지 않고, 햇빛이 산 뒤에 숨어 구름을 붉게 물들이며 볼리비아의 마지막 새벽 하늘을 불태우고 있었다. 숙소의 앞에는 무럭무럭 김이 올라오는 폴케스 온천이 있었고 온천수에는 사람뿐 아니라 새 떼들도 따뜻한 목욕을 즐기고 있었다. 안데스에서의 마지막 아침은 고요하고 평화로웠다.

숙소를 출발한 차가 안데스의 동쪽 사면을 느리게 올라갔다. 고도 4800에서 5000미터를 넘나드는 길가의 풍경이 서서히 달라지기 시작했다. 멀리 보이던 눈 쌓인 봉우리들이 바로 앞 언덕 뒤에 우뚝 솟아 있고 산 밑의 붉은 호수들도 보이지 않았다. 그리고 안데스 능선 위로 오르면서 새로 보이기 시작한 모래 언덕들은 풀 한 포기 없이 누가 새벽에 일어나 비질이라도 한 듯 했다.

산 밑으로 여행자들을 실은 지프차들이 먼지를 일으키며 달려왔다. 아침 안개가 두텁게 떼를 두르고 있었는데 안개는 차들이 일으킨 먼지와 뒤섞여 산의 아랫도리를 가려주었다.

완만한 산의 사면 위에 여기저기 돌덩이들이 마치 누가 일부러 가져다 놓

볼리비아에서 보는 마지막 아침놀

폴케스 온천에서 새떼들이 아침 목욕을 즐긴다.

살바도르 달리 사막을 가로질러 안데스를 넘는 차량들

은 설치 작품처럼 보기 좋게 배치되어 있었다. 그것은 마치 자연이 인공을 흉내낸 듯한 기묘한 풍경이었다. 이 모래밭은 흥미롭게도 살바도르 달리 사막이라는 이름이 붙어 있다. 살바도르 달리는 스페인 출신의 초현실주의 화가인데 작가 자신은 이 사막에 대해서 전혀 알지 못했다고 한다. 달리의 그림에는 그가 그리는 주제의 배경으로 이곳에서 보는 것과 비슷한 사막 풍경이 사용되고 있음을 볼 수 있는데 아마도 사람들이 그런 데에 연유하여 붙인 이름일 것이다.

볼리비아의 길, 칠레의 길

마침내 안데스 고갯길 꼭대기에서 차를 내렸다. 스마트폰으로 확인한 고도는 해발 4523미터였다. 출입국 관리 사무소는 작고 볼품이 없었다. 뒤로 해발 5604미터의 세로토코 화산이 마치 나지막한 동네 뒷산처럼 모래 언덕 위에 올라앉아 있었다. 보기 싫든 좋든 세로토코 화산은 칠레의 영토에 있는 칠레의 산이다. 볼리비아 출입국 관리소에서 출국 수속을 하고 다시 좀 떨어진 칠레 출입국 관리소에서 입국 수속을 해야 한다. 볼리비아 직원들은 무뚝뚝했지만 쉽게 여권에 도장을 찍어 주었다.

그 맞은편에는 후리케스 화산이 있는데 그 산도 분화구는 몽땅 칠레 것이다. 안데스의 능선을 중심으로 만든 국경선이지만 볼리비아는 뭐 하나 제대로 차지한 게 없는 듯 보인다. 내가 꼭 볼리비아의 편을 들 이유는 없지만 볼리비아를 벗어나면서 국경선을 보는 마음이 그리 편하지 않다.

여기까지 우리를 태우고 온 볼리비아 관광 회사 지프 차와는 작별을 하고 칠레 출입국 사무소에 줄을 섰다. 칠레의 출입국 사무소는 볼리비아에 비해 규모도 크고 깨끗했다. 직원들도 친절하고 웃는 낯이었다. 그 나라 사람들의 친절은 그 나라의 소득 수준과 비례하는가? 물론 이건 순전히 나의 편견에 지나지 않을 것이다. 짐 검사를 대충 하고는 다시 백팩을 메고 버스를 타기 위해 길 가로 나갔다.

국경에서 보는 볼리비아 쪽 풍경과 칠레 쪽 풍경은 정 반대였다. 볼리비아 쪽이 높은 산악 지대의 풍경을 보여주는데 비해서 칠레 쪽은 완만한 모래의

리칸카부르 화산이 보이는 칠레 쪽 아타카마 사막 풍경.

작은 철탑은
볼리비아 영토를
표시한 표지판이고
그 옆에 칠레 영토를
표시한 큼직한
표지판이 있다.
표지판 밑으로 칠레의
산페드로데아타카마로
내려가는 포장도로가
보인다.

구릉이 이리저리 겹쳐지고 그 사이로 검은색 도로가 길게 이어지고 있었다. 검은색 도로, 그것은 포장 도로를 의미한다. 안데스에 들어온 이후 나는 포장 도로를 접한 일이 없다. 그것이 오히려 안데스의 자연을 만끽하는 재미를 주었다. 그런데 산봉우리 하나 보이지 않는 깨끗한 모래의 스카이 라인과 파란 하늘 그리고 새카만 포장 도로로 구성된 풍경은 한 가닥으로 이어진 길에서 보는 풍경으로는 신비하리만큼 차이가 컸다.

칠레와 볼리비아의 국경선을 중심으로 서쪽에는 칠레 공화국이라는 표지판이 있고 그 동쪽으로 바짝 붙어서 작은 철탑 위에 올려진 볼리비아의 표지판이 있다. 칠레 국가 표지판과 볼리비아 표지판의 규모와 그 이미지가 보여주는 느낌은 잘 사는 나라와 못 사는 나라의 차이뿐 아니라 그러한 경제적인 배경이 자아내는 어떤 당당함과 왜소함 같은 것이 보이는 것 같다.

칠레의 국가 표지판에는 칠레의 국장(國章)이 그려져 있었다. 국장의 중앙에는 방패가 있고 방패는 빨간색과 파란색을 아래 위로 나뉘어 칠해졌다. 방패 가운데는 큰 별 하나가 있는데 이 방패는 지금 칠레 국기를 구성하는 요소들이다. 그리고 아래쪽 공간 꽃무늬 덩굴 위로 칠레에서 국가적으로 내세우는 국가 표어가 쓰여 있다.

"이성 혹은 힘으로"

이 말은 정의의 상징인 저울과 칼에서 온 것으로 보이지만 국가와 국가가 서로 맞닿아 있는 국경선에서는 좀 더 다른 의미로 읽혔다. 지금 칼로 긋듯이 나누어진 안데스 산 능선 위에 칠레의 국가 영토로 선언된 푯말은 19세기의 끝 무렵 볼리비아로부터 힘으로 빼앗은 결과라는 것을 웅변하는 것으로 보였기 때문이다.

안데스의 동쪽 사면을 올라오면서 길 아닌 길, 포장되지 않은 정도가 아니라 때에 따라서는 차가 가니까 길인, 그러한 길을 계속 달려왔다. 이제 저 작은 볼리비아 표지판을 지나면 반듯한 포장도로가 산 밑으로 이어진다. 자동차는 갑자기 흔들림을 멈추고 매끄러운 아스팔트를 달리는 슬라이딩 보드처럼 스르르 미끄러지기 시작했다.

오늘이 멕시코시티에 들어온지 47일째이다. 그런데 길가의 이정표가 산페드로데아타카마까지 47킬로미터라고 알려주고 있었다. 우연히 겹친 두 숫자가 묘하게 가슴에 들어왔다. 볼리비아의 코파카바나에서 입국 수속을 한지 11일째 드디어 이번 여행의 마지막 나라 칠레로 들어왔다.

볼리비아에서 칠레로 넘어가는 안데스 고갯길 좌우는 모두 원뿔 모양의 성층 화산들이 도열해 있다. 버스 차창으로 보는 화산들은 마치 파란 병풍 앞에 누군가 깎아 진열한 조각품 같다. 도로를 내려가면서 오른쪽에는 리칸카부르 화산(5920미터)과 후리케스 화산(5704미터)이 나란히 서 있고 왼쪽으로는 세로토코 화산(5604미터)이 우뚝 솟았다.

칠레의 첫 인상, 산페드로데아타카마

산페드로데아타카마는 내게 그리 호감이 가는 곳은 아니었다. 도착하자마자 안데스의 피로가 온몸을 덮쳐 왔다. 한잠 자고 일어났으나 아직도 해는 중천에 있었다. 골목으로 나왔으나 그리 흥미가 당기는 곳이 없었다. 옷 가게, 음식점, 카페, 기념품점, 호스텔 등이 골목을 꽉 채우고 있었다. 그 골목으로 어마어마한 인파가 흘러 다녔다. 이 많은 사람들이 모두 어디서 모여들었는지 신기했다. 그리고 그 많은 사람들 중에 볼리비아와 페루에서 흔히 보았던 원주민 여성들의 옷차림은 하나도 볼 수 없었다. 산 하나 넘어왔을 뿐인데.

시내의 풍경으로 눈을 끄는 것으로는 마을 중심에 있는 성당 건물이 유일했다. 성당은 이번 여행에서 내가 지금까지 본 것 중 가장 작고 아담했다. 이 번잡한 마을에서 가장 마음에 드는 장소였다. 성당 마당만큼은 사람도 없이 한적했다.

점심을 간단히 해결하고 골목을 빠져나와 마을 밖의 사막으로 나왔다. 산 책을 하면서 피로를 풀 요량이었다. 카페에 앉아 차를 한 잔 하면서 쉴 수도 있었으나 사람들에 치어 편히 쉴 수 있을 것 같지 않았다. 사막은 황량하지만 오히려 나를 편하게 해주는 것들이 많았다. 작은 풀, 야생화들, 모래 벌판에 홀로 선 나무 한 그루를 바라보는 것만으로도 마음이 편해졌다.

나무 밑에서 땀을 식히다가 맞은편에 보이는 건물 쪽으로 걸음을 옮겼다. 건물은 학교였는데 한창 수업 중이었다. 학교 담벼락에는 원주민 아타카메뇨 스의 생활을 담은 벽화가 그려져 있었다. 그림에는 양치기처럼 보이는 목동, 식물의 싹을 들고 있는 여인, 좁은 주둥이에 사람 얼굴이 있는 토기, 나물 다 듬는 여성, 발가벗은 채 뭔가 들은 주머니를 든 아기, 옷감 짜는 여인, 아기 를 업고 있는 여인 등이 한 줄로 길게 배치되어 있었다. 여자들은 모두 긴 머 리를 풀어 앞가슴 쪽으로 내렸거나 한쪽으로 길게 땋고 있으며 분홍이나 파 란색 세로줄 무늬 또는 붉은색의 무늬 없는 옷들을 입고 있다. 식물의 새싹을 쥐고 있는 여인은 하늘색의 옥구슬 목걸이를 하고 있으며 모든 여성들이 팔찌 를 하고 있다. 붉은색 옷을 입은 목동으로 보이는 남자는 빨간 망토를 어깨에 덮었다. 사람들의 배경으로 그려진 집은 흙벽돌의 벽체에 아치형 출입구가 보 인다. 이 그림의 내용을 이렇게라도 자세하게 설명하는 이유는 이후 내가 칠 레에서 원주민의 모습을 본 일도 또 그들의 생활상을 묘사한 그림도 보지 못 하였기 때문이다.

이 지역의 원주민은 아타카메뇨스라고 부르는 사람들이다. 이들은 산페드 로데아타카마의 오아시스에 의존해 살면서 수백 년간 바구니와 도자기 등을 만들며 살아왔다. 지금 골목 안에서 파는 기념품들은 대부분 그들의 작품이라 고 한다. 그러나 그들은 안데스 저쪽에서처럼 전통 의상을 입지 않아 구별이 잘 되지 않을뿐더러 워낙 인구도 적다. 칠레 정부는 이 아타카마 사막을 두고 벌인 태평양 전쟁에서 이긴 후 볼리비아와의 끊임 없는 영토 분쟁을 끝내는 방법의 일환으로 남쪽 칠레 주민을 북쪽으로 대거 이주시켰다고 한다. 그 결과 아타카 마 사막에 사는 대부분의 주민은 남쪽에서 이주해온 이주민으로 구성되었다.

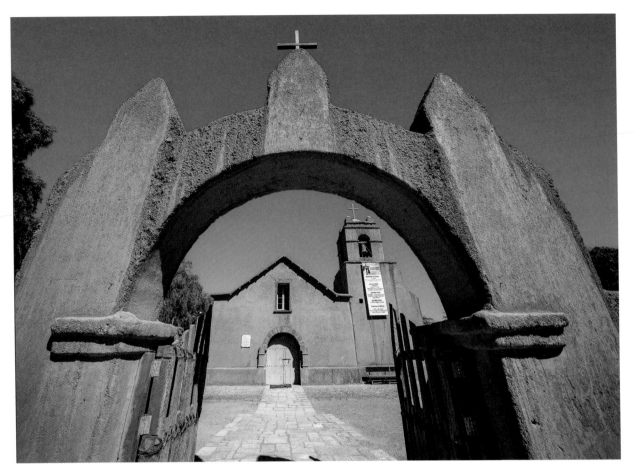

산페드로데아타카마 성당

원주민 아타카메뇨스의 생활을 그린 중학교 담의 벽화

칠레 전체의 원주민 비율이 5퍼센트에 불과하다고 하니 칠레 어느 지역에서도 원주민을 찾기는 어려운 게 현실이다. 산페드로데아타카마는 안데스 산맥의 능선 위, 즉 국경선에서 70여 킬로미터에 불과하지만 그쪽과 이쪽의 분위기는 천양지차이다.

숙소로 돌아오는 길에서 뭔가 크게 쓴 팻말을 들고 앉아 있는 젊은 남녀를 만났다. 그들은 브라질로 돌아가는 길이라고 했다. 팻말에 쓴 글씨의 뜻을 물어보니 대충 '버스를 놓쳤어요. 태워 주세요.'라는 뜻으로 들렸다. 이곳에서 직접 브라질로 가는 차는 없으니 우선 아르헨티나까지라도 가야 한다고 했다. 아르헨티나도 안데스 산을 넘으면 된다. 이곳은 볼리비아와 칠레 그리고 아르헨티나의 세 나라 국경이 모인 곳이다. 젊은이들에게 행운을 빌어주고 골목 안에서 간단한 저녁을 먹었다. 그날 밤은 침대에서 사흘간 쌓인 안데스의 피로를 풀었다.

22

아카타메뇨 그리고 땅의 역사

푸카라 요새와 달의 계곡

아타카메뇨의 역사를 밝힌 가톨릭 사제

산페드로데아타카마에 온 둘째 날은 빨래하고 숙소에서 그냥 쉬기로 했다. 우유니에서부터 가지고 온 빨래 거리가 제법 많다. 세탁실로 가서 빨래를 세탁기에 넣고 방으로 돌아와 잠시 잠이 들었었나 보다. 정신 차리고 세탁실로 가니 호텔 여직원이 다 된 빨래를 모두 꺼내서 바구니에 담아 놓았다. 방안 가득 빨래를 널어놓고 밖으로 나왔다. 그냥 방 안에서 무료하게 빈둥거릴 수 없어 박물관이나 찾아보기로 했다.

이곳에서 갈만한 박물관은 구스타보 르 페이지 박물관이 많이 알려져 있다. 인터넷 자료의 주소를 구글 지도에서 검색해서 천천히 걸었다. 내가 묵은 숙소는 시 중심의 동남쪽 끝자락이고 박물관은 북쪽 외곽이다. 끝에서 끝인 것 같은데 시 자체가 워낙 작아서 걸어서 시내를 관통하는 데 기껏 이삼십 분이면 족하다. 휴대폰으로 위치를 확인해가면서 천천히 산보 겸해서 박물관 쪽으로 걸었다.

지도에 표기된 박물관의 위치까지 갔다. 시가지에서 좀 떨어진 사막 모래밭에 따로 떨어진 곳인데 인터넷에서 본 박물관 건물이 없다. 얇고 허술한 담장 위에는 정말 오랜만에 보는 가시철조망을 둥글게 감아올렸고 대문 옆 담벼락에는 북부 가톨릭 대학교(Universidad Católica del Norte)라는 나무 현판이 걸려 있었다. 안을 들여다보니 컨테이너 건물들이 몇 동 있을 뿐 박물관으

컨테이너를 붙여 만든 박물관 건물(왼쪽)과 사무실 건물(오른쪽)

박물관 벽에 걸린 암각화 복제품 일부. 왼쪽 구석에 등이 굽은 인물이 있는데
이는 미국의 서남부 사막에서 흔히 볼 수 있는 소위 코코펠리라고 하는 인물상이다.

제의용으로 보이는 옷을 입고
가슴에 태양신의 얼굴을 품고 있으며
한 손에 창을 들고 있는 인물상의 암각

로 볼 수 있는 건물도 없고 사람도 찾아볼 수 없었다. 입구에 박물관 글자도 보이지 않으니 여기가 아닌 듯했다. 구글 지도에 의지해 근처 골목을 돌아다니다가 다시 찾은 곳은 처음 왔던 북부 가톨릭 대학교였다.

이번에는 마당에 어떤 사람이 나와서 꽃밭을 가꾸고 있었다. 그 사람에게 무세오(museo) 어쩌고 했더니 바로 앞에 있는 컨테이너 건물을 가리켰다. 이 박물관은 칠레 북부를 대표하는 안토파가스타 시에 있는 북부 가톨릭 대학교의 부속 박물관이었다. 건물 안으로 들어가니 거기 박물관 표를 파는 곳이 있었다. 표 파는 곳이라야 티켓 박스가 따로 있는 것이 아니라 복도 끝 테이블에 여직원이 앉아 표를 주었다. 카메라를 보더니 '노 카메라'라고 주의를 주었다. 그리고 책자를 하나 주었는데 유물 설명서였다. 이 설명서는 관람 시 참고하다가 나갈 때 돌려주어야 한다.

인터넷에 올라온 박물관 사진 속의 건물들은 아마도 헐린 듯했고 앞으로 새로 박물관을 신축할 계획인 듯한데 현재의 전시실은 유물 수장고를 겸하여 임시로 만든 듯했다. 유물의 내용은 시설에 비해서 상당히 충실했다. 아타카마 사막에서 발굴된 석기, 토기, 무덤 관련 자료들, 그리고 곡물류나 직물류 등이 건조된 상태로 전시되고 있었다. 소장된 유물은 총 삼십팔만 점이 넘는다고 한다. 그뿐 아니라 내가 관심을 가지고 있는 암각화 자료도 상당히 있으며 박물관 외부 벽에 암각화의 복제품이 일부 걸려 있었다. 앞으로 현장 답사 이야기를 쓸 때 소개하겠지만 아타카마 사막에는 암각화를 비롯해서 대규모의 땅그림 즉 지오글립스도 여러 군데 존재한다.

동물 그림은 세계 어느 곳의 암각화나 비슷하며 여기서도 쪼아 새기거나 갈아서 새긴 선각 그림들이 많았고 간단한 실루엣 형태의 면각 기법도 있었다. 선각화 인물상 중에는 미국 서남부 사막 지역에 있는 코코펠리(Kokopelli)라고 하는 그림과 매우 흡사한 것이 있어서 남미 서해안 쪽의 주민들이 북미 서남부 사막 지역과 관련이 있지 않을까 하는 생각도 했다. 코코펠리는 애리조나와 뉴멕시코 등지의 사막 지역에 있는 암각화로 등이 굽은 인물이 피리를 불거나 들고 있는 형태의 그림이다. 또 하나 흥미 있는 그림으로는 우주인 같은 옷을 입고 가슴에 태양신으로 보이는 둥근 얼굴을 새겨 넣은 것이다. 이처럼 가슴에 태양을 안고 있는 암각화의 사례를 중국의 내이멍꾸 지역에서도 본 적이 있어서 있어서 흥미롭게 보았다.

이 박물관은 아타카마 사막의 원주민들 즉 아타카메뇨의 문화를 속속들이 보여주는 귀중한 유물들을 소장하고 연구하는 중요한 기관이다. 박물관을 처음 만들게 된 것은 1950년대 이곳 가톨릭 교구의 사제로 부임한 구스타보 르 페이지(Gustavo le Paige)의 조사 연구에서 비롯되었다. 그는 덴마크 출신의 가톨릭 사제이면서 1955년 이곳에 부임해 온 뒤 20년 넘는 시간을 아타카마 사막의 고고학 조사와 연구에 바쳤다.

그는 아타카마 사막의 원주민의 역사를 고고학 연구를 통해 밝히는 것을 사제의 사명으로 삼았던 듯하다. 아타카마 사막의 척박한 환경 속에서 원주민들이 어떻게 그들의 문화를 발전시키고 유지시켜 왔는가 하는 것을 밝히는 것은 대단히 어려운 일이었다. 문헌 자료가 전혀 없음으로 고고학적 조사가 필수적이었기 때문이다.

구스타보 르 페이지의 20년에 걸친 연구는 아타카메뇨들의 사막에서의 생존과 문화적 계통을 밝혀내는데 엄청난 결과를 만들게 되었다. 이는 성경의 말씀을 아타카마에 심는 것 못지 않게 큰 성과를 낸 것으로 평가할 수 있을 것이다. 고고학자로서의 활동 외에도 그는 아타카마 지역에서 병원, 학교, 도로 등의 건설에도 힘썼고 그의 다양한 방면에의 헌신적 봉사로 인해 명예 시민권을 받는 등 칠레에서 외국인에게 주는 최상의 영예를 얻었다.

그는 1980년 5월 19일 산티아고에서 사망했으나 그의 유언에 따라 산페드로데아타카마에 묻혔다고 한다. 또 페이지 신부는 칠레 아이들의 동화책에도 등장하며 산페드로데아타카마 시내의 중앙 광장을 동서로 관통하는 도로 이름에서도 볼 수 있다. 이제 그는 산페드로데아타카마뿐 아니라 칠레 사람들에게 영웅적인 인물이 되었다.

박물관은 안토파가스타에 있는 북부 가톨릭 대학교에서 처음 설립한 것이며 현재 그 대학의 고고학 연구소를 겸하고 있다. 머지않아 컨테이너 신세를 면하고 첨단 시설을 갖춘 본격적인 박물관으로 개관할 예정이라고 한다. 그때가 기대된다.

안데스를 병풍 삼은 죽은 이들의 마을

박물관이 아타카마 사막 주민들의 조상이 남긴 유품 수장고라면 공동묘지는 그 유품을 남긴 사람들이 죽어서 사는 마을이다. 박물관에서 조금 떨어진 곳에 산페드로데아타카마의 공동묘지가 있다. 물론 이 묘지는 박물관 유물들을 남긴 사람들의 묘지는 아니지만 현재 산페드로데아타카마 주민들의 가까운 조상들의 분묘들이다.

흙벽돌의 토담으로 둘러싸인 공동묘지에는 크고 작은 여러 분묘들이 가득 차 있었다. 지금부터 죽는 사람은 어디 다른 곳으로 묘지를 정해야 할 정도로 빈 공간이 거의 없었다. 아타카마 사막이 아무리 넓어도 이 지역 주민들의 묘지로 쓰는 데는 한계가 있을 것이다. 유럽이나 미국이나 또는 서구의 어떤 곳을 여행하든지 나는 공동묘지를 찾아보곤 한다. 묘지에는 널리 알려진 역사적 인물의 묘도 있고 또 그 지역 사람들이 죽음에 대해 어떤 생각을 해왔는지를 알 수 있어서다.

안데스 산맥의 흰 눈 덮인 산봉들을 바라보는 이곳 사막의 모래밭에 다닥다닥 붙어 있는 죽은 이들의 집들을 보면서 이 집들이 이렇게 늘어가다가는 곧 죽은 사람들의 마을이 산 사람들의 마을을 추월할 수도 있겠다는 생각이

산페드로데아타카마의
공동묘지 정문

345

안데스를 배경으로 우뚝 선 묘 위의 십자

들었다. 묘지들은 대체로 다른 지역에서 보는 것보다 많이 소박했다. 대부분 흙벽돌을 이용해 매장한 땅 위에 야트막한 장방형의 단을 만들고 그 위에 십자가를 세웠다.

토단과 십자가는 흰색으로 치장을 한 것들이 있지만 그냥 흙벽돌 구조 그대로 둔 것들도 많았다. 그 경우 십자가도 나무 십자가 그대로인 경우가 많았지만 대부분은 십자가에 흰색, 검은색, 파란색, 초록색, 노란색 등의 여러가지 색을 칠했다. 그래서 공동묘지는 울긋불긋한 나무 십자가의 숲이 되었다.

그래도 집안의 사회적 지위가 어느 정도 높거나 경제적으로 괜찮은 집안의 사람들의 것으로 보이는 무덤들은 같은 묘지에 묻혔어도 묘의 규모나 외부의 장식 등이 차이가 많았다. 그중에서도 흙벽돌의 구조이지만 높은 기단 위에 교회의 종탑 모양의 집을 짓고 하늘 높이 십자가를 세운 무덤이 눈에 들어왔다. 묘지 뒤로 안데스의 설봉들이 병풍처럼 둘러쳐진 무덤의 모습은 공동묘지 안의 다른 무덤들을 제압하는 듯한 아우라를 풍겼다.

아타카마 사막의 요새 푸카라

아타카마 사막의 작은 마을에 도착한 지 사흘째, 4월 9일이다. 오늘은 우유니에서 함께 했던 한국인 청년 양 군과 합류한다. 점심 후 푸카라 유적을 함께 가보기로 했다. 유적은 시내에서 북서쪽으로 약 3킬로미터 떨어진 가까운 거리에 있다. 유적의 앞으로는 산 페드로 강이 흐른다. 강변은 대부분 모래층으로 형성되어 있지만 숲이 울창하게 우거져 이곳이 사막이라는 느낌이 전혀 들지 않을 정도이다. 이러한 좋은 자연 환경으로 인해 이곳은 캠프장 등 휴식시설이 많이 들어서 있다.

푸카라 유적은 일종의 성채의 형식을 갖춘 곳이다. 푸카라(Pukará)라는 말은 요새라는 뜻이라고 한다. 유적의 명칭은 키토르의 푸카라(Pukará de Quitor)이다. 키토르는 유적이 있는 곳의 지명이다. 1300년경에 지었다고 하는 유적 안에는 모두 164채의 건축물이 있고 대부분 돌과 흙으로 쌓은 담과 건물의 벽체들이 남아 있다.

마을은 크고 작은 건물들이 밀집된 모습으로 드러나 있다. 마을 전체는 거의 정삼각형의 평면에 조성되어 있는데 동쪽은 산페드로 강의 푸른 녹지를 향하고 있고 서남쪽과 서북쪽은 거의 절벽을 이루고 있다. 마을 동남쪽의 경사지에 길게 성벽을 쌓아 외부와 단절되도록 만들었다. 천혜의 요새인 셈이다.

성벽은 121미터가 잘 남아 있고 높이는 가장 높은 곳이 약 3미터 된다고 한다. 중앙에는 망루도 있다고 하는데 80킬로미터까지 보인다고 하니 요새로서의 기능은 매우 충실히 작동되었던 듯하다. 주로 안데스 산맥 동쪽의 세력이 산맥을 넘어 침략해 오는 경우가 많아 그들을 막기 위한 시설로 보는 견해가 많다. 유적이 파괴되고 사람들이 살지 않게 된 것은 16세기 중반 스페인의 침략자들에 의해서라고 한다.

산 경사면에 계단식으로 만들어진 푸카라 요새 유적

유적의 외곽에 출입금지 울타리가 둘러 있어서 유적 안으로 들어가서 살펴보는 것은 불가능했다. 몇 년 전 이곳에 큰 지진이 있었는데 그때 훼손된 부분의 보수 작업이 아직 끝나지 않은 것 같았다. 알려지기로는 지진이 났을 당시 산페드로데아타카마 시가지가 대부분 무너졌는데 이 푸카라 유적은 전혀 무너진 곳이 없었다고 한다. 그러나 지금도 사람들의 출입을 금하고 있는 것으로 보아 실제로는 훼손된 곳이 상당 부분 있었을 것으로 생각된다.

남미 사람들에게 시로 봉사한 가브리엘라 미스트랄

유적 동남쪽의 계곡을 건너 주로 모래땅으로 이루어진 경사지를 따라 지그재그로 오르면 능선 위에 올라서게 된다. 능선길을 따라 산책길이 만들어져 있는데 중턱에 커다란 석비가 하나 보였다. 가브리엘라 미스트랄이라는 시인의 시비였다.

가브리엘라 미스트랄(Gabriela Mistral, 1889-1957)은 칠레의 시인으로 칠레인으로 뿐 아니라 1945년 남미 최초로 노벨 문학상을 받은 남미를 대표하는 시인이다. 뒤에 칠레에서 두 번째로 노벨 문학상을 받은 파블로 네루다는 열두 살 때 가브리엘라를 만나 문학의 세계에 눈을 뜨게 되었다고 한다. 가브리엘라의 시는 주로 자연, 사랑, 어머니, 어린이 또 남미의 원주민의 정신세계 등을 주제로 다루었다고 하며 남미의 정체성을 시로 표현하였다고 한다.

주여 왜 나를 버리셨나이까?

산책길 능선 위에 올라서면 산페드로 강의 푸른 숲이 한눈에 들어온다. 산페드로데아타카마는 아타카마 사막을 흐르는 산페드로 강과 그 강으로 만들어진 오아시스에 세워진 마을이다. 산페드로 강은 이 마을의 젖줄이고 수천 년 아타카마 사막을 살아온 아타카메뇨들의 문화를 만들어낸 어머니 같은 존재이다.

가브리엘라 미스트랄의
시비. 봉사(SERVIR)라는
시 제목이 보인다.

산 능선에서 보는 산페드로 강

산책길 중간의 새로 쌓은 성문을 통해 보는 안데스의 리칸카부르 화산

데스밸리의 붉은 산과 뒤의 모래산 칼날 능선에 석양이 비치고 있다.

'주여 왜 나를 버리셨나이까?'라는 글이 새겨진 십자가 상

산책길의 능선 중간에 돌로 쌓은 성벽과 성문이 있는데 요즘 조성한 것이다. 산책길을 계속 올라 길의 마지막에 이르면 전망대가 있고 거대한 십자가 조형물이 서 있다. 전망대에서 북쪽을 보면 주름진 사막의 언덕과 골짜기들이 마치 평생 사막에서 살아온 노인의 주름살처럼 보인다. 그곳을 데스밸리라고 하는데 미국 캘리포니아의 데스밸리와 비슷한 데서 붙인 이름 같다.

남미는 어느 나라나 할 것 없이 산 위 높은 곳에는 큰 십자가를 세워 놓았다. 천국과 가까운 곳이라서 그럴 것이라고 생각했다. 십자가 위에는 '나의 하나님, 나의 하나님, 왜 나를 버리셨나이까?'라는 문구가 새겨 있다. 예수가 십자가에 매달려 하나님을 향해 했다는 말이다. 십자가 그늘 밑에는 여행에 지친 몸을 누이고 땀을 식히는 젊은이가 있었다.

양 군과 함께 산을 내려왔다. 그리고 보니 오늘은 내 생일날이다. 집에 있을 때야 가족들이 챙겨주기도 하지만 내 스스로는 생일에 그리 큰 의미를 부여하지 않고 살아 왔는데 이렇게 집에서 멀고 먼 곳에 오니 저녁 한끼라도 좀 잘 차려 먹고 싶었다. 양 군과 함께 어디 괜찮은 식당엘 가서 먹은 것 같은데 어디서 무얼 먹었는지 도무지 생각이 나지 않는다.

달의 계곡에서 보는 지구의 나이테

산페드로데아타카마는 안데스에서 2000미터도 더 되는 높이를 내려와 만나는 사막 속의 도시지만 도시의 서쪽은 코르디예라데라살이 남북으로 달린다. 코르디예라데라살(Cordillera de la Sal)이란 긴 이름은 번역하면 소금 산맥이란 뜻이다. 고유 명사이긴 하지만 여기서는 줄여서 소금 산맥이라 부르기로 한다. 산페드로데아타카마에서 서쪽으로 13킬로미터 가면 평지에 바위의 산줄기가 우뚝 선 모습을 볼 수 있다. 소금 산맥의 동쪽 끝 일부인 이곳은 달의 계곡이라고 부르는 흥미로운 지역이다.

달의 계곡은 넓게 퍼져있는 소금 산맥의 동쪽 일부를 차지한다. 그래서 달의 계곡에 들어가면 여기저기 마치 흰 눈을 덮어쓴 듯 보이는 바위와 넓은 평지들이 보인다. 이 산맥의 이름이 소금 산맥이어서 지표면에 보이는 흰색은 모두 소금처럼 보이지만 실제로는 소금이 아니라 황산칼슘이라고 한다. 황산

달의 계곡. 나는 달이 아닌 화성이 이럴 것이라고 생각했다

습곡현상이 만들어준 아름다운 예술작품

칼슘은 석고의 구조를 가지고 있어서 하얀 가루처럼 보이며 여기서 보는 것처럼 지표면에 드러나면 소금처럼 보이게 된다.

달의 계곡에 들어서자마자 눈에 들어오는 것은 거대한 지층들이 겹쳐진 채 끝없이 뻗어나간 모습이었다. 무지개떡처럼 차곡차곡 쌓인 지층의 띠는 습곡 현상에 의해 구불구불 아름다운 곡선을 만들고 있었다. 하나하나의 지층을 자세히 보면 그 속에 또 각기 다른 얇은 땅의 켜들이 쌓인 것이 보였다. 그 얇은 층 하나, 또 그것들이 쌓여 만든 두터운 층 하나를 만드는데 얼마나 많은 시간이 걸리는지 짐작도 할 수 없다.

몇 천 년일지, 아니면 몇 만 년일지. 저 지층들이 쌓여가는 시간에 그 땅 위에서는 무슨 일들이 일어났는지 상상도 할 수 없다. 기껏 수백만 년을 헤아리는 사람의 역사는 저 두터운 땅의 껍질들이 쌓여가는 시간의 역사에 비하면 초라하기까지 하다. 눈 앞에 보이는 저 지층들은 그대로 지구의 나이테이자 땅의 역사를 기록한 한 권의 역사책인 셈이다. 그렇게 보니 달의 계곡 안에서만 해도 수천 수만 권의 역사책들이 보인다. 이곳은 지구의 역사책을 간직한 거대한 도서관인 셈이다.

이곳은 또 사람의 힘으로는 감히 생각도 하지 못할 어마어마한 미술관이다. 이러한 위대한 작품을 만들기 위해 태양과 물과 바람이 흙과 바위를 가지고 수십억 년에 걸쳐 일을 해왔다는 것을 도대체 어떻게 표현해야 할지. 수백만 년 전 이곳은 바다였다. 아니면 호수였을지도 모른다. 물 속에 쌓인 흙과 모래는 오랜 세월에 걸쳐 하나하나 층을 만들고 그 위에 또 새로운 층이 생겨 두터운 지층을 만들었다. 수면이 내려가고 그것들이 땅 위로 올라와 이런저런 외부의 힘으로 구부러지고 잘라져서 소위 습곡과 단층이 생겼다.

습곡과 단층 현상은 지층을 아름다운 모양으로 구부리고 잘라내서 우리 눈앞에 위대한 작품으로 남겨 주었다. 그리고 바람은 바윗덩이의 약한 부분을 이리저리 깎아내고 마치 조각 공원을 만들 듯 아름다운 조형물을 골짜기 곳곳에 세워 놓았다. 달의 계곡은 경이로운 조물주의 미술관이다.

산줄기와 산줄기, 거대한 암벽과 암벽 사이에 바람에 실려온 모래들이 쌓여 또 다른 아름다운 사막을 만들었다. 뾰족하고 단단한 바위가 병풍처럼 둘러쳐진 사이에는 부드러운 모래들이 쌓여 아름다운 곡선을 만들고 있다. 단단함과 부드러움이 한데 어울려 이루어낸 거대하고 놀랄만한 풍경은 달에 비

엄마에게 안겨 산 너머로 지는해를 보는 아기

불타는 듯한 저녁 햇볕에 싸인 안데스의 리칸카부르 산봉

기기에는 달이 너무 왜소하다.

미국의 국립항공우주국(NASA)에서 화성 탐사선을 제작하여 화성으로 보내기 전에 탐사선을 테스트한 장소가 바로 여기 달의 계곡이라고 한다. 그렇다면 이곳은 달이라기보다는 화성이라고 해야 할 것이다. 나는 달도 화성도 가까이 보지 못하였지만 역시 이곳은 달보다는 화성이 더 어울린다고 생각했다.

소금 산맥 뒤로 지는 해

달의 계곡에 가는 것은 계곡 자체의 아름다운 풍경을 보기 위해서이기도 하지만 또 다른 볼거리는 소금 산맥 뒤로 지는 일몰을 보기 위해서이다. 우리를 태운 차는 해질 무렵 소금 산맥에서 가장 아름다운 일몰을 감상할 수 있다는 장소로 이동하였다.

산등성이마다 자동차들이 서고 사람들이 내려 서쪽을 바라보고 있었다. 해가 아주 천천히 서쪽 산맥으로 내려앉았다. 해가 산 능선으로 내려오면서 하늘색은 푸른색에서 주황색으로 서서히 바뀌고 좀 전에 해가 머물던 하늘 위쪽은 보라색으로 또 검푸른 색으로 변해갔다. 하늘색뿐 아니라 희고 노란 모래와 바위로 이루어진 땅의 색도 붉은빛이 더해져 점점 불타는 듯한 모습으로 변해갔다. 지는 해를 보다가 몸을 돌려 반대쪽 안데스를 보았다. 그곳에는 지금 지고 있는 햇볕이 머물렀던 리칸카부르 화산이 있었다. 화산의 정상부 흰 눈은 주황색으로 물들고 그 아래 땅은 완전히 붉은색으로 바뀌고 있었다.

해가 소금사막 뒤로 가라앉는 것을 보면서 사람들은 의외로 조용했다. 아무도 소리를 내지 않았다. 얼굴을 마주하고 다정하게 앉아 있는 연인에게 저 해는 사랑의 약속을 남겨 주었을까? 엄마에게 안겨 함께 지는 해를 보는 아기에게 저 해는 어떤 기억으로 남을까?

해가 지고 사람들도 흩어졌다.

23

칠레 노동 운동의 발상지

_____

이키케

고층 빌딩이 보여주는 부조화의 도시

컴퓨터로 검색할 때는 산페드로데아타카마에서 칼라마까지 가서 다시 이키케로 가는 버스로 갈아타는 노선 밖에 없었다. 나와 내 생일밥을 함께 한 후 양 군이 버스 터미널에 함께 가보자고 하여 숙소에 가는 길에 들렀다. 그런데 뜻밖에도 칼라마를 경유하기는 하지만 잠시 쉬어서 이키케로 직행하는 버스가 있었다. 짐을 가지고 내리고 타는 번거로움이 사라질 뿐 아니라 대기 시간도 매우 짧아서 좋았다. 터미널을 나와 쿠스코부터 라파스와 우유니 그리고 이곳 산페드로데아타카마를 함께 했던 양 군과 이별을 했다. 나는 칠레의 북쪽으로 올라가고 양 군은 남쪽으로 내려간다. 그동안 내가 양 군 덕을 많이 보았으니 참으로 고마웠던 여행 친구였다.

산페드로데아타카마의 터미널을 벗어나면서 차창 밖은 모래와 진흙의 끝없는 고원이 계속되었다. 가끔 진흙의 평원이 파헤쳐진 곳에 순백색의 소금이 말라붙은 웅덩이들이 보이기도 했다. 안데스의 동쪽과 서쪽은 극과 극에 비유될 정도로 자연 환경이 달랐다. 버스는 칼라마까지 1시간을 가고 칼라마에서 사람들을 태우느라 약 30분 쉰 후 다시 이키케를 향해 달렸다. 이키케까지의 전체 거리는 500킬로미터 정도로 대략 여섯시간이 걸린다고 했다. 실제 걸린 시간은 7시간이 더 걸린 듯했다.

아타카마 사막의 모래 언덕이 바다를 향해 내려가는 급경사면을 따라 버스가 내려가면서 이키케 항구가 비행기에서 보는 것처럼 내려다 보였다. 도시 전체에 2-3층짜리 건물들이 납작하게 엎드린 듯 깔려 있는 위로 어떻게 보아도 어울리지 않는 고층 빌딩들이 여기저기 아무런 맥락 없이 솟아 있었다. 그 풍경은 마치 모래밭에 막대기를 꽂아놓은 것처럼 생소했다. 그것은 페루에서 볼리비아를 거쳐 안데스를 넘어 처음 보는 현대식 도시라는 점에서 칠레의 인상을 조금 어긋나게 심어준 것이 아닌가 생각된다.

이키케는 남미를 대표하는 자유 무역 지구의 하나라고 한다. 도시 군데군데에 막대기처럼 꽂혀 있는 고층 아파트들은 아마도 이 도시가 무역의 중심지라는 것을 말해주는 지표적 존재일 것도 같았다.

낮게 깔려 있는 건물들 위로 무질서하게 서 있는 고층 아파트들이 생뚱맞게 보인다.

1885년 말이 끄는 것으로 시작되었다는 이키케 시내의 트램

5000년 역사의 방향을 튼 초석 광산

이런 도시에서 트램을 볼 수 있는 것도 매우 이색적이었다. 트램은 시민들의 발을 대행한다기보다는 대부분 관광객들의 호기심을 채워주는 것이 주요 소임인 듯했다. 트램의 역사는 이미 1885년부터 시작되었다고 한다. 1883년 태평양 전쟁이 끝나면서 이키케는 칠레의 영토로 편입되었고 그 후 초석의 활발한 채굴과 함께 질산염 산업이 발달하면서 경제가 급격히 성장하게 되었다. 그러한 성장의 결과 중 하나가 바로 도시 트램이다.

처음 트램은 말이 끄는 것으로 시작되었는데 뒤에 영국인이 회사를 넘겨받은 후 가솔린을 동력으로 쓰게 되었다고 한다. 칠레가 태평양 전쟁에서 승리하면서 페루가 관할하던 이키케는 칠레로 넘어가게 되었다. 이후 초석이라는 당시 세계적으로 주목받던 광물 산업을 바탕으로 한 칠레 근대사가 전개되었다. 이키케의 트램에는 이러한 근대 역사가 반영되어 있는 셈이다.

이키케에 사람이 살기 시작한 역사는 대체로 5000년 전까지 올라간다. 아타카마의 선사 시대 친초로(Chinchorro) 문화가 이곳에서 발생했다고 하니 보잘것 없는 사막의 해안 모래 언덕의 도시처럼 보이지만 역사의 층위는 상당히 쌓여 있는 셈이다. 이키케라는 말의 뜻은 아이마라어로 꿈 또는 휴식을 뜻한다고 한다. 아이마라족은 안데스의 고원에 사는 유목민들이다.

이키케 앞 바다는 파도가 좋아서 서핑을 즐기는 사람들이 많이 찾는다.

그들의 일부는 오랫동안 산소 희박한 고원에서 떠돌면서 유목을 해오다가 이곳 바닷가의 저지대를 보고 사는 방법을 바꾸었던 것 같다. 이곳의 지명이 꿈이나 휴식을 뜻하는 것은 그러한 아이마라족의 희망이 반영된 것으로도 해석될 수 있지 않을까? 바다를 근거로 고기를 잡거나 또 약간의 오아시스 지역을 이용해서 농사를 짓는 이키케 지역의 사람들은 정치적인 세력을 형성하지 못하고 아이마라족에게 정복당하고 말았다.

이키케는 1830년대부터 초석 광산이 개발되기 시작했고 질산염 무역의 중심지가 되면서 영국이나 프랑스 등 유럽인들이 몰려들었다. 이 지방의 초석은 질산칼륨으로 이루어진 일반 초석과 달리 질산나트륨으로 구성되어 있다. 비료나 화약 또는 도자기에 많이 사용되기 때문에 칠레 초석은 세계적으로 인기가 있었고 이키케는 19세기부터 무역과 산업 도시로 성장하기 시작했다. 지금 이키케가 남미의 대표적인 자유 무역 항구로 이름이 나 있는 것은 이미 백 수십 년의 역사적 배경을 가지고 있는 것이다.

시가지는 현대식 도시로 바둑판처럼 잘 짜여 있는데 도로의 동쪽 끝은 어디나 모래 언덕이 병풍처럼 막아서 있다. 이 모래산들이 안데스 고원에서 불어오는 바람을 막아주고 바다의 물결도 잠재워 이키케를 평온하고 안전한 항구로 만들어 준 것이다.

칠레 근대사를 보여주는 아르투로프라트 광장

남미의 여느 도시처럼 이키케에도 중앙 광장이 있다. 광장의 이름은 아르투로프라트 광장이다. 아르투로 프라트(Arturo Prat)는 1879년 태평양 전쟁이 발발했을 때 이키케 전투에서 전사한 해군 장교로 칠레 사람들이 영웅으로 받들고 있는 인물이다. 그는 일만 페소짜리 화폐에도 올라 있는 것은 물론 해군사관학교의 이름에도 들어가 있다. 광장의 옆에 있는 대학의 이름도 아르투로프라트 대학이다. 칠레의 각 도시에 있는 광장 이름에 아르투로프라트의 이름이 들어간 것이 많다는 것은 나중에야 알게 되었다.

도시의 중심인 중앙 광장에서 맡을 수 있는 것은 지금까지의 다른 도시에서처럼 전통적 유럽의 냄새가 아닌 미국의 어느 소도시 냄새가 났다. 중앙 광

아르투로프라트 광장의 시계탑

공사중인 시립 극장 정면. 지금은 관광객들에게는 개방되어 있지만 극장의 기본 기능인 공연은 하지 않는다.

장의 한 복판에는 하얗게 빛나는 시계탑이 하늘 높이 서 있다. 이렇게 시계탑이 주인으로 서 있는 광장도 이전에 본 기억이 없다. 대개 광장의 중심에는 독립 영웅의 동상이 있거나 예술적 조형물인 분수가 물을 내뿜는다. 주변에는 시간의 켜가 쌓여 무게감이 돋보이는 대성당이나 관청의 청사가 있다. 그런데 이키케의 중앙 광장의 시계탑은 지금까지 다른 광장에서 보았던 중후함이 느껴지지 않았다.

시계탑은 고딕 성당의 종탑 같은 느낌을 준다. 아래층에 사방으로 낸 아치형 문은 이슬람 건축에서 가져온 듯하다. 그러나 중세 고딕이나 이슬람 건축에서 느낄 수 있는 장중함 같은 것이 느껴지지 않는 것은 푸른 하늘을 배경으로 서 있는 밝은 백색의 목조 건물이기 때문으로 보였다. 시계탑은 1878년에 건축되었으며 가동된 것은 1879년 1월이라고 한다. 건축 자재는 미국 서해안의 오레곤에서 가져온 소나무라고 한다.

오레곤 소나무가 이 먼 아타카마 사막의 서쪽 태평양 연안까지 오게 된 것은 초석을 싣고 미국으로 간 화물선에 그곳의 좋은 건축재 소나무를 싣고 왔기 때문이다. 또 시계는 영국에서 수입한 것이라고 하니 이 시계탑은 당시 세계로 수출되던 이 지역의 초석 무역의 결과라고 할 수 있을 것이다. 또 하나 시계탑이 세워지고 가동된 것은 태평양 전쟁이 일어나기 이전에 된 것이며 당시 이키케는 페루의 영토였다. 즉 지금 칠레의 북방 주요 항구의 상징적 건축물이지만 처음 이 시계탑은 페루의 것이었다.

볼만한 건물로는 광장 남쪽에 있는 시립 극장을 들 수 있다. 1890년 1월 1일 개관한 것으로 칠레의 근대 건축을 대표하는 것 중 하나라고 한다. 현재 이 극장은 공연은 이루어지지 않으며 관광객들에게 개방하여 극장의 구조 등을 보여준다고 하는데 내가 갔을 때는 공사 중이어서 그나마도 볼 수 없었다. 극장 건물은 대부분의 이름난 건축물이 석조 건물인 것과 달리 목조로 된 건물이다. 나무는 시계탑과 마찬가지로 미국의 오레곤에서 가져온 소나무라고 하는데 역시 이키케에서 초석을 실어 나른 화물선을 이용하여 이키케로 가져왔다고 한다. 이 건물도 시계탑처럼 아타카마의 초석 무역의 산물인 셈이다.

구두 한 짝이 보여준 노동자의 삶

이키케의 역사를 보여주는 곳으로는 아무래도 이키케 지역사 박물관을 들어야 할 것이다. 박물관에는 선사 시대 친초로 문화를 보여주는 유물부터 사막에서 출토된 미라와 복식 자료를 비롯하여 신석기 이후의 곡물 자료 등이 석기 등 농기구들과 함께 잘 전시되어 있었다. 그러나 선사에서 근대에 이르기까지의 전시물 중 가장 내게 흥미롭게 보였던 것은 어느 노동자가 신고 일했던 구두 한 짝이었다.

초석 노동자의 고달픈 삶을 대변해주는 구두와 술병들

노동자들의 스트레스를 풀어 주었을 야구 글러브

시가지 변두리에서 만난 태권도장. 벽에 써진 태권도라는 글자에 힘이 잔뜩 들어가 있다.

다음날 아침 이키케를 벗어나면서 다시 본 시가지 위의 모래 언덕.
아침 햇빛을 받아 붉게 물든 모래 언덕 뒤로 보이는 푸른 바다가 눈부시다.

이키케는 근대로 들어오는 과정에서 오랫동안 전쟁에 시달린 곳이다. 태평양 전쟁이 일어나기 전에는 페루와 볼리비아 간의 전쟁을 감당해야 했고 한때 볼리비아의 관할 하에 들어가기도 했다. 초석이 발견된 후 초석 산업이 크게 일어난 19세기 중반에는 페루의 가장 중요한 산업 도시로 떠오르기도 했지만 1879년 일어난 태평양 전쟁으로 페루 볼리비아 칠레 세 나라의 전쟁터로 되면서 또 많은 시민들이 시련을 겪게 되었다. 그러나 이 지역의 주 산업인 초석 산업은 지역 경제를 발전시켰고 칠레의 지배하에 들어간 이후에 산업은 더 크게 성장했다.

새로운 산업의 성장은 노동자의 희생을 초래하게 되었고 이런 사회적 배경이 이키케를 칠레 노동 운동의 중심지로 만들었다. 이러한 변화는 종내는 노동자를 중심으로 한 내전 상태까지 이르게 되었으며 그 와중에서 발생한 것이 1907년의 산타마리아 학교의 학살이다. 노동 조건 개선을 위해 시내의 산타마리아 학교에 모인 수천 명의 노동자에게 발포하여 대략 이천 명 이상의 사망자를 낸 엄청난 사건이 벌어진 것이다. 이 결과 이키케는 칠레의 노동 운동의 중심이 되었고 1912년 사회주의 노동자당이 탄생되게 되었다. 이 정당은 뒤에 공산당으로 바뀌었다고 한다.

박물관 진열장의 구두와 술병들은 당시 노동자들이 얼마나 열악한 노동에 시달리고 있었는가를 직설적으로 설명해 주었다. 그러면서도 노동자들은 야구 등 스포츠를 즐기면서 힘든 몸과 정신을 풀고 있었음을 야구 글러브가 보여주기도 했다.

바닷가에서 시가지로 들어오면서 갑자기 빨간색으로 칠한 단층 건물이 눈에 들어왔다. 그 건물은 시내에서 별로 볼 수 없는 빨간색 벽면에 태권도를 하는 그림이 그려 있었고 한글로 태권도라는 글씨가 선명히 쓰여 있었다. 태권도가 세계 곳곳에 뿌리를 내리고 있다는 것은 익히 알고 있었지만 이런 곳에까지 들어와 있으리라고는 전혀 생각지 못하였다. 반가운 마음이 셔터를 누르게 했다.

24

하늘에 내 건 땅의 소망

아타카마의 땅그림

나를 잡아 끈 아타카마의 땅그림들

이키케에 온 두 번째 날, 4월 13일이다. 오늘은 두 곳의 땅그림을 답사하는 날이다. 이번 여행은 가능하면 유적 답사의 냄새를 없애리라고 떠나기 전부터 마음을 먹었지만 막상 떠나고 보니 첫 번 도착지인 멕시코시티부터 오늘까지 줄곧 답사 여행이 되고 말았다.

　　오늘 답사지는 두 곳의 땅그림이다. 하나는 핀타도스 땅그림이고 또 하나는 우니타 모래산에 있는 '아타카마의 거인'이라는 이름의 또 하나의 거대한 땅그림이다. 이 두 유적과 앞으로 찾을 예정인 아리카 근처의 암각화 유적의 존재에 대해서는 멕시코 여행 중에 확인할 수 있었다. 인터넷을 통해 알게 된 이 땅그림 유적들은 나스카 말고도 이렇게 대단한 땅그림 유적이 있다는 데서 흥미가 끌렸다. 그리고 아타카마 사막을 가면서 그곳을 뺀다는 것이 마음 속으로 용납이 되지 않았다. 그래서 칠레 수도 산티아고와 그 주변의 작은 도시들 그리고 칠레 남부의 한두 군데 작은 지역의 일정을 없애고 이곳 이키케와 아리카를 집어넣게 된 것이다.

　　그래서 이 두 도시와 주변의 땅그림과 암각화에 대해서는 충분한 정보를

멀리서도 한눈에 알아볼 수 있는 핀타도스 유적의 땅그림들. 앞의 건물은 핀타도스 땅그림 관련 자료의 전시관이다. 유적의 환경을 위해 건물을 거의 땅속에 묻다시피 했다.

얻지 못한 채 도착하고 말았다. 이 두 유적은 내가 찾아갔다기보다는 오히려 유적이 나를 끌어당겼다고 하는 것이 더 맞을 것이다.

어제 오후 여행사를 찾아 알아보았으나 대중교통은 없고 또 관광객을 위한 투어 프로그램도 없었다. 관광객이 없어서라고 했다. 여행사는 원한다면 안내해줄 차량과 운전기사를 소개해주겠다고 했다. 그렇게 해서 만나게 된 사람이 오늘 동행할 운전기사이다.

두 유적이 가까운 곳이 아니라서 아침부터 서둘러야 했다. 핀타도스 유적은 이키케에서 95킬로미터나 떨어져 있어서 먼저 그곳부터 찾아보기로 했다.

하늘보다 사람을 중시한 핀타도스 땅그림

핀타도스 유적으로 대표되는 아타카마 사막의 땅그림들이 페루에서 보았던 나스카 땅그림과 다른 점은 평지 그림이 없고 산의 경사진 사면에 있다는 것이다. 물론 나스카 지역의 것들에도 사면에 만들어진 것들이 있기는 하지만 나스카를 대표하는 것들은 거의 평지 그림들이다.

비행기 위에서나 볼 수 있는 나스카의 땅그림들을 보면서 나는 그것들을 볼 수 있는 존재는 하늘에 있는 신밖에 없을 것이라고 생각했었다. 그러나 핀타도스의 땅그림은 멀리 있는 도로 위에서도 쉽게 알아볼 수 있다. 그림이 가까이 보이는 유적 현장에 서 있으면 이 땅그림들은 사람에게 쉽게 다가가는 그림이며 사람들이 원할 때 언제든지 찾을 수 있는 그림이란 것을 느낄 수 있다. 그림들은 산의 정상부 아래에서 산의 아래쪽 등성이까지 이어져 있다. 이들은 마치 신에게 바라는 것을 땅이라는 캔버스에 그려 하늘에 걸어 놓은 것처럼 보인다.

땅그림을 보기 위해서는 먼저 박물관을 관람하고 박물관을 통과하면 진흙의 대지 위에 낸 좁은 길로 나서게 된다. 길을 걸으면서 맞은편에 길게 펼쳐진 산의 사면과 그 사면을 캔버스로 해서 제작된 땅그림들을 볼 수 있다.

달 두꺼비? 해 두꺼비?

땅그림은 대체로 700년에서 1500년 사이에 만들어졌다고 하는데 더 좁혀 말하는 사람은 1000년에서 1400년으로 본다는 자료도 있다. 지금부터 따지면 대략 600년에서 1000년 정도 이전에 제작된 것이니 생각한 것보다는 그리 오랜 것은 아니다. 이 땅그림들을 잉카 문명의 어머니격인 티와나쿠 문명의 영향을 받아 만들어졌다는 견해도 있다. 그렇게 보면 아타카마 사막은 잉카 문명권의 최남단에 해당한다고 할 수 있겠다.

그림의 크기는 작은 것이 4미터 정도, 큰 것은 100미터가 넘는다고 한다. 제작 방법은 나스카의 것들과 비슷하다. 검은색을 띠고 있는 지표면을 긁어내서 그림의 형태를 따라 밝은 색의 흙이 드러나도록 하는 방법과 돌을 모아서 그림의 윤곽선에 늘어놓는 방법 등을 사용하고 있다. 관람용 길을 걸으면서 길 양쪽에 경계석으로 늘어놓은 자갈돌들과 길 바닥의 모양이 범상치 않게 눈에 들어왔다. 길의 형태와 제작 방법은 바로 지금 내가 보고 있는 맞은편 산의 땅그림 그대로였다.

그림의 내용은 동물이나 인물상 등도 있지만 대부분은 추상적인 기호 같은 것들이다. 이러한 그림들은 대부분 음각의 형태로 만들어졌지만 양각처럼 그림의 주변을 파내서 그림을 도드라지게 표현한 것들도 있다. 또 음각으로 파냈으면서 내부에는 양각의 기법을 사용한 것들도 있는데 이런 것들은 음각으로 그림이 들어갈 전체 윤곽을 만들고 그 내부에 양각으로 그림의 주제를 표현한 것이 많이 보였다.

원이나 사각형 또는 직사각형을 원호로 잘라낸 것이라든가 화살표 모양 등 추상적 기호들도 많이 보였다. 동물 모양 중 흥미로운 것은 땅 표면을 원형으로 긁어내 밝게 만들고 그 안에 두꺼비 같은 형태의 동물이 있는 것이 있었다. 이것은 마치 중국 한대의 화상석이나 고구려 벽화에서 볼 수 있는 달 속에 든 두꺼비 그림을 연상케 했다. 그 옆으로는 반대로 음각으로 긁어낸 두꺼비의 뱃속에 동그라미가 양각으로 새겨진 것도 있었다.

음각의 큰 동그라미 속 작은 두꺼비와 음각의 큰 두꺼비 속 양각의 작은 동그라미는 바로 옆에 붙어 있어서 재미있는 대비를 이루고 있다. 이곳은 태양 숭배가 매우 강한 전통으로 이어져 오는 지역이므로 이것이 달과 관계된

오래된 흙벽돌 집터 뒤의 산등성이에 땅그림들이 보인다. 집과 비교하면 그림들의 크기가 얼마나 큰지 짐작할 수 있다.

땅그림을 관람하도록 설치된 길. 길의 조성 방법은 땅그림의 제작 방법을 그대로 사용했다

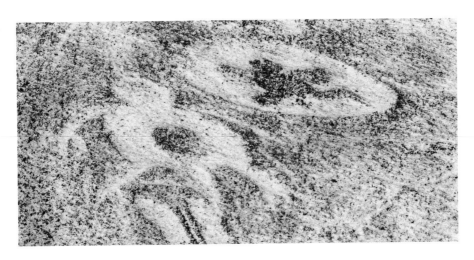

것이 아니라 태양과 관계될 가능성이 높으리라 생각했다.

두꺼비 그림 위쪽에도 마치 칼 손잡이처럼 생긴 허리가 잘록한 긴 사각형 음각과 양각을 섞어 새긴 것이 보였다. 최근에는 이러한 그림들이 고대 무역로를 따라 분포된 것이라 보고 무역로를 따라 이동하는 사람들에게 지역의 특별한 정보를 제공하는 이정표로서의 기능을 하고 있다는 주장도 나왔다. 이러한 주장은 이 그림들이 여행자들에게 여행의 안전을 위한 의식을 하는 장소로서의 의미도 있음을 말해준다. 마치 우리나라의 길가나 고갯마루에 있는 돌무지 성황당이나 장승 같은 것이 가지는 의미로 해석하고 있어서 흥미롭다.

이러한 대규모의 땅그림들은 이곳이 성스러운 공간이며 오랜 기간 신에게 제사를 올리는 공간임을 말해주는 것이다. 그렇게 장기간 성스러운 공간으로서 이용할 수 있다는 것은 농경 문화를 기반으로 한 대규모 마을과 관련된 것이라는 설이 설득력 있게 들린다.

모래산에 누워 있는 아타카마의 거인

핀타도스를 나와 온 길을 다시 돌아가다가 북쪽으로 방향을 돌리면 얼마 안가 우아라 마을이 나온다. 우아라 마을의 두 갈래 길에서 방향을 동쪽으로 틀어 직선으로 뻗은 도로를 15킬로미터 정도 달리면 넓은 평원에 작은 동산 같은 산 하나가 나지막이 솟아 있는 것을 볼 수 있다. 그 작은 산은 주변에 아무런 돌출된 지형도 없어 누구라도 거기에 무언가 있을 법하다는 생각을 가지게 한다.

몽골이나 시베리아 남부에서 한반도에 이르기까지 암각화 유적을 답사하면서 특이하게 느낀 점의 하나는 대체로 독립된 산의 남쪽 사면에 그림들이 있다는 것이었다. 그 그림들이 있는 곳은 다른 평범한 지형이 아니라 다른 세계와 떨어진 신성한 공간으로서 독립성을 지니고 있는 듯 하다. 길 중간에 차를 세워놓고 멀리 평원 위에 홀로 떨어진 산을 보면서 같은 생각을 했다.

그 작은 산을 여기서는 세로우니타(Cerro Unita)라고 부른다. 우니타 언덕이라는 뜻이다. 세로우니타 뒤로는 안데스가 바람벽처럼 평원을 막아서 있다. 그 안데스를 넘으면 볼리비아이다. 세로우니타를 구글에서 위성사진으로 보면 마치 고래 한 마리가 바다를 헤엄치고 있는 듯하다. 아타카마의 사막을 바다 삼아 한 마리 고래가 바다에 떠 있는 것이다. 그 고래 등 위에 한 사람이 길게 누워 쉬고 있었다.

도로에서 세로우니타로 접어들면 마주 보이는 모래산 등성이에 여러 개의 긴 수직선들이 산 능선에서 아래로 내려오는 것이 보인다. 마치 넓은 폭의 긴 헝겊 띠를 늘어뜨려 놓은 것 같다. 이 긴 띠들 옆으로 이보다 가는 띠들도 여러 줄 있다. 그림들은 검은색 땅의 표면을 제거하여 흰 바탕을 드러내는 방법으로 만들어졌으며 선의 윤곽은 긁어낸 자갈돌을 늘어놓아 뚜렷이 보이도록 하였다.

이렇게 직선으로 내려오는 띠들 외에 비슷한 폭의 원들도 볼 수 있다. 이러한 띠 모양이나 원 모양의 그림들이 의미하는 바는 알 수 없으나 신들과 소통하는 기호로서의 의미를 가지고 있을 것으로 추정할 수 있다.

세계에서 가장 큰 사람 그림

아타카마의 거인(El Gigante de Atacama)이란 이름이 붙은 거대한 인물상을 보려면 입구에서 직선들이 묘사된 맞은편 등성이를 왼쪽으로 돌아가야 한다. 긴 등성이가 끝나가는 지점쯤에서 위를 보면 사람 형상의 그림이 바로 서 있는 것을 볼 수 있다. 그림의 발 밑쪽에서 바로 올려다보면 인물상은 전체 길이가 압축되어 그리 커 보이지 않지만 약간 옆으로 가서 비스듬히 누워 있는 측

아타카마의 거인이 누워 있는 세로우니타 산의 원경. 능선의 왼쪽 부분에 거인상이 보인다.

세로우니타 유적 입구. 정면의 그림은 넓은 띠의 직선들이며 이 산을 왼쪽으로 돌아가면 거인상을 볼 수 있다.

직선으로 묘사된 넓은 띠 모양의 그림 세부

면을 보면 이 인물이 얼마나 큰지 알 수 있다.

인물상의 길이는 120미터라고 하는데 현재 인물상 묘사로는 세계에서 가장 크다고 한다. 아타카마의 거인이라는 별명이 붙은 이유이다. 제작 연대는 1000년에서 1400년경으로 핀타도스의 땅그림과 같다고 한다. 이 인물상은 이 지역 주민들이 그들의 신을 묘사한 것으로 해석하고 있는데 농사 짓는데 필요한 작물 주기 또는 계절과 관련된 중요한 날짜를 알려주는 천문력의 기능이 있다는 주장도 있다.

인물상은 사각형과 원형 등을 결합하여 만들었는데 팔은 양 어깨에 V자 모양으로 구부려 붙였고 다리는 양쪽으로 벌리고 서 있다. 머리는 네모꼴로 폭이 어깨 폭과 거의 같아 매우 크게 묘사되어 있다. 머리 위에는 머리카락을 묘사한 것으로 보이는 짧은 수직선이 하늘을 향해 뻗쳐 있다. 두 다리 사이에는 남성의 성기가 보이는데 인터넷으로 찾아본 실측도에는 성기를 묘사하지 않았다. 성기의 묘사는 자손 번식이나 농업 또는 목축에서의 생산을 풍요롭게 하기 위한 의도로 해석된다. 선사 미술에서 매우 중요한 요소 중 하나이므로 이 인물상에서도 그 의미는 매우 크다고 할 것이다.

인물상 양 옆 또는 인물상과 겹쳐서 여러 개의 동물상도 있는데 이것은 이곳의 그림들이 여러 시기에 걸쳐 중복되어 제작되었음을 보여준다. 그것은 이곳 주민들이 이 모래산을 오랜 기간에 걸쳐서 신성한 지역으로 모셔왔음을 말해준다고 할 수 있다.

아타카마 사막 지역에는 오늘 찾아본 두 곳 외에도 안토파가스타의 축축 유적이나 치자 유적 등이 알려져 있는데 이 유적들 모두 훼손이 심하여 현재 보존 문제가 심각하게 대두되고 있다고 한다.

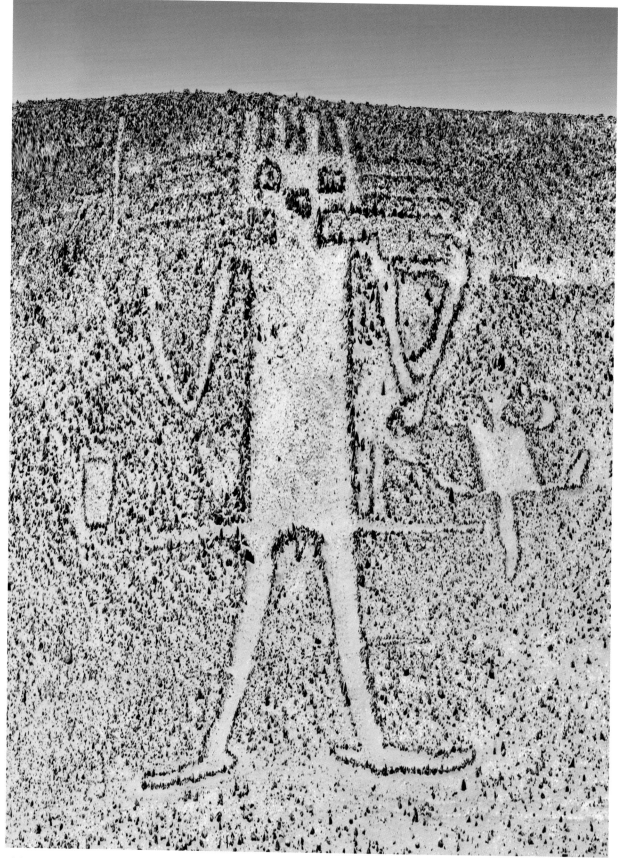

정면에서 올려본 아타카마의 거인. 실측도면을 참고로 비례에 맞춰 사진을 늘린 것이다.

아타카마의 거인이 보이는 모래산 아래쪽에는 자갈돌을 이용하여 어떤 도형을 만들어
놓은 것들이 있다. 이들이 거인상과 관련이 있는지는 알 수 없다.

세로우니타에서 본 아타카마 사막. 멀리 도로를 달리는 버스가 개미처럼 작게 보인다.

25

8000년의 삶이 깃든 곳

아사파 계곡

사막의 강물이 만든 거대한 골짜기

지도에서 본 이키케와 아리카는 한 지역처럼 느껴졌는데 실제 거리는 310킬로미터가 넘었다. 버스로는 약 4시간 정도의 거리다. 그러나 이 시간은 그대로 지켜지지 못했다. 10시에 출발한 버스는 한 시간 반 정도를 달려와서 정류장도 아닌 길가에 멈추어 섰다. 한참을 지났는데 버스는 갈 생각을 하지 않았다. 한 20분쯤 버스 안에서 기다리고 있으니 밖에 나갔던 운전기사가 돌아와서 모두 짐 들고 내리라고 했다. 버스가 고장이라 더 갈 수가 없단다. 자기 힘으로는 어찌할 수 없으니 다음 차가 오면 그 차를 타고 가면 된다고 하는 것 같았다. 내려보니 어제 아타카마의 거인을 보고 돌아오는 길에 늦은 점심을 먹었던 우아라라는 작은 마을이었다. 이제 겨우 80킬로미터쯤 온 것 같았다.

버스 밖에는 뜨거운 햇빛을 피할 그늘이 전혀 없었다. 겨우 한 군데 찾은 것이 길가에 세운 대형 이정표의 그림자이다. 버스에서 내린 사람들이 그 그림자 안으로 모여들었다. 거기 서서 한 시간을 기다려서야 우리를 태울 다음 버스가 도착했다. 버스에는 이키케에서 타고 온 사람들이 앉아 있었으나 좌석은 많이 비어 있었다.

버스는 아타카마 사막의 고원을 북으로 달리다가 또 깊은 협곡을 내려다보면서 동쪽 해안을 향하기도 했다가 다시 북쪽으로 달리다가를 몇 차례 한 것 같았다. 협곡의 절벽 위를 달리는 오른쪽 창문을 내다보니 무서울 정도로 높은 절벽이 차창 밖으로 지나가고 있었다. 몇 곳의 협곡을 지나고 마지막에 본 협곡은 지금까지 본 것보다 몇 배나 넓고 깊었다. 협곡의 바닥을 흐르는 강도 제법 넓게 보였는데 물은 거의 없었다. 카마로네스 강이라고 했다. 도대체 세계에서 가장 강우량이 적다는 이 아타카마 사막에 무슨 물이 있어 강이 생겼는가? 또 저 밑에 보이는 시냇물보다 못한 강물이 얼마나 오랜 시간을 흘렀길래 이런 거대한 협곡이 만들어졌는가? 참으로 신비스러운 풍경이 아닐 수 없었다. 협곡의 건너편에는 붉은색의 절벽 위로 지금까지 달려오면서 보았던 넓은 평원이 이어졌다.

아리카 터미널에 도착한 것은 5시 반이 넘어서였다. 생각해보니 점심을 건너뛰었다. 예약한 조그만 호스텔은 태평양을 시원하게 조망할 수 있는 모로데아리카라는 언덕 위 공원 입구에 있었다. 가방을 두고 저녁 식사를 위해 밖

카마로네스 강이 평원을 깎아 거대한 협곡.

으로 나왔다. 바닷가 도시의 밤은 시원했다. 중심가로 생각되는 골목 안에서 간단한 저녁을 먹고 시내를 산책했다. 여행 중에 밤에 도시를 돌아다닌 적은 거의 없었는데 이곳 바닷가 도시는 그런대로 걸을만했다. 모로데아리카가 올려다 보이는 광장에 울긋불긋한 전통 복장을 한 여성들이 모여 춤을 추고 있었다. 아마도 축제에 참여하는 사람들이 공연 연습을 하는 것 같았다. 그것도 낯선 곳에서 온 여행자에게는 즐거운 볼거리였다.

도시는 그런대로 볼 것들이 꽤 있는 것 같은데 내일은 암각화 답사를 하기로 계획을 세워 놓았으니 시내 구경은 모레는 되어야 할 것이다. 그날은 아리카를 떠나는 날이지만 푼타아레나스로 가는 비행기가 밤 12시에 있으니 하루 종일 시내 구경을 하면서 시간을 보내야 할 것 같다.

신성한 땅그림의 골짜기 아사파 계곡

4월 15일, 아리카에서의 이틀째 아침이다. 햇볕은 너무 강렬해서 눈을 뜨기 어려울 정도다. 오늘은 꽤 여러 곳을 들러야 해 아침부터 서둘렀으면 하는데 호스텔에서 소개한 운전기사가 좀 늦다. 호스텔 주인은 검은 수염이 잔뜩 난 운전기사를 소개하면서 오늘 가고자 하는 암각화 유적에 대해 잘 알고 있는 사람이라 말했다.

나는 운전기사에게 산미구엘데아사파 고고학 박물관과 오프라기아 암각화 유적에 대해 말하고 그곳으로 가자고 했다. 운전기사는 그곳이라면 걱정 말라며 박물관과 암각화 유적이 매우 가깝기 때문에 오전에 갔다 올 수 있다고 했다. 나는 좀 이상했으나 분명히 유적 명칭을 써서 보여주었고 운전기사도 매우 자신 있게 얘기하므로 의심할 수 없었다.

아사파밸리는 아리카 시내에서 바로 동쪽으로 연결되어 있는 가까운 곳이었다. 박물관으로 가는 도중 길에서 보이는 벌거벗은 모래산의 등성이에는 많은 땅그림 유적이 알려져 있었으나 운전기사가 세워준 몇 곳의 유적만 보기로 했다.

차가 계곡 쪽으로 들어서서 얼마 안 가 눈에 들어온 것은 도로에서 멀찌감치 떨어진 산 사면에 있는 특이한 모양의 사람들을 묘사한 땅그림이었다. 그림은 화산 활동으로 만들어진 검은색 돌들이 깔려 있는 산 사면에서 이미지의 형태만 남기고 돌을 치워 밝은 황색의 땅을 드러내는 방법으로 만들었다.

사람은 모두 셋이었는데 두 팔은 수평으로 벌리고 팔꿈치를 꺾어 두 손을 하늘로 향했다. 또 두 다리도 양쪽으로 수평으로 벌리고 있었고 두 발을 하늘로 향해 올리고 있었다. 그림은 한자의 '出'자와 비슷했다. 근처에는 작은 규모의 동물 그림도 있었으나 세 인물상이 워낙 강렬해서 현장에서는 눈에 들어오지 않았다. 뒤에 사진을 정리하면서 사진 속에 다른 동물도 있다는 것을 확인할 수 있었다.

이러한 이상스러운 다리의 모습은 현실적이지 않았으나 두 다리가 땅에 닿지 않고 하늘로 향한 암각화의 사례를 미국 자료에서 본 일이 있다. 미국에서는 이러한 형태의 그림을 영적 세계를 돌아다니는 샤먼들을 묘사한 것으로 해석하고 있다. 칠레에서는 지금 보는 出자형 그림을 '춤추는 사람들'이라 이름 붙인 것으로 보아 춤을 추는 자세로 보는 듯했다.

아사파 계곡의 땅그림 '춤추는 사람들'

솜브레로 언덕의 땅그림

사르가도 언덕의 땅그림들이 수백 미터 떨어진 산 사면에서 우리를 보고 있다.
양쪽에 사람들이 묘사되어 있고 중간에 긴 꼬리의 도마뱀과 꼬불꼬불한 몸의 뱀이 보인다.

다시 차가 산호세 강을 따라 서쪽으로 달리다가 멈추었다. 이번에는 운전기사가 앞장서서 도로 옆의 산으로 오르기 시작했다. 길가 집들의 지붕이 바로 눈 밑으로 들어왔을 때 운전기사가 길 건너 앞 산을 가리켰다. 그곳에는 아까 본 것과는 달리 야마처럼 보이는 동물들과 그 동물들을 끌고 풀밭으로 나선 듯한 인물상이 보였다. 그림들은 산 사면 전체를 한 화폭으로 삼은 듯 보기 좋게 배치되어 있었다.

솜브레로 언덕 땅그림 유적이었다. 아사파 계곡을 포함한 이 지역은 아타카마의 일부라고도 볼 수 있는 노르테그란데(Norte Grande) 사막이다. 물이 부족한 사막의 여러 지역에서 살아가는 사람들은 바다 쪽에 사는 사람들과 여러 물적 교류를 해서 살아가야 했는데 그 교류의 가장 중요한 통로가 산호세 강이 흐르는 아사파 계곡이라 할 수 있다. 아사파 계곡의 산 언덕에 많은 땅그림들이 만들어진 것은 이처럼 멀리 떨어진 지역 간의 교류 통로로서의 기능과 관련 있다는 견해가 많다. 이러한 그림들은 각 지역의 다양한 정보를 전해주는 상징 기호이기도 하며 또 그들의 안전을 보장하기 위한 종교적 의례나 기도의 장소이기도 했다는 것이다.

솜브레로 언덕 유적에는 목이 긴 두 마리의 동물이 사면의 중심을 차지하고 그 뒤에 키가 큰 사람이 따라가고 있다. 또 상대적으로 작은 동물들이 줄지어 움직이는 모습도 볼 수 있다. 목이 긴 동물은 아마도 야마가 아닐까 생각되는데 야마는 고산에 사는 동물이라 정확히는 말할 수 없다. 뜯을 풀도 없는 모래산에서 이들은 줄을 지어 풀을 찾으러 떠나는 것인가? 그림이 있는 사면은 산의 북쪽을 향하고 있으며 동물들이 향하고 있는 방향은 서쪽이다. 이것은 동북아시아 지역에서 볼 수 있는 남향의 그림들과는 반대되는데 이곳에서는 방향이 큰 의미를 가지지 않은 것일지도 모른다.

솜브레로 언덕에서 조금 더 동쪽으로 이동하여 언덕으로 오르면 라스요시아스라는 전망대가 있다. 이 전망대에서 남쪽을 바라보고 서면 들판을 건너 멀리 맞은편 산 사면에 매우 기하학적인 도형들이 보인다. 사르가도 언덕 땅그림 유적이다. 이 유적은 아사파 계곡 땅그림을 대표한다고 볼 수 있을 만큼 규모도 크고 흥미롭다. 특히 유적에서 좀 떨어진 곳에 잉카 시대의 마을 유적이 있는데 이 마을에서 조사된 공동묘지의 시신들이 모두 사그라도 땅그림을 향하고 있어서 주목을 받았다고 한다.

땅그림은 그것을 제작한 마을 유적과 목장, 창고, 묘지, 농장, 저수지 등의 유적과 함께 하나의 큰 유적군을 이루고 있었는데 최근 고속도로와 대규모 농장을 개발하면서 상당 부분이 사라졌다고 한다. 수백 년에서 천 년 가까운 시간을 버티다가 20세기를 넘기지 못하고 사라졌다니 안타깝기 그지없다.

이 지역은 앞에서도 말한 것처럼 노르테그란데 사막과 더 나아가서 안데스 산맥에 연결되는 알티플라노 고원지대의 주민들이 해안 지역과 통하는 주요 통로였다. 따라서 이곳에는 알티플라노 지역의 축산물과 농산물, 해안지역의 해산물들이 모여들어 매우 풍요로운 삶을 유지할 수 있었으리라 추정된다. 또 자연스럽게 그러한 지역의 종교적 중심지가 되었을 것이며 그 증거물이 바로 지금 마주하고 있는 땅그림일 것이다. 땅그림이 제작된 시기는 대략 서기 1000년에서 1500년 사이라고 한다.

그림에는 사람, 야마로 보이는 동물, 뱀이나 도마뱀 등이 거대한 형상으로 묘사되어 있다. 이 지역에서 뱀이나 도마뱀은 다산의 의미를 가지고 있다고 한다. 그러나 세계적으로 선사 미술에 나타나는 뱀이나 도마뱀은 땅속 세계와 땅 위를 오가며 양쪽을 소통시키는 존재로 신성한 의미를 가지는 것으로 알려져 있다.

어린이를 데리고 함께 춤을 추는 것 같은 인물과 동물들 위쪽으로 작은 인물들도 다수 보인다. 특히 오른쪽에 서 있는 큰 인물은 팔을 뒤로 길게 뻗친 듯이 보이고 긴 부츠를 신은 것처럼 보이는 발과 모자를 쓴 머리 등이 흥미롭게 보이는데 얼핏 보기에 제사장이나 어떤 의식을 거행하는 사람이 아닌가 생각했다.

사르가도라는 말은 신성하다는 뜻이라고 한다. 아사파 계곡에는 지금 본 몇 곳의 땅그림 외에도 상당히 많은 땅그림 유적들이 알려져 있는데 사르가도 언덕을 포함해서 계곡 전체가 거대한 땅그림으로 채워진 신성한 골짜기라 하겠다.

8000년을 담은 수장고 아사파 계곡 고고학 박물관

땅그림을 보고 나서 찾은 곳은 아사파 계곡의 고고학 박물관이다. 정식 명칭은 산미구엘데아사파 고고학 박물관(Museo Arqueológico San Miguel de Azapa)이다. 앞에 붙은 산미구엘데아사파는 박물관이 있는 마을 이름이다.

이곳은 세계에서 가장 오래되었다고 하는 인공 미라로 유명하다. 박물관이 있는 곳은 시내에서 약 16킬로미터 동쪽으로 떨어진 아사파 계곡이다. 산호세 강이 계곡의 복판을 흘러 아리카 시내를 거쳐 태평양으로 빠져나간다.

박물관으로 들어가니 고고학 박물관이라기보다는 식물원에 가깝다고 느껴졌다. 전시실로 들어가기 전에 나의 눈을 잡은 것은 정원 한쪽에 늘어놓은 바위들에 새겨진 암각화였다. 이 바윗돌들은 아사파 계곡에서 그리 멀지 않은 곳에서 가져왔을 것으로 보이는데 일부 그림들 중 일부는 중국의 내몽고 유적이나 미국 서남부 사막 지대에서 보았던 것과 유사했다.

그러나 이런 유사성이 암각화들이 서로 어떤 연관성을 가지고 있다는 근거는 될 수 없다. 선사 암각화들에서 볼 수 있는 보편적인 특징들은 세계 어디서나 볼 수 있다. 이러한 현상은 오히려 사람들의 삶이나 신앙의 형태가 보편

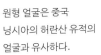

원형 얼굴은 중국 닝시아의 허란산 유적의 얼굴과 유사하다.

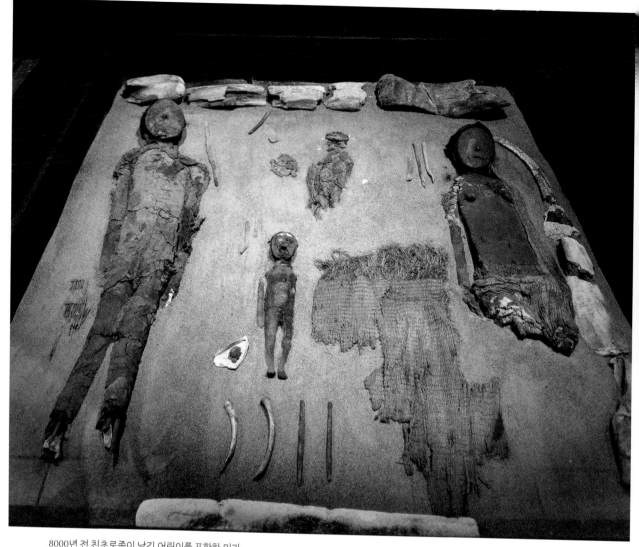

8000년 전 친초로족이 남긴 어린이를 포함한 미라

성을 띈다는 증거일 것이다.

　박물관은 구관과 신관으로 나뉘어 있다. 신관 건물은 크지는 않으나 꽤 짜임새가 있고 유물들도 매우 풍부했다. 사막에서 출토된 것들이라 다른 사막 지역의 고고학 박물관과 비슷한 유물들이 많았지만 역시 미라가 전시실에서 가장 관심을 끌도록 진열되어 있었다.

　건조한 사막 지대에서는 자연 현상으로 시신이 건조되어 미라화 되는 현상이 일어난다. 이러한 자연 현상으로 만들어지는 미라로 유명한 것은 중국 신장 지역에서 많이 볼 수 있다. 그런데 아리카 지역에서 발견되는 미라는 인공 미라이다. 죽은 사람의 시신을 해부하여 내장을 꺼내고 몸 안에 썩지 않는 물건들을 넣은 뒤 화학 처리를 하여 부패되지 않도록 한 것이다. 이렇게 인공적으로 처리한 미라는 이집트가 유명하지만 이곳의 미라는 이집트 미라보다도 2000년이나 앞선 것이라고 한다. 무려 지금부터 8000년 전 해안 지역에 살던 친초로 족이 남긴 것이다.

8000년의 시간이 아사파 계곡에 깃들어 있다.

26

바위 속의 또 다른 세상

오프라기아 암각화 유적

차 엔진도 멈춰버린 열사의 고원을 넘어

운전기사는 내가 말한 오프라기아(Ofragia) 암각화 유적에 대해서 자기가 잘 알고 있는 아사파 계곡의 땅그림과 혼돈했던 것 같았다. 그는 내가 갈 준비를 하자 이제 다 보았으니 시내로 돌아가자고 했다. 휴대폰에 들어 있는 코드파 (Codpa) 마을 근처의 오프라기아 암각화에 관한 정보를 다시 보여주었다. 자료를 다시 본 운전기사는 그제야 고개를 끄덕이더니 코드파로 가자고 했다.

코드파는 생각보다 멀었다. 차는 아사파 계곡에서 나와 아리카 시내를 거쳐 이키케에서 아리카로 왔던 길을 거꾸로 거슬러 올라갔다. 아리카 시내 뒤쪽의 사막을 30분 정도 달리자 차카(Chaca) 마을이 나왔다. 널찍한 계곡에 비교적 많은 농경지가 조성되어 있었고 강가에는 나무도 제법 많았다. 차는 계곡을 따라 계속 상류로 올라갔다.

계곡에는 케브라다데비토르 강이 좁은 폭으로 가늘게 흐르고 있었는데 그 정도 강물도 이런 사막 지대에서는 이처럼 푸른 초록 지대를 만들어 사람

엔진 과열로 차가 멈춘 덕에 멀리 흰 눈을 이고 있는 안데스를 바라볼 여유를 가질 수 있었다.

암각화 유적과 코드파 계곡

들에게 숨을 쉴 수 있는 훌륭한 산소 공급원이 되어주고 있었다. 당연하게도 휴식을 위한 공원과 휴양지가 있음을 알리는 안내판이 보였다.

차는 강가에서 다시 고원의 사막으로 올라갔고 강을 내려다보면서 강과 같은 방향으로 달리기 시작했다. 어느덧 강이 사막에 막혀 보이지 않는 곳으로 길이 갈라지고 양쪽의 모래밭 풍경이 좀 지루하게 느껴질 즈음 차가 멈추었다. 차의 엔진이 멈추어버린 것이다. 에어컨도 틀지 않고 달리던 차의 엔진은 뜨거운 태양 볕에 달궈진 채 더 이상 가동을 하지 못했다. 차가운 냉수라도 냉각수 통에 부어주면 좋을 텐데 이렇게 멀리 올지 몰랐는지 여분의 냉각수도 준비되지 않은 듯했다. 보닛을 열고 이것저것 만지던 운전기사가 차에서 내리라 했다. 내려도 햇볕을 피할 곳은 없었지만 바람이 불어 차에 있는 것보다는 나은 듯 싶었다. 운전기사는 엔진 과열이니 좀 식히면 된다고 했다. 그는 나를 안심시키려는 듯 '노 프러블럼'을 반복했다.

우리가 서 있는 맞은편에는 붉게 굴곡진 산줄기가 겹겹이 겹쳐 있었고 그 마지막에 눈 쌓인 안데스의 봉우리가 솟아 있었다. 하늘은 무섭도록 파랬다. 얼마를 쉬다가 엔진을 거니 다시 시동이 걸렸다. 우리의 목적지인 오프라기아 암각화이 있는 마을 코드파는 거기서도 25킬로미터나 더 가야 했다. 코드파는 우리가 처음 계곡으로 들어설 때 만났던 케브라다데비토르 강의 상류에 있는 작은 마을이다. 아리카에서 114킬로미터나 떨어진, 생각보다 훨씬 먼 곳이었다. 점심도 못 먹은 채 땡볕에서 차 때문에 고생을 한 끝이라 일단 식당부터 찾아들었다. 우리가 들어간 식당이 유일하게 문을 연 곳처럼 보였다.

휴양지를 끼고 앉은 산비탈의 암각화

코드파는 휴양지로 알려진 곳이다. 계곡 바닥에는 케브라다데비토르가 흐르고 그 주변에는 버드나무처럼 보이는 푸른 관목들이 우거져 있었다. 이곳은 구아바라는 과일이 많이 난다고 하고 와인으로도 유명하다고 한다. 계곡 사이에는 풀장을 갖춘 휴양 시설이 들어서 있고 꽤 많은 방갈로 형태의 숙박 시설들이 보였다. 아마도 규모로 보아 이곳은 아리카 일대에서 가장 대표적인 리조트 형태의 휴양 시설인 듯했다.

사람과 동물이 태양 주위에 모여 있는 듯이 보인다.

마을에는 국가 기념물로 지정된 성당을 비롯해서 박물관도 있다. 운전기사는 계곡의 숲과 리조트 등도 둘러보면 좋다고 했으나 나는 곧바로 암각화 유적으로 가도록 했다. 오프라기아 암각화은 코드파 마을에서 약 5킬로미터 하류로 내려가서 볼 수 있었다.

암각화이 나타나기 시작하는 지점부터 케브라다데비토르 강의 남쪽 산비탈은 거의 붉은색 바위로 덮여 있었다. 다른 곳에 비해 이곳은 유별나게 바위들이 많았고 거의 산비탈을 뒤덮다시피 했는데 이로 인해 이 지역이 신성한 지역으로 정해진 것 같았다. 암각화도 자연히 신성한 지역의 제의적 행위로 새겨졌을 것이다. 한낮의 햇볕이 바로 머리 위에서 내리쪼여서 암각화들이 입체적으로 들어오지는 않았으나 붉은색 표면을 쪼아낸 바위의 밝은 속살을 드러냈기 때문에 그림을 보는 데는 별 문제가 없었다.

코드파 계곡은 아리카 지역에서도 특별히 사람들이 살기 좋은 환경을 갖

붉은 안료의 암채화로 기하학적 추상화들이다. 왼쪽 상단은 바둑판같은 격자무늬를 새기고 칸에 색칠을 한 것으로
암각화와 암채화의 기법을 동시에 사용하고 있다.

사람들이 동물을 끌고 가는 그림

앞발의 방향이 반대로 묘사된 동물. 목과 머리가 훼손되었으나
발가락이 두 개인 것으로 야마 또는 알파카 등으로 추정된다.

추고 있음은 지금도 무성한 계곡의 숲과 풍부한 물 등으로 짐작할 수 있다. 따라서 이곳은 척박한 사막 한가운데 있으면서도 농경이 비교적 쉽게 발달할 수 있었을 것이다. 또 안데스 산악 지역에서 태평양 해안 지역으로 연결되는 통로에서 매우 중요한 중간 거점이 될 수 있었고 그래서 두 지역의 물자 교류의 중추적 기능을 담당해 오기도 했다. 따라서 이 계곡이 경제적으로나 또 그에 기반한 종교적인 중심지로 발전해왔다는 것은 당연해 보인다. 이곳의 암각화가 내용 면에서나 규모 면에서 칠레 북부를 대표하는 유적이 된 데에는 이러한 사회 경제적 배경이 작용했을 것이다.

코드파 계곡에서 사람들이 살기 시작은 것은 대체로 지금부터 2500년 이전까지 올라간다고 한다. 그러나 암각화의 제작은 이 지역의 다른 고고학 유적들과 마찬가지로 1000년에서 1400년 정도로 알려져 있다. 그것은 이곳에서 농업이 발전하고 주민들의 인구가 늘어나기 시작한 것이 대체로 그 시기였을 것이라는 점과 연관된다.

그림들은 매우 다양하다. 대체로 바위에 새긴 그림들이지만 드물게 붉은 안료로 그린 그림도 보인다. 그림의 내용에는 동물이나 인물이 많지만 무엇인지 알 수 없는 상징 기호 같은 것도 상당히 많다. 동물 중에는 목이 길거나 발가락이 두 개로 갈라진 것들이 많은데 이들은 대부분 야마거나 또는 알파카나 과나코 같은 안데스 지역에서 많이 볼 수 있는 동물들로 보인다. 앞 뒷다리 모두 두 개의 발가락을 뚜렷하게 묘사한 그림 하나는 목과 머리가 훼손되어 안 보이지만 야마라고 생각된다. 그런데 이 그림은 앞발은 뒤쪽을 향하고 뒷발은 앞쪽을 향하고 있어 앞 뒷발이 서로 마주 보고 있는 모습을 보여준다. 이는 앞다리가 역방향으로 붙어 있으니 매우 부자연스러운데 다른 그림에서 그런 모습을 볼 수 없어 어떤 특별한 의도를 가지고 새긴 것이 아닌가 한다.

이 유적에서 볼 수 있는 인물상들은 특이하다. 두 발은 서로 반대쪽으로 돌리고 두 다리를 엉거주춤하게 서 있는데 두 팔은 어깨에서 수평으로 들었으나 팔꿈치에서 팔을 직각으로 내리고 있다. 머리는 마치 동물의 탈을 쓴 것처럼 보인다. 모든 인물상이 이런 모습은 아니지만 이런 모습의 인물상이 대다수를 이룬다. 동물탈을 쓰고 춤을 추는 동작의 한 순간을 묘사한 듯하다. 아마도 태양신에게 올리는 축제의 한 과정을 그림으로 표현한 것으로 생각된다. 암각화에서 흔히 볼 수 있는 선사 시대 제사 의식의 한 장면이다.

콘도르로 보이는 새가 날개를
활짝 펴고 있다. 마치 사람이
날개옷을 입고 두 팔을 벌리고
서 있는 듯하다.

뱀이 묘사된 암각화의 일부

바위그림을 따라 길을 걸으면 마치 동물들이 나를 따라오는 듯한 착각이 인다.

목축하는 그림. 맨 밑 우측에 동물들을 이끌고 가는 사람이 보인다.

뱀을 묘사한 그림도 상당히 많다. 뱀의 묘사는 사막 지대 암각화에서 많이 볼 수 있는데 몽골의 고비 지역과 미국 서남부 사막 지대의 암각화에서도 자주 보았었다. 사막의 뱀은 대개 독사류로서 사람의 생명을 앗아가기도 하고 또 땅속과 지상을 오가는 존재로서 지하 세계와 지상 세계를 이어주는 신령한 동물로 인식되었다. 그래서 뱀은 선사 또는 고대 사회에서 신령한 존재로 신앙의 대상이 되었다. 한국의 삼국 시대 토기에서도 뱀은 자주 등장한다. 우리가 뱀을 징그러운 존재로서 원수 대하듯 하는 것은 혹시 기독교의 영향일지도 모른다는 생각이 들곤 했는데 내가 알지 못하는 분야이니 더 언급하기 어렵다.

그밖에도 특징적인 그림으로는 콘도르로 보이는 새 그림이 있다. 이 그림은 콘도르가 두 날개를 수평으로 벌리고 서 있는데 마치 날개옷을 입은 사람이 두 팔을 벌리고 서 있는 듯하다. 제사장이 신으로 추앙 받는 콘도르로 가장하고 제사를 드리는 장면일지도 모른다.

암각화 유적을 돌아보고 코드파 마을을 나왔을 때는 이미 해가 지고 하늘에는 오후에 떴을 반달이 중천에 걸려 있었다. 돌아오는 길, 사막의 고원에 대형 조형물이 보였다. 칠레 예술가들이 황량한 사막에 전통적인 신상의 형상을 현대적으로 해석하여 만든 조형물이다. 아직 남은 황혼 빛을 배경으로 서 있는 조각 작품들은 저무는 사막 풍경에 생기를 불어넣어 주고 있었다. 아리카로 돌아왔을 때는 벌써 밤이 되었다. 이 먼 칠레 땅에서 나스카를 떠난 후 다시 못 볼 것 같았던 땅그림과 암각화들을 만난 것은 행운이었다.

황혼의 사막을 배경으로 서 있는 신상

27

잉카의 마무리

아리카

아리카의 코

리마에서 시작된 잉카 여행의 마무리는 이곳 아리카를 마지막으로 끝난다. 볼리비아의 우유니에서 안데스를 넘어 들어온 잉카 제국의 남단 아타카마 사막은 북쪽으로는 페루 나스카의 땅과 이어진다. 아리카에서 페루 국경까지는 100킬로미터 좀 넘는 거리이니 아리카는 칠레 최북단의 국경 도시인 셈이다. 버스를 타고 산페드로데아타카마에서 아리카까지 아타카마 사막을 남에서 북으로 올라가면서 본 차창 밖의 풍경은 그저 황량한 모래와 소금 섞인 진흙 덩어리의 땅일 뿐이었다.

그러나 칠레가 남미 최부국이 된 것은 페루와 볼리비아로부터 이 황량한 아타카마 사막을 차지한 것이 결정적이었다. 19세기 후반 태평양 전쟁에서 칠레에 패배한 볼리비아는 태평양의 항구를 빼앗겼고 볼리비아의 동맹국 페루도 아리카를 비롯한 아타카마의 북부를 빼앗김으로써 사막 밑에 숨어있던 구리와 초산을 비롯한 많은 광물 자원을 잃어버리고 남미의 빈국으로 떨어지게 된 것이다.

나는 잉카의 땅에서의 마지막 날을 아리카 시내를 돌아다니며 페루의 땅이자 볼리비아의 땅이었고 지금은 칠레의 땅인 이 수난의 땅이 겪은 세월을 보고자 했다. 내가 묵었던 호스텔의 바로 뒤에는 아리카에서 가장 알려진 경관지인 모로데아리카가 있었다. 아리카 시내와 태평양의 망망대해를 한눈에 볼 수 있는 전망대를 겸한 공원이다. 스페인어 모로(morro)는 코라는 뜻이다. 아리카의 바닷가에서 모로데아리카를 보면 그것은 정말 코처럼 생겼다. 바닷가에 수직으로 100미터가 넘는 절벽이 우뚝 서 있는데 절벽은 바다 쪽으로 둥글게 튀어나와 있고 꼭대기는 마치 윗면이 평평한 모자를 쓴 것처럼 보였다. 절벽의 생김으로 보아 아리카 시의 코라고 해도 과히 어긋나지는 않는다고 생각되었다.

내가 묵은 호스텔은 모로데아리카로 올라가는 계단의 바로 밑에 있었는데 거기서 꼭대기 전망대까지 계단을 오르는 것도 그동안의 피로 때문인지 그리 쉽지 않았다. 꼭대기의 전망대가 있는 공원은 밑에서 볼 때 생각했던 것보다 엄청나게 넓었다. 이 바다를 향하여 우뚝 선 언덕은 본래 아리카가 페루의 땅이었을 때 페루의 방어 요새였다. 올라와 보니 이곳은 정말 천혜의 요새로 생

아리카 시의 산 마르코스 대성당.
파리의 에펠탑을 설계한 구스타프 에펠이 설계한 성당으로 유명하다.
이 사진은 나의 여행에서 마지막 사진이 되었다.

각되었다. 그러나 이 천혜의 요새 아리카의 코는 1880년 6월 7일 칠레의 공격을 받아 무참하게 무너지고 말았다. 그리고는 다시 칠레가 자랑하는 천혜의 요새가 되었다. 그러고 보면 천혜의 요새라는 말은 얼마나 허망한 말인가? 곳곳에 과거의 전쟁을 알려주는 대포가 바다를 향해 설치되어 있었다.

나무 한 그루 없는 횅한 광장에 거대한 칠레 국기가 펄럭이고 있었고 그 뒤로 무기 박물관이라고 이름 붙은 작은 박물관이 있었다. 박물관의 정식 이름은 아리카 역사와 무기 박물관(Museo Histórico y de Armas de Arica)이다. 이 박물관은 바로 칠레가 1880년 아리카 전투를 승리한 것을 기념하여 세운 것이다. 박물관 안에는 칠레의 승리를 보여주는 전쟁 기록화들이 있었고 당시부터 20세기에 이르기까지의 무기들이 진열되어 있었다.

박물관을 나오니 뜨거운 햇볕이 무자비하게 공격해댔다. 몇 발자국 옮기면서 사방을 둘러봐도 어디 한 군데 쉴 만한 데가 보이지 않았다. 커다란 대포가 설치된 박물관 입구 벤치에 햇볕으로 나갈 엄두가 나지 않은 관람객 몇 명이 앉아 있었는데 꼼짝할 기미가 보이지 않았다. 광장 한쪽에 거대한 예수상이 서 있었다. 스페인 사람이 간 곳 어느 곳이나 높은 언덕 꼭대기에는 빠짐없이 어마어마한 예수가 서 있었다. 저만하면 나 하나쯤 가려줄 그늘이 있을 것 같았다. 예수상은 예수보다 훨씬 크게 보이는 피라미드 위에 서 있었다. 피라미드는 사방 측면이 그림자가 생기지 않을 정도로 경사가 져 있었다. 예수님 덕 좀 볼까 했던 나의 기대는 사라져 버렸고 나는 땡볕 소나기를 그대로 맞으며 왔던 계단을 다시 내려갈 수밖에 없었다. 그래도 등 뒤에서 바람이 살짝살짝 스쳤다.

그러고 나서 어디를 다녔는지 별로 기억이 없다. 그동안의 피곤이 아리카의 코에서 나의 몸을 녹초로 만들었는지 모른다. 아마 어디선가 점심도 먹고 저녁도 먹었을 것이다. 밤 12시에 출발하는 비행기를 타러 공항으로 간 것은 9시나 되어서였다.

잉카 에필로그

카메라 백팩을 둘러메고 옷과 잡동사니가 든 보스턴백을 수하물로 부쳤다.

시간이 많이 남았다. 탑승구 근처 빈 의자에 앉아 눈을 감았다. 시끌벅적한 칸쿤 공항에서 멕시코를 떠나면서 느꼈던 것과는 또 다른 감회에 젖어들었다.

마야가 멕시코 및 중앙아메리카의 고대 문명을 통칭하는 말이 되어버린 것처럼 잉카 역시 남미 고대 문명을 일컫는 대표적인 말로 자리 잡았다. 잉카 문화의 중심은 잉카 제국의 수도였던 쿠스코 일대와 티티카카 호수의 연안에 있는 볼리비아의 티와나쿠라고 볼 수 있으나 오늘날 확인된 잉카 문화의 분포 지역은 북쪽으로는 에콰도르, 남쪽으로는 칠레 수도 산티아고가 있는 칠레 중남부에까지 걸치고 있다. 잉카 제국은 안데스 산맥의 중심에서 서쪽으로 매우 넓은 지역을 통합한 대제국의 이름이었다. 이로 보면 남미 서부의 고대 문화를 잉카 문화라는 말로 표현하는 것이 크게 무리한 일은 아닐 것이다.

그러나 잉카 제국의 역사는 15세기 중엽에서 16세기 중엽에 이르기까지 겨우 100년 정도에 불과하다. 중미와 남미의 고대 문화는 스페인 사람들이 대서양을 건너 들어온 16세기 중엽에 일거에 중단되고 말았다. 아마도 지금 잉카라는 말로 남미 고대 문화를 표현하게 된 것은 잉카 제국이 스페인의 침략으로 무너졌기 때문으로 생각할 수 있다. 그러면 잉카 이전의, 선사 시대에서 15세기 전반까지 잉카의 땅에 존재했던 문화는 어떻게 설명할 수 있을까? 그리고 그 엄청난 역사의 시간 끝에 얹힌 잉카라는 나라 이름으로 그 이전을 포괄하는 역사와 문화 전체를 규정해도 좋은가라는 의문이 들었다. 더군다나 유럽 사람들은 남미의 역사를 콜럼버스가 아메리카 대륙을 밟은 시기를 기준으로 해서 그 이전과 이후로 나눈다. 스페인이 중남미를 점령하기 이전은 소위 프리콜럼비안(precolumbian)이라는 한마디로 퉁치고 넘어간다.

스페인 통치 시기에 남미에서 일어난 독립운동은 어느 한 국가 단위로 이루어진 것이 아니었다. 실제 그 당시는 지금 같은 국가도 국경도 존재하지 않았다. 그냥 스페인의 영토일 뿐이었다. 그래서 볼리바르 같은 사람은 볼리비아의 독립 영웅이자 콜롬비아, 베네수엘라, 에콰도르 등을 산 마르틴과 연합하여 독립시키기도 했다. 그러나 이러한 독립운동은 원주민의 삶과는 무관한 것이었다. 오늘날의 남미 여러 나라의 국경선은 오랜 역사와 전통으로 구별되기나 지리적 특성으로 인해 나누어진 생활권 등과는 관계없다. 페루의 푸노에서 볼리비아의 코파카바나로 연결된 도로를 걸어서 넘으면서 들었던 생각은 이 국경선이 이곳에서 수천 년 살아오던 케추아 족이나 아이마라 족에게

라파스 시내 무리요 광장에 서 있는 볼리비아 독립 영웅 무리요 장군 동상

칠레의 산페드로데아타카마에서 본 안데스 연봉

무슨 의미가 있을까 하는 것이었다. 지금 남미 여러 나라의 국경선은 스페인의 통치 기간에 만들어진 행정 구역을 중심으로 독립운동가들의 세력 재편에 의한 것이다. 이러한 불합리한 역사의 결과는 지금 남미 국가 간의 국경분쟁으로 남아 있다.

스페인이 침략해 들어오기 이전의 잉카와 또 잉카 이전의 문화들을 보면서 나는 놀라고 감탄하기를 거듭했다. 나스카의 땅그림이나 아리카의 땅그림들의 존재를 보면서 사람들의 머릿속이란 정말 경이롭다는 생각도 했다. 나흘에 걸친 마추픽추까지의 잉카 트레일을 걸으면서 잉카인들이 남겨놓은 안데스의 산중 문화의 일단에 놀라기도 했다. 시유스타니의 석탑 형태의 옛 무덤들이나 티와나쿠의 어마어마한 고대 문명의 세계, 그리고 아타카마 사막의 땅그림과 암각화도 정말로 남미의 존재를 새롭게 깨닫게 해준 유적들이었다.

그러나 페루나 볼리비아에서 볼 수 있었던 현재 살아 있는 남미의 원주민들의 삶과 문화를 칠레에 들어와서는 더 이상 볼 수 없었다. 안데스의 동쪽에서 볼 수 있었던, 원색 옷을 입은 원주민들의 모습을 서쪽에서는 볼 수 없었다. 칠레는 그냥 백인의 나라였다. 아타카마 사막에서도 원주민의 역사나 문화는 박물관에서나 볼 수 있을 뿐이었다. 산맥 하나 넘었을 뿐인데 두 세계는 너무 달랐다.

이 글을 쓰는 도중 나는 〈화이트 온 화이트〉(Blanco en Blanco, 2019)라는 영화를 텔레비전에서 보게 되었다. 20세기 초 칠레 남부의 눈 덮인 하얀 땅에 하얀 피부색의 백인들이 들어온다. 그들은 그 땅에 살던 원주민들을 사슴 사냥하듯 사냥한다. 그것은 그들의 땅을 빼앗거나 이익을 쟁취하기 위한 것도 아닌 그냥 재미로 하는 글자 그대로의 사냥이다. 총에 쓰러진 원주민 시체에 발을 올려놓고 총을 들고 기념사진을 찍는 장면은 실로 충격적이었다.

그 영화를 보고 나는 칠레의 도시에서 원주민들의 모습을 본 일이 없었음을 새삼 깨달았다. 칠레에서 내가 본 원주민과 관련된 풍경은 산페드로데아타카마의 어느 변두리 학교 담벼락에 그려진 벽화뿐이었다. 이키케에서도 아리카에서도 원주민들의 살아있는 문화는 눈에 들어오지 않았다.

이제 아리카를 떠나면 나는 칠레의 최남단인 푼타아레나스에서 내릴 것이다. 그곳에서 남미의 냄새는 훨씬 더 희미해질지도 모른다.

끝나지 않는 여행의 끝

다시 모아이를 꿈꾸며

잉카의 땅을 떠나다

4월 16일. 밤늦은 공항 대합실은 한산했다. 산티아고를 경유해서 푼타아레나스로 가는 23시 40분 비행기를 타려는 사람들 몇몇이 썰렁한 대합실 의자에 앉아 있었다. 휴대폰을 만지작 거리다가 사람들이 탑승구 앞에 줄을 서는 것을 보면서 줄 뒤에 섰다. 갑자기 뒤에서 한국말이 들렸다. 뒤를 돌아보니 몇 사람 뒤에 두 젊은 여성이 한국말로 이야기를 하고 있었다. 아리카 쪽으로 오는 한국 여행자는 매우 드물다. 반가운 생각이 앞서 인사를 건넸다. 두 사람은 자매 사이인데 동생이 먼저 남미 여행을 한 후 너무 좋아서 언니에게 권해서 함께 오게 되었다고 했다. 두 자매의 모습이 무척 보기 좋았다.

12시경에 출발한 비행기는 두 시간 반이 지난 새벽 2시 30분경 산티아고 공항에 도착했다. 여기서는 짐을 모두 찾아서 푼타아레나스 행 비행기에 다시 수속을 해서 탑승을 해야 한다. 출발 시간이 6시 40분이니 대략 4시간 반 정도를 기다려야 한다. 새벽인데도 공항은 매우 복잡했다. 그래도 다시 수속을 하고 복도 의자의 한쪽 옆자리를 겨우 차지해 졸다 깨다를 반복했다.

멕시코시티에 도착한 지 57일째인 4월 17일, 칠레의 최남단에 속하는 푼타아레나스(Punta Arenas)에 내렸다. 오전 11시가 훨씬 지났으니 대강 네 시간 반을 타고 온 듯하다. 아리카에서 푼타아레나스까지 모두 열한 시간 반이 걸렸고 이중 비행기에서 보낸 시간이 일곱 시간가량이니 칠레가 긴 나라라는 것이 실감 났다. 밖으로 나오니 갑자기 한기가 몸으로 스며들었다. 지금 이곳은 늦가을인지 초겨울인지, 아무튼 그 경계에 있다고 느껴졌다. 아리카에서 날아오는 동안 계절이 한 여름에서 초겨울로 바뀐 것이다.

호텔에 체크인을 했으나 방에는 오후에나 들어갈 수 있었다. 두꺼운 옷으로 갈아입고 싶었으나 도리가 없었다. 마침 점심시간이 다 되어 밖에 나가서 점심을 먹고 들어오면 될 듯싶었다. 거리를 걸어보니 예상보다 추웠다. 눈앞에 식당 하나가 보였다. 들어가서 음식을 시켜 배를 채웠다. 그러고 보니 아침도 안 먹은 채였다.

춥기는 하지만 점심을 먹고 근처 길거리를 좀 걸어 다녔다. 거리는 지금까지 거쳐온 여느 도시와는 달리 남미 도시에서 기대되는 그런 특징이 전혀 보이지 않았다. 마치 옛날 머물렀던 미국 로스앤젤레스의 변두리 어디처럼 보이기도 했다. 거리는 너무 황량했다. 휑한 도로에 찬바람이 스쳤다. 길을 걸어도 재미가 없었다. 그것은 추위 때문만은 아니었다. 호텔로 다시 들어왔다. 다행히 입실이 가능했다.

이상하다. 이날부터는 호텔 안에서의 기억이 전혀 없다. 아리카에서도 호텔 안에서 씻고 컴퓨터로 사진 정리를 하고 했던 기억이 나는데 푼타아레나스에 도착한 이날부터 호텔 안의 기억이 없다는 것은 도무지 이해가 되지 않는다. 저녁은 호텔 1층 식당에서 먹은 것으로 기억나는데 다시 방으로 올라간 기억 자체가 없다. 호텔 방 기억이 사라지다니 도대체 객실 안에서 무슨 기억해서는 안 될 일이라도 있었단 말인가?

아무튼 다음날 낮에는 하루 종일 푼타아레나스 시내를 돌아다녔다. 박물관에도 가보고 바닷가 산책도 했다. 바다가 보이는 어느 작은 카페에서 커피도 마셨다. 거리는 넓고 황량했지만 다녀보니 그런대로 남미의 끝에 왔다는 느낌이 들었다. 지금 아무런 사진도 남아 있지 않지만 푸른 바다와 하늘색은 그리 짙은 남색도 아니고 회색도 아닌 그 중간 어디쯤의 색을 띠고 있었다고 생각된다. 바다의 밝은 회청색이 도시의 색과 매우 잘 어울린다는 생각을 했다.

푼타아레나스 앞의 바다는 지도를 보면 커다란 호수처럼 보인다. 푼타아레나스에서 동북쪽으로 올라가면 좁은 바닷길의 목이 나오고 그 목을 통과하면 대서양으로 나간다. 또 남쪽으로 내려가다가 다시 서북쪽으로 올라가도 바닷길은 좁고 긴 목을 통과하는데 이 목을 벗어나면 태평양으로 나가게 된다. 태평양과 대서양을 잇는 바닷길이 이 유명한 마젤란 해협이다. 포르투갈의 탐험가 마젤란이 1520년 이 해협을 통해 대서양에서 태평양으로 빠져나갔다고 한다. 흔히 많은 여행자들이 남미 대륙의 땅끝 도시를 보려고 아르헨티나의 우수아이아에 가지만 지리적으로 남미 대륙의 끝에 있는 도시는 푼타아레나스인 셈이다.

길거리에는 사람들도 별로 없어 썰렁한 도시가 한층 더 썰렁했다. 아마 오후에 호텔로 들어왔을 텐데 이날은 저녁을 먹은 기억도 없다. 어쨌든 방에 들어와 잠을 잤을 것이다. 일정표대로라면 내일은 아침 아침 8시에 출발하는 푸에르토나탈레스(Puerto Natales) 행 버스를 타야 한다. 푸에르토나탈레스는 여기서 다시 버스를 타고 북쪽으로 네 시간가량 올라가야 한다. 그곳에는 세계적으로 유명한 빙하 계곡과 눈 덮인 산봉우리들이 어우러진 경관지 토레스 델파이네(Torres del Paine)가 있다. 이번 여행에서 내가 유일하게 역사 유적이 아닌 자연 경관을 보려고 계획표에 집어넣은 곳이다. 그러니 푸에르토나탈레스는 그곳에 가기 위한 경유지에 불과한 곳이었다.

4월 19일 여행 59일째 아침, 나는 푸에르토나탈레스 행 버스에 타고 있어야 했다. 그런데 어찌 된 일인지 버스를 탄 기억이 없다. 나중에 억지로 머리에서 기억을 짜낸 결과이긴 하지만 이날 낮 나는 푼타아레나스 거리를 걷고 있었다. 그러면서 속으로 "내가 왜 이렇게 걷고 있지? 버스 터미널에 가야 하는데..."라는 생각을 했던 것 같다. 등에 진 배낭과 한쪽 어깨에 걸린 카메라 그리고 한 손에 든 보스턴백 때문에 걷는 것이 매우 불편했던 것 같은데 좀 추웠었다는 생각이 나지만 그 외에는 완전히 기억을 잃어버렸다.

구글만 알고 있는 그날의 행적

내가 입원했던 병원의 창문으로 본 푸에르토나탈레스의 외곽. 마을과 바다의 경계가 남미 대륙의 끝이다. 마을 앞 바다가 마젤란 해협이고 그 건너 보이는 육지가 티에라델푸에고 섬의 북단이다.

2019년 4월 19일, 그날 나는 어디서 무엇을 했는가?

지금까지 기억에서 사라진 이날의 나의 행적은 사위 허 군이 영사관 직원으로부터 경찰과의 전화 내용을 전해들은 것이 전부였다. 그 내용은 길에 쓰러져 있는 나를 경찰관이 병원으로 가자고 했고 내가 반대하여 결국 나를 경찰서로 데려가 하룻밤을 재운 뒤 다음날 아침 푸에르토나탈레스로 가는 버스에 태웠다는 것이다. 경찰이 나를 경찰서에 재웠다는 말이 좀 이상하긴 했으나 그 말을 믿을 수 밖에 없었다.

나는 구글 지도와 구글어스를 자주 사용하는 편이었고 구글 지도의 타임라인 사용법에 대해 알고는 있었지만 수년 전의 기록까지 타임라인 상에서 검색할 수 있다는 것은 생각하지 못하였다. 그러다가 최근 타임라인에 대해 다시 관심을 갖게 되면서 5년 전 2019년 봄의 남미 여행 기록을 타임라인으로 확인해보게 되었다. 놀랍게도 여행 중 나의 동선은 구글 지도 위에 분명하게 나타나 있었다.

2019년 4월 19일 내가 완전히 기억을 잃은 첫 번째 날의 행적은 푼타아레나스의 병원 침대 위에서 깨어난 4월 25일까지의 1주일 중에서 가장 중요하다고 할 수 있다. 구글 타임라인을 다시 확인하면서 그날 내가 어디서 무엇을 했는지를 다시 복원해보자.

그날 아침 내가 호텔을 나선 것은 오전 10시 51분이다. 푸에르토나탈레스로 가기 위해서는 지금 기억으로는 8시에 출발하는 버스를 타야 했다. 그런데 어찌 10시 51분에야 호텔을 나섰는지 알 수 없다. 호텔을 나서서 서쪽으로 걸었다. 그것도 직선으로 걸은 것이 아니라 지그재그 모양으로 길을 따라 제1지점까지 550미터를 이동했다. 그때 시간은 11시이고 걸린 시간은 8분이다. 그리고 그 자리에서 11시 16분까지 머물러 있었던 것 같다.

제지점을 출발한 것은 11시 16분이었고 운전으로 7.6킬로미터를 갔다고 기록된 것으로 보아 택시를 탄 것으로 추측된다. 제1지점에서 택시로 가서 내린 제2지점은 다시 호텔 앞길이다. 처음 호텔을 나서서 제1지점까지 지그재그로 길을 돌면서 간 거리가 550미터 밖에 안되는데 7.6킬로미터를 돌아 다시 호텔 앞에 내린 것이다.

어쨌든 나는 택시 기사에 의해 다시 호텔 앞으로 돌아오게 되었다고 추정

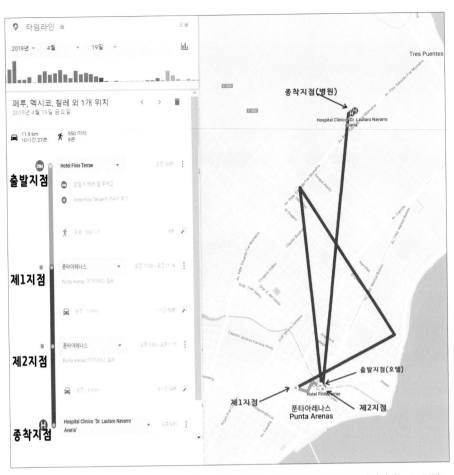

구글 타임라인 상에 나타난 나의 동선. 왼쪽은 내가 머물었던 장소의 기록이며 장소와 장소의 사이에는 도보 또는 운전이라는 표기와 움직인 거리와 시간이 나타나 있다. 그 옆의 굵은 글씨는 설명을 위해서 내가 써 넣은 것이며 지도상의 붉은 표기도 마찬가지이다.

된다. 기사는 왜 나를 다시 호텔 앞으로 데려다 주었는지는 알 수 없다. 그곳은 내가 택시를 탄 지점도 아니다. 아마 내가 정신을 거의 잃은 상태에서 호텔 이름을 말했는지도 모른다. 이때 택시에서 내린 지점을 제2지점으로 따로 표기했다. 제2 지점에서 머문 시간은 오후 1시 9분부터 1시 17분까지 약 8분 정도이다. 구글 타임라인에는 내가 다시 그곳에서 4.3킬로미터 떨어진 닥터 라우타로 나바로 아바리아 병원으로 차를 타고 간 것으로 되어 있다.

　그런데 이동 시간이 8시간 34분이고 병원 도착 시간이 밤 9시 51분으로 나와 있는 것이 정상적이지 않다. 아마도 이것은 휴대폰이 작동된 시간이 기록된 것으로 추측되며 실제 그렇게 많은 시간이 걸려 병원으로 갔을 것 같지는 않다. 타임라인에 표기된 동선도 제2지점 즉 호텔 앞에서 병원까지 직선으로 나와 있는 것으로 미루어 호텔 앞에서 병원까지 가는 도중 다른 곳을 들린 것으로 생각되지 않으며 또 길에 쓰러진 사람을 태우고 여기저기 들렀으리라는 것도 생각하기 어렵다. 다만 택시에서 내려 8분 후 병원으로 갔다는 것은 택시 기사가 나의 상태를 경찰에 신고했기 때문이 아닐까 짐작할 뿐이다.

아마도 택시 기사로부터 신고를 받은 경찰이 출동하여 병원까지 데려다 주었을 것이다. 이러한 사실은 영사관 실무관과 경찰이 통화를 했다는 것으로도 충분히 짐작할 수 있다. 타임라인에는 다음날인 4월 20일의 나의 흔적으로 병원 한 곳이 유일하게 기록되어 있으며 그날 아침 8시 35분에 병원을 나선 것으로 되어 있다. 이로 보아 나는 병원에서 하룻밤을 보낸 것이 확실하다.

어쨌든 그날 나는 버스로 푸에르토나탈레스로 이동했던 것으로 추정된다. 나의 위치가 다시 타임라인 상에 나타난 것은 4월 22일 푸에르토나탈레스의 돈기예르모 호텔이다. 기록된 시간은 오전 1시 11분부터 1시 16분까지의 5분. 이 시간은 내가 비행기로 푼타아레나스로 이송되었으리라고 추정되는 시간이다. 아마도 호텔 사장이 호텔에 남아 있던 내 짐 속에서 전화기를 꺼내 잠시 켜본 것으로 추정된다. 그러나 전화기는 비밀번호로 잠겨 있어 제대로 열어볼 수는 없었을 것이다.

22일 새벽은 내가 푼타아레나스의 병원으로 후송된 시간이다. 그렇다면 4월 20일 푸에르토나탈레스에 도착한 후 나는 돈기예르모 호텔에 체크인을 했을 것이다. 그리고 4월 21일 밤에서야 호텔측에서 나를 발견했다는 추론이 가능하다. 즉 나는 4월 20일 낮에 호텔에 들어간 후 21일 밤에 발견되기까지만 하루가 더 지나도록 침대에 쓰러져 있었던 것이 된다. 아마도 당시 호텔에는 손님이 많지 않았던 듯하다. 호텔의 직원이나 사장 모두 체크인 하고 방에

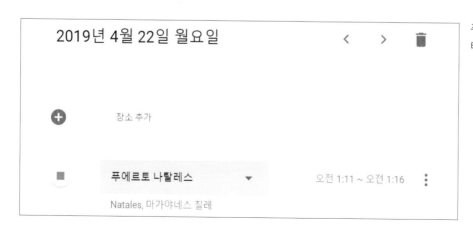

푸에르토나탈레스의
타임라인 시간 기록

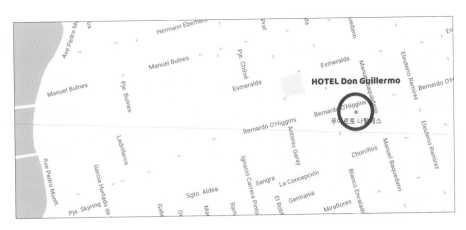

들어간 투숙객이나 호텔 방에 대해 크게 주의를 기울이지 않았던 것 같은데 늦게라도 호텔 사장에게 발견된 것은 천행이라 하지 않을 수 없다.

재구성된 기억의 퍼즐 조각들

나는 여행을 떠나면서 전적으로 여행 일지만 올리기 위해 페이스북 페이지를 만들고 페이지 명칭을 '임세권의 80일간의 남미여행기 Dreaming of Moai'로 해두었다. 그리고 멕시코시티에 도착한 첫날부터 매일매일의 여행 소식을 사진을 통해 올리기 시작했다. 한국의 친구들은 모두 페이스북 페이지를 통해 내 소식을 알 수 있었다.

페이스북 친구 중에는 큰 사위 허 군도 있었다. 그는 매일 페이스북 페이지를 통해서 내가 어디에 있는지 무엇을 보고 다니는지를 확인하고 나의 소식을 다른 가족들에게 전달하기도 했다. 나는 여행을 떠나기 전 사위에게 내 자세한 일정표를 주고 왔는데 그는 일정표와 페이스북의 여행 일지를 비교해 가면서 내 여정을 확인하고 있었다. 또 가끔 카톡으로 안부를 묻기도 했다.

그런데 여행 54일째인 4월 14일에 아타카마의 거인 땅그림 답사 사진을 올린 후 아무런 소식이 올라오지 않았다. 물론 카톡을 비롯한 일체의 통신이 두절되었다. 그러나 페이스북의 여행기 페이지가 아닌 페이스북의 내 본 계정 피드에는 4월 17일에 올린 4월 16일 자와 4월 18일에 올린 4월 17일 자의 일지가 올라 있다. 왜 이 이틀의 일지를 페이스북 페이지 'Dreaming of Moai'에 올리지 않고 곧바로 본 계정의 피드에 올렸는지는 알 수 없다. 어쨌든 허

군은 이 두 포스팅을 보지 못했다.

허 군은 페이스북에서 소식이 끊어진 지 닷새째인 4월 19일 나에게 카카오톡을 보냈다. 그러나 아무런 답도 오지 않았다. 이상하게 생각한 허 군은 나의 일지를 찾아보고 그날 내가 투숙하기로 되어 있던 푸에르토나탈레스의 호텔로 전화를 했다. 그러나 호텔에는 내가 체크인 한 기록이 없었다. 불안해진 허 군은 외교통상부 웹사이트에 현지 실종 신고를 하게 되었다.

실종 신고를 받은 칠레 산티아고에 있는 한국 대사관은 실종된 푼타아레나스로 연락을 취했는데 나는 다행히도 그 시간에 경찰에 보호되어 병원으로 가 있었다. 영사관의 담당 실무관은 신고자인 사위에게 나의 소식을 전해 주었다. 내가 살아 있다는 것이 실종 신고 두 시간 만에 확인된 것이다. 만일 그때 내가 경찰의 보호를 받지 못하고 어느 골목이나 바닷가에 쓰러져 있었다면 얼마나 더 오랜 시간이 지나서 나의 존재가 파악되었을까? 지금 생각해도 정말 운이 좋았다는 생각이 든다.

4월 20일 아침, 앞에서 추측한 것처럼 경찰은 내가 푸에르토나탈레스로 가려고 한다는 것을 알고 버스 정류장까지 데려다 주었다. 경찰관은 나를 터미널로 안내하면서 산티아고의 영사관 실무관에게 전화를 해서 나의 현재 상태를 알려 주었고 나와도 통화를 하게 했다고 한다. 실무관은 나의 건강 상태를 묻고 병원에 가야 하지 않느냐, 앞으로의 일정을 알려줄 수 있느냐고 말하는 등 나의 신변 안전과 관련해서 여러 가지 질문을 했던 모양이다. 영사 실무관에 의하면 그때 나는 화를 내며 내 일에 참견하지 말라고 하고 고함을 치고 전화를 끊었다고 했다.

실무관은 나의 태도에 기분이 상했다. 그리고 나의 건강에 대해 아무 의심도 하지 않았다. 그것은 나의 전화 태도로 보아 당연하였다고 생각된다. 하지만 이 사실을 통보받은 사위는 심상치 않게 받아들였다. 내가 먼 나라에 가서 나를 걱정해주는 한국 영사관 직원에게 그렇게 무례한 행동을 하였다는 것에서 나의 건강에 무언가 문제가 있다고 생각한 것이다. 그러나 처음 걱정했던 것처럼 내가 어떤 생명의 위협을 받거나 하는 상태가 아니고 경찰의 보호도 받고 영사관에서도 주목을 하고 있다는 것을 알고 일단 안심을 했다.

어쨌든 나는 하루 늦기는 했지만 버스를 타고 푸에르토나탈레스에 도착하였다. 처음 계획대로라면 4월 19일 푸에르토나탈레스에 도착하여 하예프 호텔(Hotel Hallef)에 짐을 푸는 것으로 되어 있었다. 그러나 날짜는 이미 지나고 푸에르토나탈레스에 도착한 것은 하루 지난 20일. 내가 들어간 호텔은 돈 기예르모 호텔(Hostal Don Guillermo)이었다.

구글 지도에서 검색을 해보면 버스 터미널에서 돈기예르모 호텔까지의 거리는 약 1킬로미터 정도 된다. 버스에서 내려 어떻게 그 호텔로 갔는지, 왜 그 호텔로 갔는지 하는 것은 짐작도 할 수 없다. 걸어갔을 수도 있고 택시를 타고 갔을 수도 있다. 나는 호텔에 들어가서 입실 수속을 하고 2층 방으로 올라가서 침대에 쓰러졌던 것 같다. 이것은 호텔 사장의 말을 들어서 알게 된 것이다.

나중에 호텔 홈페이지에서 보니 그 호텔은 구조가 특이했다. 호텔 2층의 복도 사진을 보면 바닥은 나무로 되어 있고 바닥 중간에 두 줄로 유리창을 만들어 아래층이 보이도록 했다. 또 일부 객실의 복도 쪽 벽은 방문이 있고 방문 옆 벽에 긴 유리창을 달아 복도에서 방이 보이도록 되었는데 방 안에서 블라인드를 쳐 가릴 수 있다.

돈기예르모 호텔의 여자 사장은 4월 21일 저녁 무렵 사장은 호텔 복도를 돌아보며 이상 유무를 체크했다. 그러다가 내가 들어있는 방 옆을 지나가게 되었다. 사장은 내 방의 벽에 있는 창에 블라인드가 내려져 있지 않은 것을 보고 이상하게 생각했다. 그리고 방 안을 들여다보았다. 방 안에는 한 사람이 침대에 짐도 풀지 않고 고꾸라져 있는 것이 보였다. 놀란 사장은 방 안으로 들어가서 상태를 확인하고 구급차를 불러 시내의 병원으로 갔다.

병원에서 엑스레이 검사 등을 한 후 뇌에 출혈이 있다는 것이 확인되었다. 수술을 해야 하는데 현지 병원에서는 수술이 불가능하다고 하여 긴급히 푼타아레나스의 병원으로 후송하지 않으면 안 되는 상황이 되었다. 그러나 푼타아레나스까지는 자동차로 네 시간이 걸린다. 자동차에 흔들리는 것도 문제지만 수술을 해야 할 골든타임을 놓칠 수 있으니 무리였다.

푸에르토나탈레스와 푼타아레나스 사이에는 관광철에 한해서 다니는 항공편이 있었지만 4월은 여행 비수기라서 비행기는 다니지 않았다. 그러나 다행히도 공항에 푼타아레나스까지 갈 수 있는 비행기가 있었고 긴급 환자의 수송을 위해 동원될 수 있다고 했다. 구급 전세 비행기를 이용하여 나는 다시 푼타아레나스의 병원으로 돌아왔다. 내가 경찰에 구조되어 하루를 묵은 바로 그 마게야네스 국립병원(Hospital clinico de Magellanes)이다.

그 사이 자정이 지나 4월 22일이 되었다. 여행 62일째이다. 도착한 것은 새벽 1시 30분. 도착하자마자 CT를 촬영했는데 촬영 결과 뇌경막하출혈로 판정되었다. 뇌경막은 뇌를 둘러싸고 있는 세 개의 막 중에서 가장 밖에 있는 막으로 두개골 바로 아래 있는 것이다. 출혈된 피의 양은 예상보다 많았고 이 피가 뇌를 눌러 정신을 잃은 것이었다. 수술은 바로 진행되어 두개골을 일부 절단하고 고인 피를 제거하여 위험을 겨우 넘기게 되었다.

나는 수술을 마치고 중환자실(UCI 집중치료실)에 입원하였다. 수술 소식은 영사관을 통해서 사위에게 전해졌다. 딸과 사위는 영사관으로부터 수술 소식을 듣고 저녁 비행기로 칠레로 출발하였다.

지구 끝으로 찾아온 딸과 사위

4월 25일 나는 겨우 정신이 돌아왔다. 나중에 안 일이지만 이 며칠 사이 나는 지독한 섬망 증세에 시달리고 있었다. 그러니 정신이 돌아왔다는 것은 극히 부분적인 것에 한정되어 있었다고 해야 맞을 것이다. 계속 테러리스트들이 나를 해친다는 피해망상에 시달리고 있었기 때문이다. 그러나 어쨌든 사람을 알아보고 말도 할 수 있었다. 나는 침대에 묶여 있었는데 왜 거기에 그렇게 있었는지를 알 수 없었다.

병실을 한 단계 낮은 중환자실(UTI)로 옮겼다. 그러나 내가 기억하고 있는 것은 아니다. 산티아고에서 온 박 실무관이 나를 보고 인사를 나누었다고 하는데 그것도 기억이 없다. 그러던 중 갑자기 아는 얼굴이 나타났다. 사위 허 군이었다. 뒤이어 딸 수진이가 들어왔다. 내가 딸아이 부부를 알아보자 딸과 사위가 뛸 듯이 기뻐했다.

아직 섬망증에서 깨어나지 못한 며칠 동안 나는 딸과 사위에게 이 병원 의료진들 모두 테러리스트와 한통속인 것 같다는 말을 되풀이했다. 사위는 며칠을 묵묵히 나의 얘기를 들어주었다. 그러다가 마침내 내가 왜 여기까지 오게 되었는지를 설명해주었다. 내가 거의 매일 사진을 찍어 올렸다는 내 페이스북 계정을 보여주면서. 다 듣고 나니 푼타아레나스의 추운 거리에서 방황하고 있었던 것이 어렴풋이 떠올랐다.

큰딸 부부는 한국시간 23일 저녁 인천공항을 출발하여 칠레 시간 25일 오후 도착했으니 실제 시간이 3박 4일이나 지나간 셈이다. 한국 시간이 남미보다 하루 빠르기 때문이다. 아이들이 탄 비행기는 마이애미 경유 산티아고 행인데 비행기에 문제가 생겨 예정에 없던 리마에 내려 하루를 잤다고 한다. 예상치 않은 하루를 잡아먹은 셈이다. 수진이가 내가 와 있는 곳이 이렇게 먼 곳인 줄은 상상도 하지 못했다고 했다. 그렇다. 이곳은 남미 대륙의 맨 끝이니 왜 안 멀겠는가?

어쨌든 나도 심리적으로 안정을 찾게 되었다. 내가 왜 병원에 잡혀 있는지도 알 수 없는데 상대하는 사람들이 모두 말이 통하지 않는 사람들이니 그간의 불안과 답답함은 말로 할 수 없을 정도였다.

4월 26일 푸에르토나탈레스에서 호텔 사장 부부가 내가 남긴 짐을 가져왔다고 했다. 카메라 가방과 옷과 잡동사니가 든 보스턴백이다. 나는 그간 내가 어떤 상황에 처했었는지 전혀 알 수 없고 딸과 사위도 이제 이 먼 곳까지 와서 정신이 없으니 내 짐이 어떻게 되었는지는 생각할 겨를도 없었을 것이다. 그런데 호텔 사장이 짐을 들고 나타났으니 얼마나 고마운지 표현할 수 없을 정도였다. 나는 그분들 얼굴도 보지 못하였는데 딸아이 부부가 잘 응대하고 안 받으려는 약간의 사례금도 억지로 쥐어 주었다고 했다.

그런데 짐을 보니 내가 어깨에 매고 다녔던 카메라가 없었다. 아쉬움이 컸다. 그 카메라에 아리카와 푼타아레나스의 사진이 몽땅 들어 있는데 이제 그

두 도시에서의 나의 흔적은 찾을 길이 없게 되었다. 아마도 그 카메라는 내가 푼타아레나스 길에 쓰러져 있을 때이거나 택시 안에서 흘렸을 가능성이 커 보였다. 뭐 어떻게 하겠는가? 목숨이 붙어 있게 되었으니 그나마 다행 아닌가?

생각해보면 그분들은 나의 생명의 은인이다. 그 호텔에서 조금이라도 나의 병원 후송을 늦췄더라면 나는 지금 이 세상에 없을 것이다. 돌이켜보면 나의 생명을 구한 사람들은 너무나 많다. 푼타아레나스의 길가에서 나를 데리고 가 돌보아준 경찰관들이 있고 호텔 사장이 있고 또 비행기를 전세 낼 수 있도록 해 준 관계자도 있고 나를 수술해준 의사도 있다.

푼타아레나스에서 푸에르토나탈레스까지 와서 다시 푼타아레나스의 병원에 오기까지, 많은 삶과 죽음의 갈림길에서 나는 무의식 중에서지만 그때마다 용하게도 삶의 길을 선택했다. 나의 기억 속에서 사라진 그 여정을 돌이켜 보면, 사람이 살고 죽는 것은 그야말로 매일 지나치는 일상일 뿐이라는 생각이 든다.

섬망 증세가 사라졌을 무렵 비로소 내 무릎을 보았다. 아니 그 무릎은 어제도 또는 그제도 보았을지 모른다. 그러나 무릎에 이상이 있다는 것을 깨달은 것은 그때가 처음이었다. 무릎은 상당한 면적이 검은 먹색으로 변해 있었다. 피부 속으로 시커멓게 죽은 핏덩이가 굳어 있는 것 같았다. 그걸로 보아 내가 거리에서 무릎을 찧으면서 주저앉았던 것으로 추정되었다.

그제서야 내 머리가 이상하다는 것을 느꼈다. 손으로 만져본 머리에는 뒤쪽 일부에만 긴 머리카락이 붙어 있었고 나머지 대부분의 머리는 삭발을 해서 민머리로 변해 있었다. 오랜만에 본 거울 속에는 이마 위에 스테이플러에 찍힌 철사 자국이 길게 붙어 있는 괴상한 나의 머리가 있었다. 그제야 나는 머리에 큰 수술을 받고 누워 있었다는 것을 깨닫게 되었다. 나의 현재 상황이 이제야 합리적으로 재구성된 것이다. 내 기억이 사라진 4월 19일부터 열흘째이고 수술을 받은 22일 새벽부터는 7일째이다. 그렇다고 해도 그 기간 동안의 나의 기억이 온전히 돌아온 것은 아니다. 나는 이 글을 쓰는 지금까지도 그때의 기억을 찾지 못하고 있다.

29일 일반 병실로 옮긴 날부터는 하루라도 빨리 병원을 벗어나고 싶었다. 퇴원이 가능한지 알아보았지만 수술을 담당했던 크리스티안 박사는 상태가 급속도로 호전되어가기는 하지만 퇴원하기에는 너무 이르다고 했다. 그러나 나와 딸아이 부부는 하루라도 빨리 한국으로 돌아가 나머지 치료를 받는 것이 좋겠다고 생각했다. 그렇게 해서 겨우 5월 2일 퇴원해도 좋다는 허락이 떨어졌다.

5월 2일 11시 드디어 병원 문을 나섰다. 푼타아레나스의 거리로 나왔는데 거리는 너무 낯설었다. 내가 묵은 호텔도 시내 중심가였던 것 같은데 어디인지 알 수 없었다. 우리가 처음 찾은 곳은 '아카키코 스시'라는 간판이 붙은 작은 음식점이었다. 음식점 사장은 서인보라는 한국사람인데 이번 사고 이후 수습을 담당한 영사 실무관을 현지에서 도왔던 고마운 청년이다. 서 사장은 우리에게 송별을 기념하는 점심을 차려놓고 기다리고 있었다.

다시 새긴 기억의 소중함

오후 4시경 푼타아레나스를 이륙한 비행기는 오후 6시 반경에 산티아고에 도착했다. 미리 예약해 놓은 공항 옆 호텔에 짐을 풀었다. 여기서는 다음 날 하루를 쉬면서 영사관의 정영식 총영사와 나를 위해 푼타아레나스까지 와서 많은 애를 쓴 박준이 영사 실무관을 만나기로 했다. 두 사람을 저녁 식사에 초대하였으나 식사비를 영사관 쪽에서 부담하였으니 오히려 우리가 초대받은 셈이 되었다. 식사 자리에서 정영식 총영사로부터 안동의 많은 분들이 걱정하고 먼 칠레로 전화까지 했었다는 사실을 알게 되었다. 그제야 안동의 친구와 지인들이 많이 걱정했을 것이라는 생각이 들었다.

다음 날은 산티아고 시의 중앙 광장으로 시내 구경을 나갔다. 휠체어 신세를 져야 하니 이곳저곳 다닐 수는 없었으나 광장 한쪽에 있는 레스토랑에서 맛있는 음식을 자식들과 함께 먹으니 이제야 내가 목숨을 부지하고 새로운 삶을 얻었다는 안도의 느낌이 가슴 속에 꽉 차게 들어왔다. 시내까지 나온 김에 내가 꼭 보고 싶었던 박물관을 한 곳 들렀다. '기억과 인권의 박물관 (Museo de la Memoria y los Derechos Humanos)'이다.

기억과 인권의 박물관은 멕시코시티의 '기억과 관용의 박물관(Museo Memoria y Tolerancia)'과 리마의 '기억 관용 및 사회적 포용의 장소(LUM)' 등과 함께 이번 여행에서 꼭 챙겨 보고 싶었던 곳이다. 산티아고에서는 볼 수 없

병원 침대에 누워 있노라면 가끔 이런 풍경을 만나기도 한다.
태평양으로 가라앉은 붉은 햇살이 하늘에 뜬 솜뭉치에 불을 붙인 듯하다.

을 것이라고 생각했는데 뜻밖에 온통 하루를 쉬게 되어 이곳을 보게 되었다. 나에게는 큰 행운이다.

이 세 나라의 박물관 이름에 공통으로 들어간 어휘는 '기억', '관용', '인권' 등이다. 독재에 희생된 인권은 사실 그대로 밝혀져야 하고 기억되어야 한다. 그 후 관용이 있을 수 있다는 의미일 것이다. 우리가 꼭 명심해야 할 어휘들이다.

휠체어에 의지한 채 전시실을 돌아보았다. 리마의 LUM과 유사한 분위기를 가지고 있다. 칠레 현대사를 암흑으로 몰고 간 독재자 피노체트는 1973년 쿠데타로 아옌데 대통령을 몰아내고(아옌데는 반란군에게 저항하다가 소총으로 자살했다.) 17년간 집권하면서 수많은 희생자를 만들었다. 정치적 이유로 인권 침해를 당한 사람이 4만 명이 넘고 실종 또는 살해 당한 사람이 3000명이 넘었다. 3만 8000명이 불법 구금되고 고문당했다.

피노체트는 시민들의 저항에 못 견뎌 결국 대통령을 사임했다. 그러나 그는 군 최고 사령관으로 있으면서 대통령을 위협하고 뒤에 영국으로 가서 살다가 체포되었으나 면책 특권을 주장해 다시 칠레로 들어왔다고 한다. 칠레에 귀국한 뒤에도 그는 어려움 없이 살았다. 2006년 11월 아옌데 전 대통령 경호원 살해 혐의로 체포된 후 가택 연금 중 심장 마비가 와서 92세로 사망했는데 사망 후 국장 논의까지 있었다고 하니 먼 나라에서 온 나도 속이 터질 지경이다. 어쩌면 우리의 20세기 후반과 그리 비슷한지. 그의 부인은 2021년 12월 99세로 죽었으니 희대의 독재자 부부는 평생 남 못할 일 하다가 천수를 다 누리고 저 세상으로 갔다.

그는 박정희와 판박이라고 하는데 박정희가 부하의 총에 죽은 것과 달리 아흔을 넘기면서 천수를 누리고 저 세상으로 간 것을 보면 도대체 세상은 그리 공평하지도 않고 정의롭지도 않다는 것을 깨닫게 된다. 그러나 피노체트 치하의 많은 희생자들과 희생자들이 남긴 유물들 그리고 기록이 이 기억과 인권 박물관에 있고 많은 젊은 세대가 와서 확인을 하고 있으니 다시는 그런 자들이 집권을 할 수 없을 것이라고 믿는다.

미완으로 끝난 여행의 끝

하루를 산티아고 시내에서 편안히 쉬었다. 휠체어 신세를 졌지만 박물관도 가보고 중앙 광장에서 맛있는 점심도 먹었다. 밤 9시 15분 멕시코시티 행 비행기가 이륙하였다. 캄캄한 밤하늘에 보이는 것은 아무것도 없었다. 그러나 멀리 동쪽으로 칠레 해안에서 3500여 킬로미터 떨어진 태평양 한가운데의 이스터(Easter) 섬이 왼쪽 창밖으로 지나가고 있는 것처럼 느껴졌다.

한 네덜란드 탐험가가 부활절에 발견해서 붙였다는 이 섬의 폴리네시아 이름은 라파누이(Rapa Nui), 커다란 섬이라는 뜻이다. 내가 여행을 시작한 목적은 라파누이에 있는 모아이(Moái)라고 불리는 석인상을 보는 것이었다. 계획대로라면 나는 지금 모아이 뒤로 넘어가는 석양을 보고 있어야 한다. 그리고 5월 6일 밤에 산티아고로 돌아와야 한다. 그런데 사흘이나 빠른 5월 3일 밤, 지금 나는 산티아고를 떠나 멕시코시티로 가는 중이다.

나의 여행기는 처음 계획했던 것과는 전혀 다른 방향에서 예상치 못한 반전으로 미완성인 채 끝맺게 되었다. 멕시코시티에 도착한 것은 5월 4일 새벽 5시이고 다시 비행기로 두 시간 거리인 몬트레이 행 비행기를 탄 것은 아침 9시였다. 그리고 몬트레이에서 인천 행 비행기를 탄 것은 5월 5일 새벽 1시였고 시계가 하루 빨리 가는 인천에 도착한 것은 5월 6일 새벽 6시였다. 2월 20일 12

기억과 인권 박물관

444

희생자들의 사진 앞에 추모의 촛불이 켜져 있다.

시경에 인천 공항을 이륙하였으니 76일 만의 귀국이다. 처음 계획한 날짜보다 4일이 부족하지만 날짜는 거의 채운 셈이다. 파타고니아의 토레스델파이네 국립공원과 이스터 섬을 갈 수 없었으나 파타고니아 지역의 칠레 국립병원 경험을 톡톡히 했다. 죽음의 문턱을 경험했으니 일흔 넘어 시도한 나 홀로 배낭여행으로는 경험할 대로 다 경험한 셈이 아닌가?

언제인가 토레스델파이네와 이스터 섬을 찾을 기회가 있을 것이다. 그때 푸에르토나탈레스의 돈기예르모 호텔에 다시 갈 것이다. 또 수술을 담당하고 나를 살렸던 마가야네스 국립병원을 찾아 크리스티안 박사도 꼭 다시 만나 맛있는 음식이라도 나누어야지.

세상의 반대편으로 가다

일혼 넘어 홀로 떠난 중남미 여행

잉카 편

©임세권

초판 1쇄 발행 2024년 3월 25일

사진과 글 임세권

발행인 임세권

발행처 유안사랑

출판등록 2023년 11월 21일

출판사 신고번호 25100-2023-000020

주소 경상북도 안동시 태사길 53-7

이메일 yimsk1@gmail.com

ISBN 979-11-986774-1-9 03950